Aktuelle und klassische Sozial- und Kulturwissenschaftler|innen

Herausgegeben von
S. Moebius, Graz

Die von Stephan Moebius herausgegebene Reihe zu Kultur- und Sozialwissenschaftlerinnen der Gegenwart ist für all jene verfasst, die sich über gegenwärtig diskutierte und herausragende Autorinnen und Autoren auf den Gebieten der Kultur- und Sozialwissenschaften kompetent informieren möchten. Die einzelnen Bände dienen der Einführung und besseren Orientierung in das aktuelle, sich rasch wandelnde und immer unübersichtlicher werdende Feld der Kultur- und Sozialwissenschaften. Verständlich geschrieben, übersichtlich gestaltet – für Leserinnen und Leser, die auf dem neusten Stand bleiben möchten.

Herausgegeben von
Stephan Moebius, Graz

Frank Eckardt

Zur Aktualität von Mike Davis

Prof. Dr. Frank Eckardt
Bauhaus-Universität Weimar
Weimar
Deutschland

ISBN 978-3-531-18765-5   ISBN 978-3-531-18766-2 (eBook)
DOI 10.1007/978-3-531-18766-2

Die Deutsche Nationalbibliothek verzeichnet diese Publikation in der Deutschen Nationalbibliografie; detaillierte bibliografische Daten sind im Internet über http://dnb.d-nb.de abrufbar.

Springer VS
© Springer Fachmedien Wiesbaden 2014
Das Werk einschließlich aller seiner Teile ist urheberrechtlich geschützt. Jede Verwertung, die nicht ausdrücklich vom Urheberrechtsgesetz zugelassen ist, bedarf der vorherigen Zustimmung des Verlags. Das gilt insbesondere für Vervielfältigungen, Bearbeitungen, Übersetzungen, Mikroverfilmungen und die Einspeicherung und Verarbeitung in elektronischen Systemen.

Die Wiedergabe von Gebrauchsnamen, Handelsnamen, Warenbezeichnungen usw. in diesem Werk berechtigt auch ohne besondere Kennzeichnung nicht zu der Annahme, dass solche Namen im Sinne der Warenzeichen- und Markenschutz-Gesetzgebung als frei zu betrachten wären und daher von jedermann benutzt werden dürften.

Lektorat: Dr. Cori Mackrodt, Stefanie Loyal

Gedruckt auf säurefreiem und chlorfrei gebleichtem Papier

Springer-VS ist eine Marke von Springer DE. Springer DE ist Teil der Fachverlagsgruppe Springer Science+Business Media
www.springer-vs.de

Inhaltsverzeichnis

1 Einleitung 1

2 Irgendwo in Amerika 9

3 Wo alles zusammen kommt 33

4 Die Ökologie der Angst 55

5 Das Ende der Stadt 77

6 Städte der Slums 97

7 Magischer Urbanismus 115

8 Kritische Stadtforschung: Mit oder nach Davis? 131

Literatur 139

Einleitung 1

Puma-Angriffe, Erdbeben, die Urbanisierung Grönlands, anarchistische Autobomben, weltweite Klimaveränderungen, Gewerkschaften, Slums in der Dritten Welt und Ghettos in den USA, paranoide Literaten, drangsalierte mexikanischen Einwanderer und vieles mehr bevölkert die Bücher von Mike Davis. Wer sich durch die immer wieder spannend geschriebenen Artikel und Bücher des amerikanischen Autors liest, wird sich mit einer sozial- und kulturwissenschaftlichen Literatur jenseits von vorgefassten disziplinären Grenzen auseinandersetzen, die in dieser Form sicherlich einzigartig ist. Immerzu um Aktualität, große Zugänglichkeit und thematische Offenheit bemüht, kann Mike Davis als ein Sozialwissenschaftler betrachtet werden, dem es um eine engagierte und gesellschaftskritische Praxis des Forschens geht. Mit deutlichen Nachdruck auf das Realitätsnahe und das Publizieren, das Agieren und Kommunizieren, verkörpert Davis eine Art und Weise des sozialwissenschaftlichen Arbeitens, die sich um „Gesellschaftskritik im Zeitalter des normalisierten Intellektuellen" (Honneth, 2007: 218 ff) bemüht. Die Frage nach der Aktualität von Mike Davis stellt sich bei einem so produktiv schreibenden Autor eigentlich gar nicht. Während diese Zeilen geschrieben werden, äußert er sich in einem Interview für „Die Zeit" zur Occupy-Bewegung und formuliert morgen schon den nächsten Kommentar zu einem gesellschaftlichen Thema. Dieser Einführungsband wird deshalb in der Gefahr erscheinen müssen, bereits am Tage nach Drucklegung nicht mehr über die allerneuste Aktualität in Davis' Werk berichtet zu haben, weil dieser wiederum ein neues Werk aufgelegt hat. Aktuell wird aber die Frage bleiben, wie durch eine Praxis des sozialwissenschaftlichen Publizierens – verstanden als Akt des Engagements und der Kritik – sich ein dritter Weg zwischen einer auf sich selbst bezogenen Sozialwissenschaft, die sich durch den Anschluss an den eigenen Diskurs motiviert, und dem, in der Öffentlichkeit operierenden Intellektuellen, der auf eingängige Kurzformeln reduziert wird, noch verwirklichen lässt.

Bei einem Autor wie Davis über Aktualität zu reden, kann deshalb nicht bedeuten, dass der jeweils neuste Stand der verschiedenen Aktivitäten des äußerst produktiven US-Amerikaners referiert wird. Im Gegensatz zu anderen Kultur- und Sozialwissenschaftlern gibt es auch keine Hinterbühne seiner vordergründigen Kommentare zur aktuellen Gesellschaftsentwicklung, auf der ein elaboriertes Theoriegebäude zu besichtigen wäre, das sozusagen die Regie für sein Schreiben beinhaltet. Eine solche Dualität, bei der akademisches und öffentliches Kommunizieren deutlich getrennt ist, wird man bei Davis schwerlich finden. Die Übergänge zwischen empirischer Bezugnahme und theoretischer Reflexion sind fließend und der Vorrang gebührt dabei immer der Wirklichkeitsnähe. Es ist offensichtlich, dass Davis nie zu denjenigen gehörte, denen es vor allem um eine akademische Orientierung in seinem Wirken ging. Aus diesem Grunde nehmen seine Arbeiten auch wenig referentiellen Bezug zu jenen Arbeiten, die aus der sozialwissenschaftlichen Theorieproduktion abholbar wären. Eine Anschlussfähigkeit im Sinne der vorherrschenden Wissenschaftslandschaft, wonach zunächst das bestehende Wissen hinsichtlich offener Forschungsfragen systematisch untersucht werden sollte, ist für Davis nicht das Motiv seines Forschens. Ihm geht es um Gesellschaftskritik und eine gesellschaftspolitische Korrektur bestehender Auffassungen, Diskurse und Vorurteile in der Gesellschaft als Ganzer, nicht nur in den Wissenschaften.

Im Ergebnis hat Davis damit große Erfolge vorzuweisen, die den nur auf universitäre Anschlüsse bedachten Arbeiten der Sozialwissenschaften oftmals fehlt. Durch seinen Bezug zu öffentlich diskutierten Themen ist ihm eine große Aktualität seiner Beiträge immer gewiss. Dabei sind seine Bücher und Artikel in einer Weise sprachlich zugänglich, die es im Grunde jedem Leser ohne ein besonderes Vorwissen ermöglicht, die Grundaussagen des Autors nachzuvollziehen und sich auch von diesen überzeugen zu lassen. Seine Schreibe ist voll von Rhetorik, aber entbehrt dafür jegliches Fachchinesisch. Sie ist anschaulich und geradezu pädagogisch in ihrer Weise, dem Leser ein ums andere Mal den Gegenstand illustriert näher zu bringen. Mit seinem Buch „Ökologie der Angst" gelang es Davis dadurch, 17 Wochen lang auf der Nonfiction-Bestseller-Liste der New York Times zu stehen. Doch der Erfolg seiner Arbeiten erklärt sich vor allem durch seine große Nähe zu den Themen, die er aufgreift. Dies betrifft insbesondere seine Vor-Ort-Kenntnisse und seine eigenständigen Beobachtungen und Befragungen. Schließlich aber traut er sich auch etwas, dass in den Sozial- und Kulturwissenschaften inzwischen als verpönt gilt: Davis beurteilt Entwicklungen und teilweise bietet er Prognosen an. In Falle seines Buches „City of Quartz" kündigte er die Aufstände in Los Angeles an. Andernorts nahm er die Immobilienkrise der USA der späten 2000er Jahre gedanklich vorweg.

1 Einleitung

Dass Mike Davis mit einer solchen Haltung große Schwierigkeiten mit dem wissenschaftlichen System hat, wird deshalb niemanden verwundern. Sein späterer Bestseller „City of Quartz" (1991) wurde als Promotion abgelehnt. Seine Einstellung als Geschichtsprofessor soll kurz vor der Ernennung wegen seines Protestes gegen die zu geringe Bezahlung der Mensa-Bediensteten abgelehnt worden sein. Statt in der Geographie oder in den Geschichtswissenschaften etabliert zu sein, unterrichtet er nun Creative Writing. Insgesamt scheint sich Davis schwerer mit der Welt der Universitäten zu tun als diese mit ihm. Der Hinweis auf seine Arbeiten zu Los Angeles gilt schon fast als obligatorisches Zitat für alle, die sich heutzutage mit Fragen der sozialen Polarisierung der Stadt weltweit beschäftigen. Auch an offiziellen Ehrungen wie dem MacArthur-Stipendium und den World History Association Book Award für sein Buch „Die Geburt der Dritten Welt", über das Amartya Sen sagt, dass es „von grundlegender Relevanz, großer Aktualität und historischer Bedeutung" sei, fehlt es inzwischen nicht. Wie Eduardo Galeano oder Edward Said vor ihm wurde Davis 1997 mit dem Lannan Literary-Award ausgezeichnet und in Deutschland erhielt er den Münchener Universitätspreis.

Wichtiger als diese offiziellen Anerkennungsrituale des öffentlich-akademischen Lebens ist, dass er mit seinen Arbeiten, vor allem zu Los Angeles, eine Grundlage für eine neue Diskussion über die Ausrichtung der Stadtsoziologen gelegt hat. Ohne dass behauptet werden kann, dass die internationale Stadtsoziologie durch Davis' Arbeiten geprägt wären oder einen weitergehenden theoretisch-paradigmatischen Impact aufweisen, so haben seine Bücher doch eine Beschreibung geliefert von urbanen Phänomenen, die vorher entweder gar nicht in das Visier der Stadtsoziologie getreten waren oder aber nur fragmentiert in Einzelaspekten behandelt wurden. Neben dem Phänomen der Street Gangs und der städtischen Gewalt gehört hierzu vor allem seine Aufmerksamkeit für eine neue urban-regionale Geographie, in der sich die klassische Stadtgeographie der Moderne, die sich vom Zentrum zur Stadtgrenze ausrichtet, fundamental gewandelt hat und die Vorstädte nicht länger als „suburban" dem Zentrum subordiniert sind. Richtigerweise hat Davis diese Entwicklungen in einen übergeordneten gesellschaftspolitischen Zusammenhang mit einer veränderten, globalisierten und prekarisierten politischen Ökonomie gestellt, in der sich ein anderes – das sogenannte „postfordistische" – Wirtschafts- und Gesellschaftssystem etabliert hat. Davis hat eindringlich die Konsequenzen beschrieben, die sich sozialgeographisch daraus ergeben und das Entstehen der „Gated Communities" (abgeschlossene Stadtteile) in diesen Kontext gestellt. Zugleich gelang es ihm zu zeigen, dass die Transformation von Los Angeles eng verknüpft ist mit einer spezifischen amerikanischen Geschichte, in der das Boostertum, der Wild-West-Kapitalismus Kaliforniens, mit seinen tradierten Bildern von den „Anderen" (Latinos, Schwarze, Asiaten, Arme etc.) wieder auflebt. Davis kommt von daher das

Verdienst zu, die Stadtsoziologie in einen Zusammenhang narrativer Konstruktion zu stellen, in dem sich sozialstrukturelle wie kulturgeschichtliche Entwicklungen verknüpfen. Dabei richtet er sein Augenmerk in der Kulturgeschichte der Stadt in erster Linie auf die fiktive Repräsentation und Reproduktion von Städten. Angesichts des enormen Umfangs und der Intensität mit der er dies betreibt, wird man Davis nicht gerecht, wenn man seine Gesellschaftskritik als platten Neo-Marxismus abtut.

Davis hat im akademischen Betrieb insbesondere im Zusammenhang mit dem Entstehen einer neuen stadtgeographischen Schule Spuren hinterlassen. Seit dem Oktober 1987 bemüht sich eine Gruppe von Geographen, Stadtplanern und andere Intellektuellen um eine Neudefinition städtischer Entwicklungsmodelle anhand von Los Angeles und in Abgrenzung zu anderen stadttheoretischen Modellen, die bis dahin als vorherrschend gesehen wurden und die diese Forscher nicht mehr für angemessen hielten. Davis' Buch „City of Quartz" proliferierte und motivierte die weitere Etablierung der sich entwickelnden „L.A. School". Als theoretischer Anspruch wurde formuliert, dass die Stadt im Rahmen einer kritischen Analyse der politischen Ökonomie und neuerer kulturwissenschaftlicher Ansätze erklärt werden musste. In den folgenden Jahren wurden vermehrt akademische Publikationen vorgelegt, die sich um eine Harmonisierung von postmodernen und poststrukturalistischen Ansätzen mit einer gesellschaftskritischen Stadtgeographie bemühten. Mike Davis hat sich daran allerdings nicht beteiligt und insbesondere den Begriff des Postmodernen abgelehnt.

Es erscheint nahezu unmöglich, die Vielzahl der Themen und der Artikel, die Davis in den letzten Jahrzehnten geschrieben hat, zu überschauen, sie einzuordnen und systematisch zu behandeln. Wenn der Autor auf seiner Homepage mit der sehr summarisch dargestellten Vita behauptet, er habe unzählige Artikel und zwanzig Bücher geschrieben, dann scheinen die Dinge noch relativ übersichtlich zu sein. In Wirklichkeit aber ist das publizistische Universum von Mike Davis kaum zu ergründen. Wenn man einmal von seinen sonstigen schriftstellerischen Aktivitäten, etwa den Romanen und einem Comic, oder auch der Vorworte, Online-Beiträge und Interviews absieht, dann verbleibt die Publikationsstrategie Davis' als Schwierigkeit, die auf eine möglichst hohe Verwertbarkeit der eigenen Arbeiten angelegt ist und durch das Zusammenführen von Artikeln zu Büchern geprägt ist, die dann auch noch in unterschiedlichen Sprachen publiziert werden (und teilweise nur auf Spanisch oder Deutsch erscheinen).

Auf diese Weise mag der Eindruck entstehen, dass Davis eher von Aktualität getrieben wird, als dass seine Arbeiten einem inneren Programm geschuldet sind. Dem ist aber nicht so. Davis lässt keinen Zweifel daran, dass er sich als Sozialist versteht und seine Schriften von einer marxistisch-kritischen Position aus verfasst worden sind. Auch wenn er nur wenig an dieser Positionierung selbst arbeitet, so kann er als Herausgeber und eifriger Autor der New Left Review und der Haymarket-Buchserie ohne Zweifel einer Gedankenwelt zugeordnet werden, die sich um eine aktualisierte Form kritischer Sozialwissenschaft bemüht.

Die Stärken der Arbeiten von Mike Davis liegen nicht in der Selbstreflexion über die weitergehenden theoretischen Grundlagen dieser Ausrichtung der Sozialforschung. Im Gegensatz zu vielen kritischen Soziologen ist Davis' Zugang zur Gesellschaft ein evident empirischer und in dieser Hinsicht auch ein eher amerikanischer als ein europäischer. Wenn man diese beiden Fachkulturen gegenüberstellen will, dann ist Davis eher in einem Zusammenhang von Amerikanischen Pragmatismus und Chicago School, in seinem empirischen Zugang eher wie Bourdieu und Boltanski zu sehen, als in einer für die Frankfurter Schule vergleichbaren deduktiven und theoriegeleiteten kritischen Soziologie.

Was ihn sicherlich unvergleichbar macht, ist sein Gesellschaftsverständnis als ein explizit räumliches. Mike Davis ist heute der Klassiker einer kritischen Stadtsoziologie, der frühzeitig und intensiv erforscht hat, in welcher Weise sich die gesellschaftlichen Veränderungen der Spätmoderne als Intensivierung und Exploration der Ungleichheiten verräumlichen, wie zugleich die räumliche Konstitution der Stadt die post-liberale Gesellschaft mithervorbringt, sie einzementiert und auf Dauer stellt. Die Aussicht auf die Stadt des 21. Jahrhunderts verdichtet sich durch Davis' Analysen dabei zu einem düsteren Gesellschaftsbild, in dem soziale Fragmentierungen eine Welt aus Angst und Gewalt produzieren, die für große Teile der Menschheit ein Leben in Slums bedeutet und die zur Zerstörung der natürlichen Grundlagen der Städte führen.

Zu Davis' Werk gibt es aufgrund der thematischen Vielfalt des Autors unterschiedliche Zugänge, die nicht alle in einer auf Übersichtlichkeit zielenden Einführung entwickeln werden können, wenn auch eine kritische Diskussion abschließend ermöglicht werden soll. Sicherlich wäre es auch wichtig, eine Diskussion einzelner theoretischer Anschlüsse zu einer neo-marxistischen Lesart der Arbeiten von Davis zu ermöglichen. Dies aber ginge am Kern seines Schaffens vorbei. Davis selbst hat ganz offensichtlich nicht das Interesse an solchen werkimmanenten Interpretationen. Dies hat sicherlich damit zu tun, dass er Begriffe nicht stringent benutzt und manche Wörter doch eher aus rhetorischen Gründen verwendet werden und dann auch nicht durch den Text leitend sind. Es kann deshalb nicht um Begriffsarbeit gehen, die der Autor für nicht so wichtig zu erachten scheint.

Statt einer Analyse nach einem vorgegebenen Theoriegebäude soll Davis in seinem methodischen Ansatz gefolgt und über dessen Themen ein Bild des Autors und seiner Gedankenwelt angestrebt werden. Auch hierfür gibt es unterschiedliche

Wege. Das Thema Stadt hingegen taucht seit „City of Quartz" immer wieder bei Davis auf und bleibt ein gedanklicher Ausgangspunkt für sein Verständnis neuerer Problemdiskussionen. Obwohl es wiederum falsch wäre, Davis lediglich als Stadtsoziologen zu bezeichnen – es gibt Arbeiten, in denen die städtische Dimension nicht oder nur wenig konturiert auftaucht – soll Davis hier vor allem hinsichtlich seiner stadtsoziologischen Forschung vorgestellt werden. Damit wird in diesem Einführungsband als leitende Frage eine Diskussion angestrebt, in welcher Weise seine Arbeiten sich für eine zukünftige kritische Stadtsoziologie beerben lassen.

Um eine solche Diskussion führen zu können, kann die umfassende Werkdiskussion in einem engeren textkritischen Sinn nicht stattfinden. Der Fokus auf die Stadtsoziologie Davis' erfordert aber eine Kontextualisierung, die durchaus über jene expliziten Stadtbezüge hinausgeht und eine Reflexion über den Ort des Autors miteinbezieht und uns als deutsche Leser auch bewusst macht, wie sehr hier vom Sunshine State California aus geschrieben wird, in dem nach dem sicherlich nicht unberechtigtem Empfinden von Mike Davis die „noir"-Töne heutzutage eher fehlen. Im ersten Kapitel soll deshalb zunächst herausgearbeitet werden, welche Bedeutung diese kulturelle Differenz zwischen dem Autor und dem deutschen Publikum haben mag. Davis hat sich intensiv mit der „anderen" Geschichte Amerikas auseinandergesetzt und entwickelt ein Amerikaverständnis, das sich auch in seinen Schriften zunächst als sein großes Thema herausstellt. Dies sollte sich aber teilweise ändern, als er sich mit „City of Quartz" stadtsoziologisch orientierte und damit nicht unbedingt eine Kehrtwende vollzog, aber doch einen Fokus fand, der ihm auch bei der weiteren Arbeit half, seine eigene Zugangsweise zu finden. Im zweiten Kapitel wird das Los Angeles von Mike Davis dargestellt (Kap. 2). Von der „Stadt" aus öffnete er sich mit der „Ökologie der Angst" dem Thema der Klimageschichte und der drohenden Umwelt- und Klimakrisen. Spätestens mit dieser, nicht unumstrittenen Arbeit wird Davis für viele zum schwarzen Apokalyptiker, obwohl paradoxerweise an den Grundannahmen über die fehlende Nachhaltigkeit von Los Angeles kaum jemand ernsthaft Zweifel hegt. Wie im dritten Kapitel dargestellt wird, kann sich Davis durchaus auch den physischen Tod von Städten vorstellen und hat hierzu noch einmal mit „dead cities" eine Erinnerung an jene Städte nachgelegt, denen bereits ein schicksalhafter Untergang zuteilwurde. In den folgenden Schriften, wie in Kap. 4 erörtert wird, sucht Davis stärker den konkreten politischen Bezug zu den Ursachen der desaströsen Stadtentwicklungen von heute. Hierbei sieht er als einer der ersten Zeitdiagnostiker den Zusammenhang mit neo-liberalen Politik- und Gesellschaftskonzeptionen, die er schon in den achtziger Jahren in seiner Kritik der Reagan-Jahre analysiert hatte. Deshalb soll vor allem sein Buch „Planet of Slums", in dem er den großen Bogen zwischen der Globalisierung und dem Elend der Slums schlägt, näher betrachtet werden. Quasi als Kontrapunkt zu der düsteren Welt der

1 Einleitung

Verslumung, lässt sich auf Davis' Buch „Magical Urbanism" und seiner oftmals implizit spürbaren Hoffnung auf eine kulturelle Veränderung eingegangen werden. Inspiriert durch die größten Demonstrationen in der amerikanischen Geschichte Mitte des letzten Jahrzehnts der „No one is illegal"-Bewegung und durch sein langjähriges Interesse an dem Thema der Gewerkschaften und der Arbeitsmigration, soll im sechsten Kapitel das Interesse an Davis' Sichtweise der ethnisch-kulturellen Dimension von Stadtentwicklung zentral stehen.

Kassel, im September 2013

Irgendwo in Amerika 2

Henry Fonda hat unsere Vorstellung von den Helden jener Jahre geprägt. In den „Früchten des Zorns" spielt er Tom Joad, der nach einer langen Haftstrafe wegen Todschlags zu seiner Familie zurückkehrt. Es sind die Jahre der Wirtschaftskrise, in denen sich der Mittlere Westen in einen „Dust Bowl" verwandelt hat, in denen die Kornkammer Amerikas zu einer Staubwüste verkommen ist. Der Film hat 1940 in der Regie von John Ford die gleichnamige Erzählung von John Steinbeck einem breiten Publikum in einer überzeugenden Weise vermittelt, die eindringlich und mit klarer Botschaft das Los der einfachen Menschen in den Zeiten der „Great Depression" der dreißiger Jahre zum Ausdruck bringt. Tom Joad verkörpert dabei den chancenlosen Amerikaner, der sich gegen die Widrigkeiten der Zeit um ein Überleben in Würde bemüht. In seiner Heimat Oklahoma haben die Großgrundbesitzer seine und viele andere Farmerfamilien vertrieben. Die Familien haben den lockenden Versprechungen kalifornischer Anwerber vertraut und sind diesen gefolgt. Als Großfamilie wird das Projekt Auswanderung begonnen. Hunderttausende mobilisieren die letzten Kräfte und Ressourcen, um sich in dem „Golden State" Kalifornien als Landarbeiter eine neue Zukunft aufzubauen. Doch der Traum zerplatzt und es bleibt nicht nur der Erfolg im neuen Zuhause aus, es zerbricht auch die Familie. Tom Joad scheitert mehr und mehr daran, seine traditionelle Rolle als Familienvater und Ernährer zu erfüllen.

Dieses mit mehreren Oskar preisgekrönte Filmdrama zeigt eine düstere Seite der kalifornischen Geschichte, in der die Einwanderer aus dem Mittleren Westen an der Armut darben, am Heimweh zugrunde gehen und deren Rechte mit Füßen getreten werden. Tom Joad verlässt die Familie, um für die Migrantenrechte zu kämpfen, während die Familie immer aufs Neue Arbeit suchen muss. Ausbeutung, Rechtlosigkeit und Aussichtslosigkeit sind die großen Themen, die dieser Film und die Erzählungen Steinbecks im Allgemeinen aufgreifen. Zugleich wird ein Gefühl vermittelt, dass es zu einem Kampf gegen die Ungerechtigkeit und im Streben für ein würdiges Überleben keine Alternative gibt. Die politische Botschaft lautet, am Vorabend des Zweiten Weltkrieges, dass dies auch eine patriotisch-amerikanische Haltung ist. Moralisch unfehlbar und als eine Ikone des solidarischen und gerechten Amerikas wurde diese glaubwürdig von Henry Fonda verkörpert, der wie kaum ein anderer von den damaligen Zuschauern deswegen verehrt wurde.

Heute scheint die „Great Depression", der „Dust Bowl" und die interne Migration nach Kalifornien aus den Staaten der damaligen Armutsstaaten des weitgefächerten Mittleren Westens mehr und mehr in Vergessenheit geraten zu sein. Wer sich über die heutige Sozialgeographie der USA Gedanken macht, wird die Landkarte eher in einen „Sunbelt" von Städten aufteilen, der sich vom Westen über den Süden, von Seattle über Texas bis nach New York und Boston zieht. Das ist eine Geografie von Orten, an denen eine post-industrielle Dienstleistungsgesellschaft erfolgreich die altindustrielle Landschaft der Vereinigten Staaten abgelöst hat. Diese Landkarte ist fragmentarisch, die Städte sind verinselt und teilweise ökonomisch nicht mehr an die Bundesstaaten angebunden. Das Gegenstück dazu ist heute nicht mehr das arme „Oklahoma" – dieser Begriff diente umgangssprachlich für die Verallgemeinerung für die verstaubten Ländereien jenseits der Rocky Mountains (von Kalifornien aus gesehen) – sondern ein ebenfalls zerfledderter „Rustbelt", in dem Städte wie Detroit oder Cleveland wirtschaftlich wie sozial zu den Verlierern des Wirtschaftswandels gehören (vgl. Beauregard, 2003).

Im politischen Diskurs haben die dreißiger Jahre des zwanzigsten Jahrhunderts in den USA eine enorme Bedeutung erhalten. Der grundlegenden wirtschaftlichen und damit einhergehenden gesellschaftlichen Krise des Landes wurde damals maßgeblich durch die Ausarbeitung des sogenannten „New Deals" versucht zu begegnen. In der Präsidentschaft von Franklin D. Roosevelt wurden dabei nicht nur kurzfristige Maßnahmen ergriffen, um der schlimmsten Not Herr zu werden, sondern vollzog sich auch ein politisches Programm, das mit einer Vielzahl von Reformen in der Wirtschafts- und Sozialpolitik nachhaltig eine Vermeidung weiterer Sozialkrisen anstrebte. Hierzu gehörten vor allem eine veränderte Geldpolitik, die Regulierung der Finanzmärkte und die Einführung von Sozialversicherungen. In der Gesamtsicht auf die Roosevelt-Jahre erscheinen diese Reformen als ein kohärentes, programmatisches Politikprojekt und als ein insgesamt arbeiterfreundlicher, sozial sensibler Ansatz (vgl. Brock, 1988). Die Berufung auf diese Zeit und der Politik des „New Deals" gilt deshalb vielen Menschen in den USA als ein Gegenentwurf zu konservativen und rechten Ansätzen. Die Diskussion über den „New Deal" dient ihren (im amerikanischen Sinne) liberalen Verteidigern als Argument für mehr sozialstaatliche Verantwortung (vgl. Smith, 2009), während Anhänger von politischen Philosophien, in denen der Staat eher eine zurückgezogene Rolle einnimmt, den „New Deal" kritisch beäugen und ihn nicht für die Lösung heutiger

2 Irgendwo in Amerika

Probleme halten. Barack Obama jedoch hat sich immer wieder an den Ansätzen des „New Deals" in der Finanzmarkt- und Immobilienkrise, bei der Einführung der Gesundheitsreform und seinen Infrastrukturprogrammen orientiert. Dabei hat er sich zwar teilweise explizit darauf bezogen, sich teilweise aber auch deutlich von den Konzepten der 1930er Jahre abgegrenzt. Der „New Deal" stellt bei seinen Landesleuten keineswegs mehr eine besonders beliebte politische Idee dar und so kann mit Recht gefragt werden, ob Obamas Lesart des „New Deals" wirklich die richtige ist (Badger, 2012)

Mit den „Früchten des Zorns" erscheint nach sechs Jahren Roosevelt-Regierung im Jahr 1939 ein Buch, das zu heftigen Kontroversen führte. Es kam zu Anfeindungen des Autors und zu öffentlichen Bücherverbrennungen. Sechs Jahre „New Deal" schienen einerseits ihre Berechtigung zu haben, denn das Leid der vielen Landarbeiter schrie zum Himmel, aber andererseits schien er auch nicht grundlegend etwas an der allgemeinen Misere geändert zu haben. Buch und Film wurden deshalb in zweifacher Hinsicht kritisch interpretiert: Zum einen wurden sie von denen abgelehnt, die die dargestellte Lebenslage der Einwanderer in Kalifornien für unwahr, übertrieben oder einseitig hielten. Zum anderen stießen sie bei denen auf Ablehnung, die die „Früchte des Zorns" als ungerechtfertigte Entzauberung des „New Deals" ansahen, wonach trotz der sozialstaatlichen Maßnahmen die angebliche Fortsetzung des Unrechts behauptet würde.

Die Kontroverse um die Interpretation jener Jahre der Großen Depression und die Erfahrung mit einer Politik, die in einer Weise sozialstaatlich ausgerichtet war, wie sie Amerika bis dahin nicht kannte und auch spätestens seit den achtziger Jahren des zwanzigsten Jahrhunderts nicht mehr vorstellbar ist, kann sicherlich als eine Schlüsselfrage für das Verstehen der politischen Kultur der USA verstanden werden. Die Figur des Tom Joad hat seine Strahlkraft behalten, nicht nur in Liedern von Woody Guthrie, Bruce Springsteen oder Rage Against the Machine und anderen, sondern insbesondere für die kleine aber nach wie vor vorhandene radikale Linke. Dies trifft insbesondere für Mike Davis zu. Ausgangspunkt seiner theoretischen Arbeiten und seines intellektuellen Engagements ist deshalb die erneute Interpretation der Geschichte der amerikanischen Arbeiterklasse, der sein erstes Buch „Prisoners of the American Dream" (1986) mit dem Untertitel „Politics and Economy in the History of the U.S. Working Class" gewidmet ist. Das Buch enthält zwei Teile, einen historischen und einen aktuellen. Letzterer bezieht sich auf die gesellschaftspolitischen Veränderungen in den Reagan-Jahren und ist auch im gleichen Jahr als sein erstes Buch in Deutschland erschienen („Phönix im Sturzflug"). Mit dieser ersten Monographie ist schon das Grundprinzip der Arbeiten Davis' erkennbar, nämlich immer über eine historische Einordnung zu der Betrachtung eines aktuellen Themas herzuleiten. Diese Arbeitsweise wird hier noch in zwei getrennten Teilen vollzogen, insbesondere in seinen Artikeln gehen diese beiden Dimensionen später dann verstärkt ineinander über.

Doch für Mike Davis ist die Auseinandersetzung mit den „Früchten des Zorns" und den damit zusammenhängenden Fragen der gesellschaftlichen Gerechtigkeit in Amerika nicht nur ein intellektueller Ausgangspunkt. Vielmehr ist diese Frage mit seinem Leben biographisch verbunden und vermutlich ist dies der Dreh- und Angelpunkt seiner lebenslangen Auseinandersetzung mit den Versprechungen des Amerikanischen Traums beziehungsweise mit dessen Nichterfüllung. Es gibt nur wenige originäre Selbstaussagen von Mike Davis über seine Person, und Kritiker werfen ihm hier sogar Widersprüchlichkeit vor. Man wird keinen Lebenslauf auf seiner beruflichen Homepage – eine private gibt es wohl nicht – finden und auch die üblichen Autorenangaben sind fast provozierend kurz gehalten. In seinen eigenen Schriften sind nur sehr spärliche Andeutungen, etwa zu seinem Geburtsort (Fontana, California), zu finden. Einzig ein Vorwort zu einem Buch mit dem Titel „Red Dirt. Growing Up Okie" erlaubt ein wenig mehr Einsicht in die politische Sozialisation des jungen Mike Davis. Davis hat dieses Vorwort zu der Oklahoma-Ausgabe von „Red Dirt" im Jahr 2006 geschrieben, nachdem er neun Jahre zuvor es erst ermöglicht hatte, dass diese Autobiografie von Roxanne Dunbar-Ortiz im Verso-Verlag erschienen war.

Davis wuchs als Sohn von Einwanderern aus Ohio in der Hunderttausend-Einwohnerstadt El Cajon östlich von San Diego auf. Dass seine Eltern nicht „direkt" aus Oklahoma kamen – zwischen beiden Staaten liegen mehr als tausend Kilometer – hat in der Wahrnehmung der kalifornischen Nachbarn wenig Unterschied ausgemacht. Das Label „Okie" passte auf alle, die irgendwo zwischen hier und Ostküste gebürtig waren. In den fünfziger Jahren war dies der Sammelbegriff für Davis' Schulfreunde, wenn man Eltern aus so unterschiedlichen Gegenden wie Texas, Nebraska oder Louisiana hatte. Später auf der High School war man in der Ansehenshierarchie dann in eine Mittelkategorie aufgestiegen, irgendwo unter den „guten Mexikanern" aber oberhalb der „SAs", den „Bad Mexicans" und den Native Americans. In Davis' „segregated western town" gab es keine Afro-Amerikaner. Römisch-katholisch erzogen wuchs Mike Davis wohl in einer relativ normalen Familiensituation auf. Wie er an anderen Stellen öfter betont, waren auch seine elterlichen Verhältnisse eher als „einfach" zu bezeichnen. Aus diesem Grund hat er sich um den Unterhalt für die Familie kümmern müssen und lange Zeit einfache Tätigkeiten nach seiner Schulausbildung verrichtet und unter anderem als Lastwagenfahrer gearbeitet.

Roxanne Dunbar-Ortiz wuchs hingegen tatsächlich im ländlichen Oklahoma als Tochter eines Landlosen und einer halb-indianischen Mutter auf. Ihr Großvater war ein Farmer und Veterinär und vor allem ein Gewerkschafter und Sozialist. Sein

2 Irgendwo in Amerika

Engagement für die „Industrial Workers of the World" und sein Gerechtigkeitsstreben sollte die Enkelin zu einem lebenslangen Engagement für soziale Gerechtigkeit inspirieren. Mit 18 zog sie nach San Francisco und begann mit dem Geschichtsstudium, dass sie aber Ende der sechziger Jahre für eine längere Periode unterbrach, um zu reisen und sich seitdem bis heute für die Rechte der Indianer einzusetzen. Mit dem Aufbau des Native American Studies-Programm an der California State University at Hayward/San Francisco konnte sie als Historikerin die Lebensgeschichten der Sioux versammeln und in den siebziger Jahren einer Minderheit in den USA eine Stimme geben, die mehr und mehr in Vergessenheit geraten war. Sie versteht ihre Arbeit als Oral History-Forscherin als Kampf um die Definition, was Amerika ist und wer dazu gehört. Geschichte ist für die Interpretation der amerikanischen Identität ihr gemäß die eigentliche Ebene der gesellschaftspolitische Auseinandersetzung: „I think we are becoming increasingly aware that history itself is an issue, often the issue: Who owns the history of the United States? Do we accept the history of the Latino/Anglo conquerors or the indigenous peoples in the Western Hemisphere? Whose version of history is valid in Palestine/Israel, in Northern Ireland, in Cyprus, in Kashmir, in Afghanistan, in Sri Lanka, and in hundreds of other situations?", schrieb sie in ihrem Buch „Blood on the border" (2005), in dem sie die Erinnerungen an den von den USA unterstützten Krieg der Contras gegen das sandinistische Nicaragua aufarbeitete und analysierte.

Davis' Verständnis von Geschichte ist mit diesen Worten gleichsam beschrieben. Für ihn beschreibt „Red Dirt" die geheime Geschichte der armen Weißen. Diese Autobiografie stellt für ihn den nationalen Mythos in Frage, wonach es in den USA von Generation zu Generation immer nur aufwärts geht. Davis erinnert dieses Buch an den Film von Orson Welles über „The Magnificient Andersons", der den Fall einer Familiendynastie im Mittleren Westen auf die Leinewand bringen sollte, der aber nach den Spielregeln von Hollywood doch noch mit einem Happy End enden musste, und man deshalb Welles vergrätzte. „Both New Deal liberals and anti-New Deal reactionaries insisted the American history must result in a happy end", so Davis (2006, a. a. O., x). Der Sinn der Beschäftigung mit Geschichte ist für Davis nicht nur eine Frage des politischen Kampfs über die Definitionshoheit der amerikanischen Identität, er ist auch eine persönliche Notwendigkeit des Selbstverständnisses. Dies schließt natürlich an seine gesellschaftspolitische Intention an, die amerikanische Geschichte vielstimmig aufzuarbeiten, aber sie geht auch darüber hinaus. Davis spricht an dieser Stelle von der Notwendigkeit der Bekämpfung persistenter Vorurteile gegenüber den „Okie other" durch eine radikale Selbst-Erkenntnis, die sich aus der erlebten Klassenerfahrung speist. Wie sich eindrucksvoll in der Kindheitsgeschichte von Dunbar-Ortiz nachlesen lässt, stellt sich die Erfahrung der sozialen Benachteiligung als eine hochkomplexe dar, die keineswegs eine simple Heroisierung der Arbeiterklasse Vorschub zu leisten mag. Dafür existiert einfach zu viel Rassismus und Sexismus. Die Welt der Okies ist voll von verrückten Dämonen und kulturellem und moralischem Mief. Das Aus ist nicht nur der Ort eines Tom Joad und des sozialistischen Großvaters der kleinen Roxanne, es ist auch die erstickende Welt, in der Oklahoma zu einem „protofaschistischen" Staat, wie Dunbar-Ortiz es nennt, zu mutieren drohte. Das Oklahoma Steinbecks' hat in dieser Weise nie existiert. Vielmehr reproduziert „Früchte des Zorns" einen Mythos des weißen Amerikaners, der in seiner moralischen Integrität wiederum gegenüber denen überlegen ist, die eben nicht den hohen moralischen Ansprüchen des Helden gerecht werden können. Dunbar-Ortiz' Autobiografie zeigt auf, dass es Steinbecks Bild von einem tiefverwurzelten demokratischen vorindustriellen Amerika, das in der Kultur der einfachen Farmer noch zu finden gewesen sei, bevor in den dreißiger Jahren die Wirtschaftskrise ausbrach, so nie gegeben hat. Stattdessen gehört die Vorstellung der überschaubaren lokalen Demokratie, die dieses Landleben angeblich von jeher und bis heute prägt, ins Reich der politischen Legenden (Morgan, 1992). Die Liebe zum Landleben hat es gegeben, aber dieses so erwünschte Paradies nicht. Diese retroperspektiven Verklärungen sind allerdings nicht ungefährlich und sie erklären teilweise wie es gelungen ist, seit den Nixon-Jahren aus Oklahoma wie vielen anderen Staaten, in denen einst die sogenannten Dixie-Demokraten regierten, also jener großgrundbesitzerische aber eher liberale Teil der alten Südstaaten-Elite, durch die Republikaner übernommen wurde. Während Thomas Frank (2005) in seiner vielzitierten Studie über den vergleichbaren Wandel in Kansas betonte, dass diese politischen Verschiebungen auf einer gezielten Uminterpretation des liberalen New Deals basieren und im Ergebnis eine neue Identität für die Gesellschaft, in der nicht mehr die Landwirtschaft, sondern Agrobusiness und Ölindustrie das Sagen haben, anbieten, verweist Dunbar-Ortiz auf die kulturelle Entwurzelung, die für sie der eigentliche Grund für den Rechtsruck darstellt: „What happens to a society that literally loses its roots in the earth?" (2006, 227).

Mike Davis begann als Fünfzehnjähriger Steinbeck zu lesen und „Bound for Glory" von Woody Gutherie zu hören. Seine politische Sozialisation gründet sich dementsprechend auf einer einerseits empathischen und imaginativen Teilhabe an der Narration über die „dreckige" Seite der amerikanischen Gesellschaft und andererseits seiner persönlichen Erfahrung unter prekären Umständen und als Außenseiter aufgewachsen zu sein. Diese doppelte Motivation für sein persönliches und intellektuelles Engagement lässt sich in dieser dualen Struktur bis zu heutigen Arbeiten nachvollziehen. Die Beschäftigung mit der Fiktion und der kulturellen Dimension gesellschaftlichen Wandels ist für Davis' Schreiben mindestens genauso wichtig wie seine Bemühungen, gesellschaftlichen Wandel anhand von realen

2 Irgendwo in Amerika

Ereignissen und empirisch irgendwie einzufangenden Erfahrungen zu thematisieren. Von Beginn an ist dies für ihn kein Selbstzweck, aber auch kein bloßes Projekt. Diese doppelte Kodierung der intellektuellen Sozialisation von Davis ist ein weit offener Blick, der aber zugleich biografisch unhinterfragbar verankert ist: Fiktion und nachspürbare Erfahrung begründen die Gesellschaftskritik.

An dieser Stelle kann nicht unerwähnt bleiben, dass zu diesem Ankerpunkt in der Wahrnehmungswelt von Mike Davis' ein selbstverständliches Verorten in jene Traditionen gehört, die ein linkes Amerika zu beschreiben und auch zu begründen versuchen, die jenseits der Demokratischen Partei anzusiedeln wäre. Seine durchgängige Selbstbeschreibung als Sozialist muss deshalb auch in der Darlegung seiner intellektuellen Position einen vorrangigen Platz einnehmen. Da es keine autobiografischen Aussagen von Davis über seine politischen Aktivitäten gibt und er in Interviews eher kryptische Anmerkungen dazu fallen lässt, kann man andererseits kaum ein intensiveres Verständnis davon entwickeln, welche Bedeutung die schon eher bekenntnishafte Selbstbezeichnung als Sozialist für ihn hat. Es ist in jedem Fall auffallend, dass Davis sich auch wenig in eine theoretische Reflexion über den Marxismus eingelassen hat. Angesichts dessen, dass er auch im Grunde keine Werkexegese oder auch nur gelegentlich Zitate aus den Werken der marxistischen Klassiker in seine Bücher einstreut, scheint sich wiederum die Bedeutung der sozialistischen Selbstverortung nicht in der Weise zu manifestieren, dass dadurch eine bloße Applikation eines vorgefassten theoretischen Kanons in den Schriften Davis' behaupten lassen kann. Nach Auskunft von KeyWiki, einer amerikanischen Anti-Korruptionsorganisation, war Mike Davis in den sechziger Jahre ein führendes Mitglied der „Students for a Democratic Society" (SDS), die sich 1969 auflösten und die als Kern der amerikanischen „New Left" galten. Teile des SDS radikalisierten sich und wurden vom FBI als terroristisch eingestuft. Diese Diskreditierung einer Minderheit der engagierten Studierenden war einerseits durchsichtig und entsprach der Logik des Kalten Krieges und war andererseits auch eine offene Flanke der „Neuen" Linke, der es dann doch schwer fiel, sich mit dem Stalinismus in einer selbstaufklärerischen Weise auseinanderzusetzen. Mike Davis war Mitglied der Kommunistischen Partei Amerikas, aus der er, so wird anekdotisch berichtet, wegen seiner kritischen Fragen an einen hohen Besucher aus der Sowjetunion in Kalifornien herausgeschmissen worden sein soll. Man kann Davis sicherlich keine wie auch immer geartete Sympathie mit dem Stalinismus unterstellen. Seine Mitgliedschaft in den „Committees of Correspondence for Democracy and Socialism" ab den neunziger Jahren, die man als eine pluralistische Linke zu verstehen hat, die die PDS in Deutschland als internationale Gäste einlädt, weist Davis eher als einen Vertreter eines „demokratischen Sozialismus" aus. Seit 2009 beteiligt er sich auch an der Zeitschrift „Against the Current", die der trotzkistischen Organisation

„Solidarity" nahe steht und sich selbst als „demokratisch, revolutionär-sozialistisch, feministisch und anti-rassistisch" tituliert.

Die amerikanische Studentenbewegung jener Jahre ruft heute vielfältige Assoziationen hervor, die allerdings zum Teil durch klischeehafte Übertragungen der deutschen 68er-Bewegungen motiviert erscheinen und erheblich relativiert werden müssen. Wichtig ist sich zunächst die geographische Verteilung der unterschiedlichen Protestbewegungen vor Augen zu halten, die zwar zeitgleich auftraten, aber nicht unbedingt kommunikativ und inhaltlich verbunden waren. Bürgerrechtsbewegung, Feminismus, Gay-Movement, Gewerkschaften, Studentenorganisationen und andere waren zum Teil überhaupt nicht im selben lokalen Kontext aktiv und mussten deshalb teilweise sehr unterschiedliche Strategien entwickeln und auch sehr widersprüchliche Koalitionen eingehen, die es so in Deutschland nicht gegeben hat (vgl. Klimke, 2011). Wir haben uns deshalb die Studentenbewegung jener Zeit vor allem auch als eine urbane vorzustellen, in denen es um einen Protest geht, der sich inhaltlich zunächst mit der Weiterentwicklung der Gesellschaft im Sinne einer vermehrt öffentlich verhandelten Demokratie einsetzt (Stears, 2010) und dabei zwangsläufig auf eine städtische Öffentlichkeit angewiesen ist. Radikal war dieses Engagement in erster Linie in symbolischer Form, da es sich die öffentlichen Räume der Stadt aneignete, um überhaupt erst einmal eine Art der öffentlichen Sphäre zu etablieren. Direkte Aktionen und partizipative Politikformen waren der Konsens dieser dann doch sehr heterogenen Studentenbewegung (Martin, 2004). Mike Davis' Kommentar zur Occupy-Bewegung in „Die Zeit" speist sich aus dieser Erfahrung und dementsprechend thematisiert er die Frage, ob die Banken nicht tatsächlich besetzt werden müssten, wie der SDS es in seiner Zeit in New York probiert habe.

Davis' Engagement und die „New Left" lassen sich als ein Phänomen der Straßen der Nordstaaten interpretieren (Gosse, 2005). Zwar hat es durchaus radikalere Formen des Protestes und auch Allianzen mit der Bürgerrechtsbewegung des Südens (s. etwa Sonnie, Tracy und Dunbar-Ortiz, 2011) und anderen sozialen Bewegungen gegeben, aber der Nexus war fragil und oftmals nur abstrakt. Dies lässt sich auch an der deutlichen Unterrepräsentation von bestimmten Themen in den Publikationen der New Left, etwa in dem von Davis mitherausgegebenem „New Left Review", erkennen, aber auch an den Schriften von Mike Davis selbst. Dies betrifft vor allem die Emanzipation der Homosexuellen, den Feminismus und die Bürgerrechtsbewegung. Dennoch muss man insbesondere Mike Davis als Verdienst anrechnen, dass er die offensichtlichen Klüfte, die sich wohl vor allem auch durch die geographischen wie emotionalen Distanzen in der amerikanischen Gesellschaft zwischen den verschiedenen sozialen Gruppen eben auch in der „New Left" widerspiegeln, erkannt haben muss. Mit der Haymarket Series, die er für den

Verso-Verlag zusammen mit Michael Sprinker herausgibt, hat er ein Forum für einen breiten linken Diskurs geschaffen, in dem solche Themen durchaus auch einen Platz bekommen haben. Zusammengefasst kann man wohl sagen, dass es um eine verhältnismäßig undogmatische Linke jenseits der Demokatischen Partei geht: „Reshaping the US Left" und „Rainbow Socialism" heißen die Titel zweier Jahrbücher der Haymarket-Reihe, die zugleich paradigmatisch das Anliegen von Mike Davis auf den Punkt bringen. Inhaltlich handeln diese Jahrbücher von unterschiedlichen lokalen Bewegungen, die in unterschiedlicher Weise mehr Demokratie, im Sinne einer Graswurzel-Bewegung, nachstreben.

Intrinsisch und ohne deklamatorischen Abschied vom Begriff des Sozialismus hat Davis thematisch und organisatorisch eine Unabhängigkeit von der traditionellen Linke vollzogen, die ihm erlaubt, sein ureigentliches Motiv der Gesellschaftskritik fortzusetzen. Dennoch bleibt eine schwierige Diskussion zu führen, der Davis selbst aus dem Wege geht. Wenn jemand wie Mike Davis sich offensichtlich mit den unterschiedlichen gesellschaftlichen und kulturellen Zusammenhängen und in seinem späteren Jahren sich mit Themen wie Kulturgeschichte und Klimawandel auseinandersetzt, und damit eine enorme intellektuelle Lernfähigkeit beweist, warum gibt es von ihm bis heute kein offenes Wort zum Stalinismus? Die Ereignisse von 1989, der dann folgende Zusammenbruch der zweiten Welt und die Situation im damaligen Ostblock heute werden von Mike Davis nicht aufgegriffen, nicht explizit erwähnt oder intellektuell bearbeitet. Als die Berliner Mauer fiel, interviewte Mike Davis Jugendbanden in Los Angeles und leistete weiter seine wichtige Rolle als Kritiker der amerikanischen Gesellschaft. Aus der europäischen Sichtweise, die durch eine viel größere Nähe zum „real existierendem" Sozialismus geprägt war, die nicht erlaubt hat, nur einfach den eigenen Zustand der Gesellschaft zu erforschen, befremdet dieses Schweigen nach wie vor. „Hobsbawm ist nicht bereit, sich der Finsternis zu stellen und sie zu benennen", schrieb Tony Judt (2008, 133) über den berühmten marxistischen Historiker Eric Hobsbawm, der keinen Grund sah, aus der Kommunistischen Partei auszutreten und sich einfach auch um die Auseinandersetzung mit den kommunistischen Dämonen drückte. Sicherlich wäre ein ähnlich hartes Urteil über Mike Davis unangebracht, weil eine solche Nähe zum Stalinismus überhaupt nicht vorhanden ist – geschweige denn eine jahrzehntelange Mitgliedschaft in einer Pro-Moskau-Partei –, aber es scheint doch so zu sein, wie Judt es sieht, dass durch diese fehlende Auseinandersetzung eine Lähmung nachzuvollziehen ist, die aus einem mangelnden Selbstbewusstsein resultiert. Geschichte kann in diesem Zusammenhang dann wiederum nicht mehr als Beitrag zur Selbsterkenntnis werden, sondern als eine romantische Pille, die als Schlafmittel wirkt, damit man den Albtraum des gescheiterten sozialistischen Experiments mit seinem ganzen Horror nicht sehen muss. Dies führt zwangsweise zu einer Romantisierung der heldhaften Zeiten des Arbeiterkampfes, der Auferstehung von Tom Joad. „Wenn die Linke dieses Selbstbewusstsein wiedererlangen und sich von den Knien erheben will, müssen wir aufhören, uns tröstliche Geschichten über die Vergangenheit zu erzählen", empfiehlt deshalb Tony Judt (a. a. O., S. 134).

Wessen dient also die historische Rückschau von Mike Davis wirklich? Im Vorwort zu seiner ersten Monografie „Prisoners oft he American Dream" (1986) stellt der Autor klar, dass es ihm in erster Linie mit dieser Publikation um eine Intervention in den aktuellen Diskussionen der amerikanischen Linke geht. Deren Situation sieht er durch mehrere Widersprüche gekennzeichnet, die sich vor allem durch das Verhältnis zur Demokratischen Partei ergeben. Er möchte mit seiner Arbeit nachweisen, dass es eine Illusion wäre, mit den „linken Elementen" innerhalb der Demokratischen Partei zu kollaborieren, um wesentliche Veränderungen in der Gesellschaft anzustreben. Seine Argumentation geht dabei von einer grundlegenden Frage aus, die sich mit dem ureigentlichen Verständnis über die amerikanische Gesellschaft auseinandersetzt, nämlich mit der angeblichen Besonderheit der USA. In der transatlantischen Geschichte der gegenseitigen Abgrenzungen sind wir es gewöhnt, den korporativen oder auch rheinisch-westfälischen Kapitalismus mit der Errungenschaft des Sozialstaates in der amerikanischen Perspektive als in verzeichneter Weise „unfrei" oder „sozialistisch" beschrieben zu finden, während die europäische Sichtweise auf Amerika mit dem Unverständnis zu kämpfen hat, dass es in den USA eben keine nennenswerte sozialistische Bewegung gegeben habe. Letzteres hat das Klischee vom Wild-West-Kapitalismus, wo „hire and fire" als Prinzip herrsche, hervorgebracht und Intellektuelle wie Werner Sombart (vgl. Genett, 1998) sahen die fehlende Verankerung der organisierten Arbeiterschaft in der politischen Kultur Amerikas als wichtigsten Unterschied zwischen den USA und Europa. Das bestehende duale Parteiensystem, so Sombart, repräsentiere nur die Interessen der Besitzenden und sei nur offen für bürgerliche Parteien. Dies sei der Hauptgrund, warum es in den USA keinen Sozialismus gebe.

Mike Davis knüpft in seiner Reflexion zu dieser Frage an den Irrtum der marxistischen Denker an, die alle davon ausgingen, irgendwann werde sich die Situation der Arbeiterklasse in allen kapitalistischen Ländern mehr und mehr angleichen, schließlich würden ja in allen Ländern die gleichen Gesetze der kapitalistischen Gesellschaftsstruktur herrschen. Als Gene Debs im Jahr 1912 mit einem explizit sozialistischen Anspruch sechs Prozent Wählerstimmen gewann, schienen sich die Prognosen der Angleichung zu bewahrheiten und Debs' Erfolg wurde als Anfang einer organisierten sozialistischen Arbeiterbewegung gesehen. Heute wissen wir, es war der bisherige historische Höhepunkt, der schon kurz danach an den vielen ethnischen und kulturellen Widersprüchen in der Arbeiterschaft an Strahlkraft verlor. Davis verweist auf den grundlegenden Konflikt zwischen den „native"-

Handwerkern und den unorganisierten Massen der Einwanderer. Davis möchte eine alternative Erklärung für den amerikanischen „Sonderweg" beschreiben, der sich nicht auf eine simple Formel reduzieren lässt, wonach einzelne Faktoren, wie die ethnische Diversität der Arbeiterklasse, das liberale Demokratieverständnis, der kulturelle Individualismus oder die soziale Mobilität als erklärende Faktoren hinreichend wären. Dabei beharrt er darauf, dass die Grundannahme des Marxismus, dass die besondere Situation der amerikanischen Arbeiterklasse mit dem Klassenkampf als solchen zu tun habe. Eben aus diesem Grunde wirft er aber den marxistischen Theoretikern vor, dass sie die historischen Erfahrungen mit dem Klassenkampf unterbewerten. Sein Anliegen ist es zu zeigen, dass die Niederlagen der Arbeiterschaft in den Generationen zuvor, dazu beigetragen haben, dass bei der aktuellen Auseinandersetzung zwischen Kapital und Arbeit die Arbeiterklasse entwaffnet wurde. Die ökonomischen Krisen des 20. Jahrhunderts sind als temporäre definiert worden, in denen Konzessionen auf Seiten der Arbeiter eingefordert wurden, die langfristig das Gewicht zugunsten des Kapitals verschoben haben. Im Ergebnis ist deshalb für Amerika nicht nur das Fehlen einer sozialdemokratischen Partei zu konstatieren, sondern ein qualitativ anderes Niveau des Klassenbewusstseins und der Klassenkohäsion.

Während in Europa es die Arbeiterklasse geschafft habe, sich durch sie repräsentierende Vertretungen in Politik und Gesellschaft einen reformatorischen Bezug zum kapitalistischen Wirtschaftssystem nachzustreben, den Davis allerdings als ambivalent betrachtet, zeichnet sich die Situation in den USA durch eine fragmentierte, desorganisierte und depolitisierte Arbeiterklasse aus, die individualistisch mit dem Kapitalismus durch eine privatistische Konsumbeteiligung arrangierte. Dieser Unterschied ist allerdings nicht gottgegeben oder primordial in einer außerhalb der Gesellschaftsordnung verankerten unveränderlichen DNA Amerikas oder Europas verankert, sondern ist ein historisches Produkt der jeweiligen gesellschaftspolitischen Auseinandersetzungen und konkreter Entscheidungen. Dies werde insbesondere in jenen Zeiten sichtbar, in denen man in Europa und den USA sehr wohl ähnliche politische und ökonomische Bedingungen vorfinden konnte und teilweise auch gleiche programmatische Ansätze diskutiert wurden. Dies war insbesondere in den dreißiger und vierziger Jahren des 20. Jahrhunderts der Fall. Damals hätte die Arbeiterbewegung in den USA es nicht geschafft, sich in einer solchen Weise zu manifestieren, wie es in Europa schon Ende des 19. Jahrhunderts mit der Etablierung der Sozialdemokratie gelungen sei. Für Davis ist dies wiederum historisch in der Weise zu erklären, dass dieses Versagen der Arbeiterklasse, um sich stärker zu organisieren und ein einheitliches Interesse zu artikulieren, durch die bis dahin schon aufgelaufenen Erfahrungen des Scheiterns in den Kämpfen der Arbeiter, die sich wie Blei auf neue Anläufe einschüchternd gelegt hätten, zu erklären.

Entscheidende Negativerfahrungen der amerikanischen Arbeiterklasse sind für Davis die historischen Weichenstellungen gewesen, die die heutige Strukturlosigkeit und das fehlende gemeinschaftliche Bewusstsein der amerikanischen Arbeiter erklären können. Für ihn sind dies vor allem drei geschichtliche Entwicklungen gewesen, die allerdings nicht für sich stehen, sondern die Niederlagen der Arbeiterklasse in der weiteren geschichtlichen Entwicklung wahrscheinlich machten und so immer weiter erschwerten, dass es zu so etwas wie einer europäischen Sozialdemokratie in Amerika hätte kommen können. Zunächst betrachtet Davis die einzigartige Konstellation der amerikanischen Revolution, die sich als eine bürgerliche par excellence verstand und die die Bestrebung einer industriellen Arbeiterschaft nach einer gesonderten Autonomie schier unmöglich machte. Zweitens analysiert Davis die besondere Schwierigkeit, die sich aus der permanenten Einwanderung für die Integration in die Arbeiterklasse ergeben hat. Die Etablierung einer organisierten Arbeiterklasse konnte sich nicht in der Weise vollziehen, dass eine Radikalisierung durch eine durchsetzungsstarke und erfolgreiche Reformorientierung abgelöst wurde. Dies hätte wohl ein beharrliches und nachhaltiges Wirken von Akteuren erfordert, die mit den Erfolgen der Reformen wiederum Zuspruch für eine vereinende Organisationsform gefunden hätten. Stattdessen kamen immer neue radikale Arbeiterführer nach Amerika und die ausbleibenden Erfolge führten zu weiteren Abspaltungen und Abgrenzungen oder aber zu populistischen Heroen, die Organisationen nach ihrem persönlichen Profil gestalten wollten und dementsprechend nicht über sie hinaus beständig sein konnten. Drittens – und dieser Aspekt wird von Davis am meisten ausgearbeitet und wohl auch von ihm für entscheidend gehalten für das Erklären der Situation in den achtziger Jahren – haben die Klassenkämpfe in der Roosevelt-Truman-Ära dazu beigetragen, die Arbeiterklasse auf Dauer zu schwächen und zu desorganisieren.

Insgesamt widmet sich Davis in „Prisoners of the American Dream" nur wenig der Analyse der amerikanischen Demokratie als politisches System, das er als ein Produkt der schnellen geographischen Aneignung von Siedlern auffasst, die erst ein politisch-juridisches Rahmenwerk aufbauen und deshalb nicht gegen bestehende Ordnung wie in Europa alternative Vorstellungen durchsetzen mussten. Die Etablierung der politischen Ordnungen ging einher mit der vorweggenommenen Annahme von Eigentum als Grundlage für die neu zu errichtende Demokratie. Dadurch kam es, dass in den USA es keinen Bezug der demokratischen Elite zu einem radikalen plebs entstehen konnte und die revolutionären Demokraten Banker, Landbesitzer und später Industriekapitäne waren. Die amerikanische Revolution war für Davis eine bürgerliche und eine vor allem gegen das feudalistische England

2 Irgendwo in Amerika

sich richtende. Der amerikanische Bürgerkrieg kann so als eine Art Fortsetzung des Aufstandes gegen eine informelle britische und neokoloniale Baumwollkolonialisierung gesehen werden. Die Hegemonie der bürgerlichen Klasse in den USA konnte nur durch eine Klassenallianz mit den kleinen Farmern abgesichert werden, die in einer Weise sich als eine eigenständige Klasse formierten wie es in Europa nie der Fall gewesen war. Durch diese besondere Konstellation – eine bürgerliche Demokratie-Elite und eine fehlende Auflehnung gegen ein ancien régime – konnte sich im neunzehnten Jahrhundert keine vergleichbare Arbeiterschaft etablieren, die sich in diesem gesellschaftspolitischen Rahmen auf ein eigenständiges Verständnis des „Arbeiters" hätte berufen können, dass sich etwa gegen über den vielen Landbesitzern und ihrem harten Schicksal deutlich unterschied.

Die amerikanische Kultur der Landaneignung und der vorindustriellen Produktionsweisen führte dazu, dass sich zwei weitverbreitete Illusionen bis heute gehalten haben, die das Entstehen eines amerikanischen Arbeiterstatus erschweren, wenn nicht gar verhindern. In ökonomischer Hinsicht wuchs bis zum Ende des 19. Jahrhunderts ein Abgrenzungsbewusstsein zwischen jenen kleinen Farmern und Landeigentümern und denen, die irgendwie im „Business" waren. Zu letzterem gehörten aus Sicht der Farmer nicht nur die Kapitaleigentümer sondern auch deren Arbeiter. Die wirkliche Arbeit und das wahre Amerika liegen demnach außerhalb der Geldmacher-Wirtschaft in den Städten. Zudem galt der Staat bis zum Beginn der Industrialisierung als Garant von Reformen und Freiheiten und eher als Gegengewicht zur ökonomischen Ausbeutung. Die Identifikation mit dem selbst geschaffenen Staat verhinderte eine nüchterne Kritik der interessengeleiteten Staatsausrichtung. Die relativ frühe politische Integration der Arbeiterschaft, die den in Amerika Geborenen schon Anfang des 19. Jahrhunderts das gleiche Wahlrecht gab – ein besonders auffallende Kontrast zum Dreiklassenwahlrecht Deutschlands zum Beispiel –, führte zu einer institutionellen Gleichberechtigung, die aber in der sozialen Wirklichkeit nicht ankam. Den amerikanischen Arbeitern mag der Kampf für die politische Gleichberechtigung in diesem Sinne erspart geblieben sein, das bedeutete allerdings auch, dass sich durch den fehlenden Kampf keine organisatorischen und ideologischen Strukturen aufbauten, die die spätere Arbeiterklasse im Industriezeitalter hätte nutzen können. Es bedeutete zudem, dass diese politische Gleichberechtigung vor Ort von den Kapitaleigentümern nicht als eine solche anerkannt wurde und als aus dem fernen Washington aufoktroyiert galt. Dies ist für Davis das wichtigste Moment in der amerikanischen Geschichte, um die lange und anhaltende Kultur des Self-Entitlement zu erklären, die immer wieder dazu führte, dass mit illegalen Mitteln und vor allem mit Gewalt durchgesetzt wird, was lokal von den herrschenden Kreisen als rechtens gesehen wird. Davis kommt in seinen Schriften immer wieder auf diesen Aspekt zurück, der nach seiner Ansicht entscheidend ist, um die immer wieder sich massiv formierende Gewalt in Amerika zu erklären. Für Davis ergibt sich diese aus einer Art Wild-West-Kapitalismus, der durch eine als „ursprünglich" empfundenen Lebensweise kulturell abgesichert ist und der intrinsisch eine Rechtfertigung beinhaltet, zur Not auch mit grober und tödlicher Gewalt und außerhalb des Rechts das Gesetz in die eigene Hand zu nehmen. Er entwickelt in seinen späteren Rekonstruktionen der Entwicklung von Kalifornien hierfür ein kritisches Verständnis des Boosterism, jenem legendären Enthusiasmus, mit dem im amerikanischen Westen neue Städte gegründet und aufgebaut wurde.

Umfangreicher als seine Lesart des demokratischen Systems der USA fällt in „Prisoners of the American Dream" Davis' Beschäftigung mit der historischen Komposition der Arbeiterklasse und ihrem Klassenbewusstsein aus. Davis gelingt es dabei, eine allgemeine Übersicht über die Entwicklung der verschiedenen, teilweise unüberschaubar divers und widersprüchlichen Bewegungen anhand von wenigen Schwerpunkten zu analysieren und zusammenzufassen. Seinem Analyseverständnis nach hat sich die politische Kultur der Vereinigten Staaten entsprechend der jeweiligen Einwanderungswellen und ihrer ökonomischen Integration in der Weise vollzogen, dass sich relativ separate ethno-religiöse Subkulturen entwickelt haben, die er interessanterweise schon an dieser Stelle in einen Zusammenhang mit der urbanen Segregation, also der räumlichen Trennung von Gruppen in einer Stadt, stellt. Diesen Aspekt wird er vor allem in seinem darauffolgenden Arbeiten zu Los Angeles und dann auch zu anderen Städten weiter bearbeiten und darstellen. In dieser Abb. (Abb. 2.1) wird die Grundthese Davis' illustriert, dass die soziale Segregation kausal mit der „Division of Labour", also der ökonomischen Position, und der politischen Orientierung zusammenhängt.

Sicherlich wird man Abb. 2.1 eine gewisse Überschematisierung vorwerfen können, in der bestimmte Einzelaspekte der Entwicklung der amerikanischen Gesellschaft nicht auftreten und erscheint etwa die Nennung der finnischen Einwanderer nicht sehr plausibel zu sein. Auffällig ist vor allem, dass Mexikaner und Afro-Amerikaner nicht vorkommen. Dies kann man mit einem eingeschränkten Proletariatsverständnis erklären, dem zufolge die Arbeiterschaft nicht die Landarbeiter beinhaltet. Dafür spricht, dass Davis hier die urbane Segregation in den Vordergrund stellt und die Verknüpfung von Politik-Ökonomische Positionierung-Ethno-religiöse Vergemeinschaftung in erster Linie darstellen will. Historisch gesehen ist die Datierung auf das Jahr 1912 wichtig, da sie eine Situation vor der großen Wanderung der Schwarzen aus dem Süden in die Metropolen der Nordstaaten markiert.

Für Davis ist dies ein wichtiger Moment in der Entwicklung der Amerikanischen Stadt: „By 1910, the American industrial city has developed a strikingly

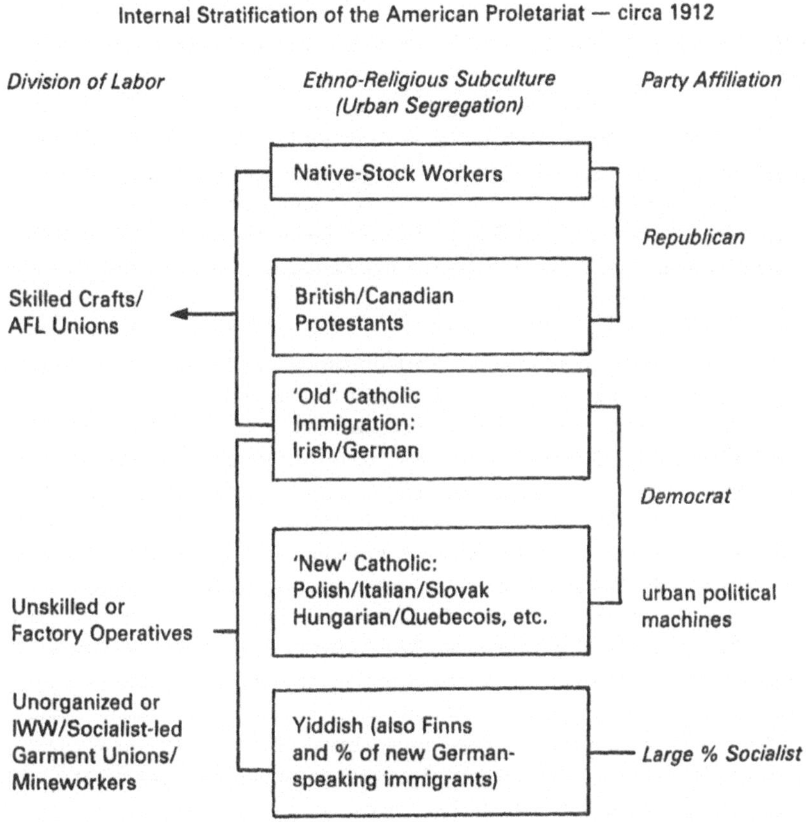

2 Irgendwo in Amerika

Internal Stratification of the American Proletariat — circa 1912

Division of Labor	Ethno-Religious Subculture (Urban Segregation)	Party Affiliation
	Native-Stock Workers	
		Republican
Skilled Crafts/ AFL Unions	British/Canadian Protestants	
	'Old' Catholic Immigration: Irish/German	
		Democrat
Unskilled or Factory Operatives	'New' Catholic: Polish/Italian/Slovak Hungarian/Quebecois, etc.	urban political machines
Unorganized or IWW/Socialist-led Garment Unions/ Mineworkers	Yiddish (also Finns and % of new German-speaking immigrants)	Large % Socialist

Abb. 2.1 Die interne Stratifikation der amerikanischen Arbeiterklasse um 1912. (Aus: Mike Davis (1986) Prisoners of the American Dream: Politics and Economy in the History of the U.S. Working Class. London: Verso, S. 42.)

different social physiognomy from that of European factory centers (...) In Europe this took the form of further class polarization as proletarian ‚east ends' and red arrondissements glared across widening social-spatial gulf at bourgeois west ends and fashionable faubourgs. In the United States, by way of contrast, increasing class segregation of housing was overlaid by simultaneously expanding ethnic differentiation." (43). Städte wie Buffalo, Cleveland, Chicago, Detroit oder Pittsburgh entwickelten eine Triparität des Sozialraums, der durch strikte

Trennlinien zwischen Mittelklasse-Vorstädte (suburbs), armen aber angesehenen Arbeiternachbarschaften der „native"-Arbeiterklasse und den innerstädtischen heruntergekommenen Slums für die Neuankömmlinge gekennzeichnet ist. Zwischen diesen abgegrenzten Räumen vermittelten lediglich die katholischen/irischen und deutschen Alt-Immigranten, deren ambivalente Position sich einerseits durch eine relative institutionelle und kulturelle Integration, etwa in den Gewerkschaften, und andererseits durch eine nicht-privilegierte ökonomische Stellung auszeichnete. Dies erklärt auch das große Engagement für sowohl die katholische Kirche wie für das Patronage-System der demokratischen Partei, das man schlichtweg als „the machine" bezeichnete.

Faszinierend bleiben für Davis dabei vor allem jene radikalen Einwanderer, die sich nicht in diesen institutionellen Rahmen einbinden ließen und ihre anarchistischen und marxistischen Auffassungen aus ihrer Heimat nach Amerika mitbrachten und dort weiter versuchten nachzuleben. Dies waren vor allem Deutsche und Juden. Davis verweist auf ihre Verdienste für den Aufbau einzelner Gewerkschaften, der anarchistischen Bewegungen in Chicago und der sozialistischen Zitadelle Milwaukee. Auch die Lower East Side von New York war zu jener Zeit, nach der gescheiterten Revolution in Russland im Jahr 1905, zu einem Hort der politischen Radikalen erwachsen, in denen eingewanderte Juden und Italiener eine Massenbasis für sozialistische Wahlkampagnen und Aktionen formten. Dazu gehörte insbesondere der Aufstand der New Yorker Textilarbeiter im Jahr 1909, der sich an landesweiten Streiks anschloss, die in anderen Industriezweigen stattfanden und von der internationalistisch-sozialistisch ausgerichteten Gewerkschaft „Industrial Workers of the World" (IWW) unterstützt wurde, die aber nur wenig mit der stärker etablierten Gewerkschaft „American Federation of Labour" (AFL), die sich nur für die Rechte ihrer Mitglieder einsetzte, zusammenarbeiten konnte. Diese Spaltung der Arbeiterklasse verhinderte das Entstehen einer Einheitsgewerkschaft, die sich auch in einer politischen Repräsentation hätte umsetzen können. So folgten aus den Aktionen der IWW keine lokalen Institutionalisierungen, mit denen etwa die schlimmen Lebens- und Wohnumstände der Arbeiter der Textilindustrie hätten verbessert werden können. Während sozusagen die Reformer der AFL sich nicht darum kümmerten, sich mit den anderen Arbeitern andernorts zu verbinden und über die Interessen vor Ort hinaus Solidarität zu organisieren, interessierte es die Revolutionäre der IWW nicht, die Facharbeiterschaft, die sich eher bei der AFL organisierte, an sich zu binden oder gar die AFL als auch ihre Interessensvertretung zu begreifen oder umzuinterpretieren. Sozialistische Bewegungen blieben daher sehr lokal begrenzte Phänomene, die zudem auch lokal nur dadurch erfolgreich waren, weil sie den Rückhalt einer ethno-religiösen Gemeinschaft hatten: die Deutschen in Milwaukee, die Skandinavier in Minneapolis, die Juden in Manhattan, die Holländer in Reading.

Detroit ist die Stadt, in der die amerikanische Arbeiterklasse sich politisch wie gesellschaftlich neu formierte (vgl. Thompson, 2001). Die Stadt war zu dem dominierenden Standort der amerikanischen Autoindustrie geworden und man kann sicherlich sagen, dass die Autobranche nicht nur die Stadt ökonomisch und politisch dominierte, sondern auch in der Art und Weise grundlegende Dinge des menschlichen Lebens und Zusammenlebens maßgeblich beeinflusste und veränderte. Dies hat mit der Umstellung auf eine Produktionsweise zu tun, die das Fließband als maßgeblichen Taktgeber inthronisierte und dem alles andere unterzuordnen war. Die schlichte Formel Henry Fords, jedem Arbeiter fünf Dollar pro Tag zu geben, war revolutionär und lockte nicht nur Massen von Arbeitssuchenden in die Stadt, sondern schaffte gleichzeitig eine Schicht von Arbeitern, die seinen „Ford T" auch kaufen kann. Mit diesem Produktionsmodell, mit dem so etwas wie eine gehobene Arbeiterschaft entstand, die sich auch Wohneigentum und einen bescheidenen Komfort ersparen konnte, ging eine Transformation des Kapitalismus einher, den man entsprechend metaphorisch als „fordistisch" bezeichnet und im Kern damit meint, dass es eine gesellschaftliche Ordnung gibt, die ein Wirtschaftswachstum durch die Konsumption der Arbeiter ermöglicht. Der Fordismus wird zudem als eine Art und Weise der Stadtplanung verstanden, in der eine solche Massenproduktion von modernen Gütern (Industrie, Auto, Wohnung) im Vordergrund steht und in der eine rationalen Planung, d. h. eine auf Effizienz ausgerichtete Stadtstruktur, nachgestrebt wird. Henry Ford hatte grundlegend anerkannt, dass seine Industriepolitik eine besondere Psychologie – den sogenannten Taylorismus – erfordert. Das führte ihn einerseits zu relativ humanen Auffassungen, etwa über die Gestaltung von Arbeitszeiten, andererseits aber zu autoritären Vorstellungen. Sein wesentliches Anliegen war es, dass die Produktion möglichst effizient verläuft, weshalb anzuerkennen war, dass Menschen nur bis zu einem gewissen Grade konzentriert am Fließband stehen können, er aber nicht einsah, warum Arbeiter irgendwelche weitergehenden Forderungen wie Mitbestimmung haben sollten. Henry Ford bekämpfte daher die Gewerkschaften wo er nur konnte und mit allen Mitteln. Wenig verhüllt bediente er sich dabei durchaus der ethnischen Unterschiede in der Arbeiterschaft, weshalb das fordistische Detroit ein durch und durch rassistisches war, in dem Massenkundgebungen des Ku-Klux-Klan in den zwanziger Jahren keine Besonderheit waren und in der die ethnischen Spaltungen bis heute zu den Ursachen für den Abstieg der Auto-Zentrale Amerikas gehören (vgl. Sugrue, 1996).

Der Kampf gegen die Zumutungen des Taylorismus und Fordismus, mit denen sich die Arbeiter in der Automobilindustrie auseinanderzusetzen hatten, waren andere als diejenigen in der Textilindustrie, bei der die unbegrenzte und unkontrollierte Ausbeutung in den „sweat shops", in denen außer das Allerlebensnotwendigste für die Arbeiter nichts zu erwarten war und sie keinen Schutz ihrer Gesundheit oder ihrer Arbeitskraft geboten bekamen, vorherrschte. Lange und zähe Arbeitskämpfe in der Automobilindustrie führten dazu, dass schließlich – und zu Zeiten der Nachkriegsökonomie – im Jahr 1950 der Vorsitzende der United Auto Workers (UAW), Walther Reuther mit den drei großen Autokonzernen dem sogenannten „Treaty of Detroit" vereinbaren konnte, mit dem den Unternehmen jährliche Streiks erspart blieben, die Gewerkschaften das Recht auf „collective bargaining", also die Repräsentation der Arbeiter bei den Tarifverhandlungen, eingeräumt wurde, und die Löhne an den Lebenshaltungskosten angepasst sowie andere soziale Sicherheiten garantiert wurden. Damit ging aber, wie Davis in Anschluss an C. Wright Mills (1948) formuliert, einher, dass aus den militanten Arbeiterführern nun plötzlich „Machtmenschen" wurden.

Mike Davis widmet sich im zweiten Kapitel von „Prisoner of the American Dream" zunächst dem Verhältnis zwischen den Gewerkschaften und den sozialistischen Teilen der Arbeiterbewegung, das er sich in vier Phasen entwickeln sieht, wobei er sich in seiner Analyse auf den „Congress of Industrial Organizations" (CIO) beschränkt, der 1935 von der AFL ausgeschlossen wurde, weil er sich nicht nach Berufen (craft unionism) sondern nach Branchen (industrial unionism) organisieren wollte. Das Hauptanliegen dieser Argumentation ist, dass die Interferenz zwischen den internen Dynamiken der CIO und dem jeweils aktuellen und potentiellen politischen Bewusstsein der Industriearbeiterschaft dargestellt werden soll. Eine wichtige Rolle spielt dabei die Diskussion um das jeweilige Führungspersonal des CIO (Lewis, Murray, Reuther) und deren Unterstützung für den New Deal Roosevelts. Dies leitet Davis zu seinem eigentlichem Thema der Analyse der Demokratischen Partei als „Labor Party That Never Was". Mit dem Wahlsieg der New Deal-Demokraten im Jahr 1936 war es offensichtlich gelungen, eine breite Wählerschaft politisch neu zu orientieren und die ethnisch-religiösen Bindungen bis zu einem gewissen Grad abzuschwächen und durch ein politisches Programm zu bündeln, das mit einer industriefreundlichen Wirtschaftsförderung, sozialstaatlichen Maßnahmen und einer Abschwächung rigider Moralvorstellungen integrativ wirkte. Für Davis ist diese Konstellation, die sich als Achse zwischen „industrial unionism" und Demokratischer Partei darstellt, allerdings eine widersprüchliche: Einerseits wird die aktive Basis der Demokraten und andererseits die politische Hegemonie des Kapitalismus und der bürgerlichen Herrschaft vergrößert, weil es nun nur noch eine duale politische Landschaft gibt. Die Erfolgsgeschichte des New Deals geht auf Kosten des politischen Angebots von Alternativen, zu denen vor allem etwa die „Progressive and Famer-Labor Parties" gehören, die in ihrem Stammländern

Wisconsin und Minnesota ihre Gouverneure verloren, womit ihr langer Abstieg bis in die fünfziger Jahre begann. Hauptursache für das Scheitern der „Third Parties" war der kriegsähnliche Zustand zwischen der AFL und allen anderen Gewerkschaften zum Ende der dreißiger Jahre, der mit Gewalt etwa bei den Guerilla-Angriffen der AFL auf die Hafenarbeiter in New Orleans ausgefochten wurde.

Wiederum war es die Frage der ethnischen Segregation, die ein treibendes Spaltmittel war, dass zu dieser Uneinigkeit der Gewerkschaften mitbeitrug. Während die CIO als offen für Afro-Amerikaner galt, kann dies von der AFL sicherlich nicht behauptet werden und entstanden hinsichtlich der Frage nach den Rechten für die Schwarzen vor Ort symbolträchtige Konfliktlinien, die sich als die Frage nach dem übergeordneten Ziel gewerkschaftlicher Tätigkeit – AFL: Vertretung der Interessen der Gewerkschaftsmitglieder versus CIO: Solidarität in einem umfassenderen Sinne und unter Einschluss von Nicht-Mitgliedern – darstellt. Mithin wird dieser Konflikt als der Widerspruch zwischen einer sozialdemokratischen und einer sozialistischen Gewerkschaftsarbeit missverstanden, wonach die CIO die „linkere" Gewerkschaft wäre. Wie Davis aufzeigt, ist dies aufgrund der frühen und umfassenden Unterstützung des New Deals – selbst bei sich selbst als Sozialisten bezeichnenden Gewerkschaftern – nicht anzunehmen. Durch die spätere Gründung der Political Action Committees (PAC) der CIO wurde diese Unterstützung der Demokraten auch organisatorisch betrieben. Die Offenheit für Afro-Amerikaner mag hierfür ein wichtiges Element gewesen sein, da viele alternative Gewerkschaften, die nur von Afro-Amerikaner organisiert wurden, potentiell radikaler waren und die Idee einer Einheitsfront der Gewerkschaften für die Demokratische Partei wiederum schwächte. Der offene Rassismus in der Arbeiterschaft wurde insbesondere während der Detroiter Aufstände sichtbar, als sich weiße Arbeiter weigerten mit ihren schwarzen Kollegen in der Kriegsindustrie zusammenzuarbeiten. Dieser Rassenhass machte nicht vor der CIO halt und ist wohl der wichtigste Grund dafür, dass ihre „Operation Dixie", mit der sie sich in den Südstaaten eine Mitgliederbasis aufbauen wollte, scheiterte (vgl. Moreno, 2006).

Die Konsequenzen der Alternativlosigkeit zur Parteinahme für die Demokraten, zur Spaltung der Arbeiterschaft und dem „Bürgerkrieg" zwischen CIO und AFL haben laut Davis jene Niederlagen hervorgebracht, die die Schwäche der Arbeiterklasse bis heute ausmachen und die sich in den fünfziger Jahren des 20. Jahrhunderts tief in die politische Kultur des Landes verwurzelt haben. Dazu gehört zuallererst die nach dem Zweiten Weltkrieg verpasste Chance, die wachsende Zahl von weiblichen und schwarzen Arbeiter/innen in die Gewerkschaftsarbeit zu integrieren und somit eine Hierarchisierung und die weitere Segmentierung der Arbeitenden zu verhindern. Die alte ethno-religiöse Segregation, wie in Abb. 2.1. dargestellt, wird zunehmend von einer rassischen und Gender-orientierten Spaltung überlagert, kaum abgeschwächt oder gar abgelöst. Dies betrifft die gewerkschaftliche Integration wie die gesellschaftliche, die durch mangelnde Möglichkeit der Teilnahme am Massenkonsum der Schwarzen, Frauen und Arbeitern in den Südstaaten verwehrt bleibt.

Die Bürokratisierung der CIO nach dem Zweiten Weltkrieg bedeutete zudem, wie Davis mit Verweis auf Aronowitz' Studie „False Promises" (1974) argumentiert, dass sich die alten AFL-Strukturen reproduzieren konnten, weil sie sich durch einen höheren Grad an Reglementierungen auf Kriterien zur Besetzung von Führungspositionen einigen mussten und dabei einem Senioritätsprinzip vertrauten, bei dem Afroamerikaner und Frauen aufgrund oftmals kürzerer Gewerkschaftserfahrungen selten berücksichtigt wurden. Alt-Mitglieder der AFL konnten hingegen auf lange Erfahrungen verweisen und nach ihrer Amtsübernahme die CIO mehr und mehr der AFL angleichen. Die Verschmelzung beider Organisationen im Jahr 1955 war das konsequente Ergebnis der internen Neuausrichtung der CIO auf eine Berufsstatt Einheitsgewerkschaft.

Kein gutes Haar lässt Davis an den Ergebnissen der Gewerkschaftsstrategie, die Demokratische Partei als die einzige legitime Vertretung der Arbeiterschaft anzusehen und durch allerlei offene und Hinterzimmer-Sympathien zu unterstützen. Kurz fällt seine Würdigung der Ergebnisse der „Big Society" von Lyndon B. Johnson aus, mit dem der texanische Präsident in den sechziger Jahren einen „spectacular revival" (100) der Allianz zwischen Gewerkschaften und Demokratischer Partei im Windschatten der Bürgerrechtsbewegung hatte erzielen wollen, in Wirklichkeit aber einen „false spring" (ebd.) herbeiführte. Davis hält sich hier nicht lange mit einer intensiveren Analyse dieser Zeit auf, sondern schließt sich weitgehend einer theoretischen Schule an, die als so genannte „école de la régulation" (vor allem Aglietta, 1976) seit den späten siebziger Jahren maßgeblich eine Neuformulierung des Marxismus auf dem Hintergrund der damaligen Krisen und Restrukturierungen betrieb (vgl. Becker, 2002 und Esser, 1994). Davis konzentriert sich daher mehr auf die siebziger Jahre, die durch die so genannte Krise des Wachstumsmodell der Nachkriegsökonomie geprägt sind und die der allgemeinen Annahme der französischen Theoretiker entsprechen, wonach die „trente glorieuses", jene glücklichen dreißig Jahre des relativen Wohlstands und des beharrlichen Wachstums, zu Ende gehen. In der Alltagswahrnehmung kam das Ende dieses Wachstumsmodell durch den so genannten Öl-Shock zum Ausdruck. Für die Regulationstheoretiker wird damit ein weiterreichender Wechsel in der Logik der gesellschaftlichen Verankerung der Ökonomie eingeläutet.

Bezugnehmend auf die Metaphorik des Fordismus wird diese Krise nicht als eine zyklische verstanden, die sich nach orthodoxer Wirtschaftstheorie „natürlich" ergibt, weil Angebot und Nachfrage an Gütern immer wieder neu justiert werden müssen, sondern ist mit einem auf die Massenproduktion gerichteten Wirtschaftsprozess für den Investor nicht mehr hinreichend Profit zu machen. Die Märkte sind gesättigt, die Produktionskosten zu hoch, die Rendite fällt zu niedrig aus und deckt nicht mehr die getätigten Investitionskosten. Damit steht nicht nur eine Produktionsweise in Frage, sondern auch deren gesamtgesellschaftliche Einbettung, das so genannte Akkumulationsregime als Konglomerat von allgemeinen und speziellen Regulationen. Die Produktionssphäre, gesellschaftliche Regulatorien und die institutionelle Umwelt wirken gegenseitig aufeinander ein und formen insgesamt ein spezifisches Akkumulationsregime, dass sich durch unterschiedliche Modi („mode de régulation") unterscheidet, wobei ein grundsätzlicher Übergangs vom Regime der Massenproduktion (Fordismus) zu einem anderen, noch zu beschreibenden und zu analysierenden (Postfordismus) Modus zu beobachten ist (vgl. Amin 2000). Der als Postfordismus angedeutete Regimewechsel beschränkt sich nicht auf eine Funktionsveränderung der Industrie und dessen durch technischen Fortschritt, rationalisierten Funktionsweise, es vollzieht sich vielmehr eine neue Logik der Raumproduktion, von der „Regulation des Raumes" hin zu den „Räumen der Regulation" (Benko/Lipietz 1995).

Der Kern der frühen Regulationstheorie besteht in der ersten Beobachtung der sich entwickelnden weltweiten Handelsfreiheit und das Fallen der nationalen Grenzen. Heute würde man sagen: der Globalisierung. Dementsprechend löst die Regulationstheorie ältere marxistische Theorien ab, die weitgehend von einer dualistischen Zentrum-Peripherie-Vorstellung (Dependenztheorie) gekennzeichnet waren, in der der kapitalistische Norden den unterentwickelten Süden der Welt ausbeutet und für den Aufbau der nationalen Industrien und Gesellschaften nutzt. Die Ausbeutung lokaler Ressourcen (im weitesten Sinne), so das postfordistische Regulationsparadigma, würde heute nun nach Regionen organisiert und es würden somit nationalstaatliche und weltgeographische (Nord-Süd-)Kategorisierungen unterwandert. Ins Gesichtsfeld rückt mit dieser Betrachtung, dass lokale Unterschiede in der Anpassung an ökonomische Veränderungen der globalen Ökonomie die eigentliche Dynamik heutiger Wirtschaftsgeographien darstellen. Globale Liefer-Netzwerke von Gütern, Dienstleistungen, Menschen und Unternehmen produzieren transnationale Machtverhältnisse, die sich neu verräumlichen und die hergebrachte nationalstaatliche Raumproduktion in Frage stellen. Es ist von daher nicht richtig, von „postfordistischen" Städten oder Räumen zu sprechen, also bestimmte Orte in dieser Weise zu kennzeichnen oder zu kategorisieren, da die grundsätzliche Beziehung zwischen Raum, Gesellschaft und Ökonomie verändert ist. Dies muss nicht bedeuten, dass das alte Akkumulationsregime per se unwichtig oder überkommen ist, sondern es ist vielmehr davon auszugehen, dass es zu

Ungleichzeitigkeiten – „Rustbelt" versus „Sunbelt" – kommt, die sich auch im Fortbestehen aller fordistischer Regime äußert (vgl. Leborgne/Lipietz 1992).

Davis (s. auch Davis 1978) übernimmt das Vokabular der Regulationstheorie, ohne sich allzu sehr in ihr zu beheimaten. Er geht dabei über die duale Denkfigur Fordismus/Post-Fordismus hinaus und verweist auf einen liberalen Kapitalismus, in der einfache und individuelle Verkaufssituationen vorherrschen, Löhne auf dem Arbeitsmarkt elastisch ausgehandelt und durch eine Reservearbeitskraft und freie Immigration gedrückt werden. Es herrscht ein despotischer Paternalismus der Unternehmen vor, der durch einen Staat geschützt wird, der die „Freiheit" der Lohnverhandlungen und den Wettbewerb auf dem Arbeitsmarkt garantiert. Dieses Akkumulationsregime unterscheidet Davis wiederum vom unorganisierten korporativen Kapitalismus und dem „fordistischen", staatlich organisierten korporativen Kapitalismus.

In einem Artikel für die Zeitschrift „Review" des Fernand Braudel Center for the Study of Economies unterwirft Davis (1978) die Regulationstheorie einer intensiven Kritik. Hierbei sieht er diese Theorie zunächst als Kritik an der dominierenden ne-klassizistischen Wirtschaftstheorien. Gegenüber marxistischen Theorien der zunehmenden Marktmonopolisierung habe diese zudem den Vorteil, aus einem konzeptionellen Koordinatensystem von „frontier regime", Fordismus und Neo-Fordismus heraus unterschiedliche Akkumulationsregime zu benennen und damit die lange Nachkriegsstabilität des Wirtschaftswachstums multiperspektivisch erklären zu können. Dennoch weist für Davis die Regulationstheorie erstaunliche Defizite auf. Dies betrifft insbesondere die Rolle des Staates. Zwar erkennt er an, dass die Diskussion der Staatsrolle in marxistischer Tradition der Analyse der kapitalistischen Produktionsweise nachgeordnet erscheinen soll, dennoch insistiert Davis, dass auf diese Weise die heutige Konstellation von Kapitalismus und Staat nicht angemessen ins Blickfeld gerät. Der Staat ist nicht mehr nur in Hinsicht auf seine Regulations- und Ausgabenfunktion, sondern vielmehr als „infrastrukturelle Realität" zu betrachten. Deshalb kann innerhalb der Régime-Theorie auch die Verdichtung von Ausgabenpolitik, insbesondere in der Beziehung zu den Militärausgaben, nicht wahrgenommen werden. Das Interplay zwischen privaten und staatlich-militärischen Ausgaben müsste aber in Betracht gezogen werden, so Davis (a. a. O., S. 251), wenn bestimmte entscheidende Momente in der Nachkriegsgeschichte der USA verständlich werden sollen. Eine weitere Beschäftigung mit der Rolle des Staates führt unwillkürlich zur fiskalischen Rolle des Staats und wirft Fragen mit Bezug auf die Reproduktion der Arbeitskräfte und die Bedeutung des „sozialen Kapitals", worunter Davis an dieser Stelle vor allem soziale Investitionen, Konsum und allgemeine Ausgaben für den Sozialstaat meint, auf. Vor allem der Vietnam-Krieg macht deutlich, wie sehr eine Theorie der amerikanischen Nachkriegsentwicklung die Zusammenhänge zwischen staatlichem Handeln, Militär- und Wohlfahrtsstaat und Kapitalakkumulation miteinander zu verbinden hätte. Weiterhin müsste die Regulationstheorie in den Augen von Mike Davis die Tendenzen einer internationalen Zentralisierung von Kapital und die Rolle multinationaler Konzerne einbeziehen. In Anschluss an Ernest Mandels Buch über den Spätkapitalismus (1972) unterstreicht Davis, dass es zwar notwendig sei, eine bestimmte Periodisierung der Produktionsweisen und der Logik, mit dem der „Surplus"-Profit erreicht werden soll, vorzunehmen. Jedoch unterstreicht er zugleich, dass zeitgleich unterschiedliche Profitstrategien und Ausbeutungsformen existieren und das heutige Zeitalter durch einen „technological rent" dominiert werde, die sich aus unterschiedlichen Schichten des kapitalistischen Wirtschaftssystems heraus ergibt und somit eine neue Geographie der wirtschaftlich-sozialen Unterschiede hervorbringt.

Wo alles zusammen kommt 3

Diese Bilder gingen um die Welt: Kurz nach Mitternacht am 3. März 1991 wird der Afroamerikaner Rodney King von vier außer Kontrolle geratenen Polizisten schwer verprügelt, während 17 weitere Polizei-Angehörige dabei zusehen. Von einem Balkon aus wird ein Beobachter der Szene ein Video aufnehmen und es den Medien zur Verfügung stellen. Die unverhüllte und augenscheinlich unnötige Gewalt von weißen Polizisten gegen einen schwarzen Bürger hat die amerikanische Nation über Tage erschüttert und in den folgenden Wochen die Nachrichten dominiert. Die rassistische und sexistische Motivation der Täter schien auch für die vom Bürgermeister eingesetzte unabhängige Untersuchungskommission eindeutig zu sein (zur Darstellung der Ereignisse siehe Cannon, 1997).

Als die vier Polizisten dennoch von einem Gericht ein Jahr später freigesprochen wurden, hat dies überall zu Verwunderungen – bei den schwarzen Amerikanern aber zu Wut und Abscheu geführt. Kurz nach der Urteilsverkündung schlossen sich manche spontan zu Gruppen zusammen und fingen an, Geschäfte zu zerstören und auch Gewalt gegen Weiße auszuüben. Die überforderte Polizei begann schon schnell mit dem Einsatz von Feuerwaffen und erschoss bereits am ersten Abend der Aufstände zwei Unbeteiligte. Gegen Abend nahm der Bürgermeister das Angebot des Gouverneurs an, um 2.000 California National Guards bereitzustellen. Was folgte, waren die schwersten Unruhen in Amerika seit den sechziger Jahren, bei denen 53 Menschen ihr Leben ließen mussten, die meisten durch Schussgewalt. Nicht weniger als 20.000 Polizei- und Militärkräfte waren im Einsatz und mehr als 7.000 Verdächtige wurden verhaftet. Der Sachschaden wird auf eine Milliarde Dollar beziffert.

Doch die Unruhen (Riots) von 1992 stellen sich im Detail als ein wesentlich komplexerer Sachverhalt dar, als dies das relativ simple Schema vom weißen Rassismus und den schwarzen Opfern suggeriert. Die Anatomie dieser Riots weist auf eine Verankerung der Vorgänge in eine veränderte politische Ökonomie der amerikanischen Städte hin und ist deshalb nicht als Neuauflage der gewaltsamen Proteste in den sechziger Jahre zu sehen (vgl. Abu-Lughod, 2007, S. 269 ff.). Hervorzuheben ist vor allem, dass es sich in Wirklichkeit um eine multiethnischen Aufstand gehandelt hat, der in vielen Städten, nicht nur in Los Angeles, stattgefunden hat. So sehr sich auch unterschiedliche Lesarten des Rodney-King-Aufstände auffinden lassen, die verschiedene Aspekte jeweils mit anderem Gewicht akzentuieren, so sehr ist es doch überzeugend, dass die Aufstände nur auf dem Hintergrund einer neuen sozialen Geographie zu verstehen sind, in der sich Konflikte eben nicht mehr im Rahmen von gefestigten Schwarz-Weiß-Schemata abspielen, sondern diese in einer Post-Industrialisierung der Stadt wurzeln: „An important consequence of the rebellion was to shake the very foundation of the taken for-granted-quality of our discourse and practice about race and class", konstatieren Oliver, Johnson und Farwell (1993) in ihrer Analyse der Hintergründe für die Riots. Sie verweisen auf eine Neukonstitution der Kategorie „Arme", die sich durch die massiven Arbeitsplatzverluste im Zuge der De-Industrialisierung und der Verlagerung von Industrien in Billiglohnländern ergeben habe und die vor allem die Jugend von Los Angeles und andernorts treffe.

Schon vor den Unruhen von 1992 hat es beunruhigende Berichte über die sich verschlechternde Situation von Blacks in den USA gegeben. Insbesondere die Arbeiten von William Julius Wilson wiesen darauf hin, dass es eine sich verstetigende und zunehmend größere Gruppe von Menschen gibt, die in der neuen ökonomischen Landschaft der amerikanischen Großstadt keinen Platz mehr finden kann, und in ihren Nachbarschaften dadurch soziale Problemlagen kumulierten. Mit „The Truly Disadvantaged: The Inner City, the Underclass, and Public Policy" (1987) reagierte Wilson auf einen Paradigmenwechsel in den USA, der in Zeiten der neokonservativen Philosophie der Ära Ronald Reagans Armut vor allem als ein Problem der Kultur betrachtete. Wilson gelang es mit umfangreicher Empirie eine komplexere Sichtweise zu formulieren, in der sowohl Rassismus als auch insbesondere das zerrüttete Familienleben durch die Flexibilisierung und Prekarisierung des Arbeitslebens der Afro-Amerikaner als Erklärungsfaktoren ernst zu nehmen sind. Wer die Zeichen der Zeit verstehen wollte, konnte die zunehmende Verzweiflung der jugendlichen Afro-Amerikaner erkennen. Darauf verwiesen nicht nur die Filme von Spike Lee über das Brooklyn Ende der achtziger Jahre wie „Do the Right Thing", sondern auch ethnographische Untersuchungen von Elijah Anderson (1990) über Philadelphia.

Obwohl das Thema sozusagen in der Luft lag, fehlte diesen Stimmen und Arbeiten über und aus der neuen sozialen Unterschicht der Stadt etwas, das scheinbar erst mit Mike Davis' Arbeit über Los Angeles („City of Quartz", 1990) vollkommen ins Bewusstsein der Öffentlichkeit zu gelangen schien und das sich als eine Art

Vorhersage der Rodney King-Riots lesen ließ. Davis hat öfter in früheren Texten, etwa zur Krise der Reaganomics und später als Ankündigung einer großen Immobilienkrise in den USA, so wie sie sich dann ja ab dem Jahr 2008 abzeichnete, eine Art prophetische Andeutung formuliert. Mit „City of Quartz" wird diese Attitüde im Untertitel des Buchs aufgehoben: „Ausgrabungen der Zukunft in Los Angeles".

In der deutschen Ausgabe sind die späteren Artikel zur Interpretation der Riots, die Davis zuerst für „The Nation" und „Open Magazine" veröffentlicht hatte, mitaufgenommen worden und die Herausgeber unterstreichen damit, dass das große Interesse an Davis' Buch in einem Zusammenhang mit der massiven Gewalt in Los Angeles steht.

Mike Davis nähert sich dem Thema in „City of Quartz" durch die Problematisierung des „Kriegs gegen die Drogen", wie ihn die Polizei in Los Angeles (LAPD) mit ihrer großen Razzia in South Central am 6. April 1989 spektakulär und medienwirksam – Nancy Reagan im Schlepptau – eingeleitet hat. Dem war aber bereits die „Operation HAMMER" vorausgegangen, in der ein Jahr zuvor mehr Jugendliche inhaftiert worden waren als bei den Watts-Aufständen in den sechziger Jahren. Beschrieben werden erniedrigende Umstände, willkürliche oder triviale Festnahmegründe und ein martialisches Auftreten der Polizei. Doch Davis belässt es nicht bei einer simplen Schelte der Polizei, sondern kritisiert einerseits die Dämonisierung der Gangs („Milizen von Beirut", so ein Lokalpolitiker), so wie er andererseits durchaus das Ausmaß der Gewalt und der Kriminalität thematisiert. Er beschreibt, wie sich die Gangs in den 1970er Jahren zu den Super-Gangs „crips" und „bloods" zusammenschlossen und die Rivalität zwischen ihnen ausbrachen. Zugleich verweist er auch darauf, dass es zunehmend viele Latino-Gangs gibt und bei diesen eine sich steigernde Gewaltbereitschaft zu verzeichnen war, die jedoch durch die Latino-Community ohne Zutun der Polizei kontrolliert worden und die Zahl der Gangtoten innerhalb von zehn Jahren (1978–1988) auf null zurück gegangen sei. Entscheidend für Davis ist die entstandene Crack-Ökonomie und deren Zusammenspiel mit der gestiegenen Jugendarmut: „Diese sehr reale Epidemie von Jugendgewalt, die vor allem in der explosionsartig steigendenden Jugendarmut wurzelt, wird von der Staatsgewalt und den Medien zu einem Wahngebilde aufgeblasen." (S. 310) Für ihn stellt sich die Gang-Gefahr als Ergebnis von Pseudowissen und Phantasie dar und da die wahre Gefahr auf die Ghettos beschränkt bliebe, sei das Ganze für die Vorortbewohner ein voyeuristischer Nervenkitzel. Ohne viel Schminke schildert Davis nun die Sichtweise der schwarzen Community auf die Polizei von Los Angeles, die für diese nur eine „Redneck-Besatzungsarmee" sei. Die Coalition Against Police Abuse zählt 300 schwarze Opfer, die von Polizisten in den siebziger Jahren erschossen wurden, unter anderem eine Witwe mit zwölf Schüssen, die wegen einer nicht bezahlten Gasrechnung verhaftet werden sollte.

Davis schildert eindringlich, wie die Polizei von Los Angeles in einer Weise in die Gewaltproblematik von Los Angeles verstrickt ist und so zu einer weiteren Eskalation und Ausbreitung der Gewalt der Gangs und Drogendealer beiträgt. Nur wenige trauen sich, dies auch in dieser Weise öffentlich zu kritisieren. Schwarze Bürgerrechtler und Liberale scheinen in dem Dilemma gefangen zu sein, einerseits Schutz für die afro-amerikanische Community vor der Gewalt der Crack-Ökonomie von der LADP zu fordern und andererseits ob deren ungesetzlicher und übertriebener Aktionen sich von der Polizei distanzieren zu wollen. Mit der sogenannten HAMMER-Aktion wurden nicht weniger als 50.000 Jugendliche verhaftet und dabei massiv Häuser zerstört und Menschen obdachlos gemacht. Von einer „Orgie der Gewalt" durch die LAPD ist die Rede. Doch Davis weist nicht nur der Polizei Schuld zu für die martialische Haltung gegenüber den Jugendlichen. Auch das Justizwesen stellt keine Korrektur der aus dem Ruder gelaufenen Exekutive dar, wie Davis anhand des zuständigen Staatsanwalts für Jugenddelikte glaubhaft darstellt. In dem Kapitel „Eine Generation mit Ausgehverbot" schildert er die Auswirkungen, die die omnipräsente Verdächtigung aller schwarzen Jugendlicher für diese im Alltag hat. Durch den Dauerverdacht der Gang-Mitgliedschaft werden sie von den meisten Orten außerhalb ihrer Wohngebiete durchgehend polizeilich kontrolliert, schikaniert und wegen Banalitäten kriminalisiert. Umgekehrt werden ihre Nachbarschaften zu No-Go-Areas für alle Nicht-Bewohner deklariert, so dass der gesellschaftliche Ausschluss mit großer Perfektion abläuft. Davis reiht ein erschreckendes Beispiel dieses Prozesses an das andere, seien es Polizei-Aktionen an Schulen, die massive Inhaftierung von schwarzen Jugendlichen oder die boomende Gefängnis-Industrie. Er beklagt daraufhin, dass es jenseits der medialen Paranoia im Grunde keine sachlichen Berichte über die soziale Funktion der Gangs gibt. Frühere Arbeiten über Gangs in Los Angeles weisen darauf hin, dass das Gangwesen nur als eine Form der sozialen Organisation zu verstehen ist, bei der einerseits Schutz gegen Diskriminierung geboten und andererseits eine eigene soziale Welt in einer feindlichen Umwelt gestaltet wird. Den sechziger Jahren mit einer eher unterschichtenorientierten Vermischung der einzelnen Gangs und einer politischen Intellektualisierung durch die Bürgerrechtsbewegung und die Black Panther folgte ein Revival in den achtziger Jahre und eine Verrohung, da der Anschluss an eine schwarze Mittelschicht verloren gegangen war. Davis bezeichnet die Gangs der achtziger und folgenden Jahre als neues „revolutionäres Lumpenproletariat" (S. 335 ff.). Für ihn ist die ausbleibende Integration im Arbeitsmarkt letztlich der Grund für diese Entwicklung. Zugleich ging es mit der Ausbildung in den Schulen permanent bergab, so dass den schwarzen Jugendlichen nicht mehr – wie der Generation vorher – ein glaubhaftes Versprechen auf eine irgendwie geartete Chancengleichheit gemacht wurde. Was blieb, war die Alternativkarriere in der Crack-Ökonomie.

3 Wo alles zusammen kommt

Davis widerspricht aber den Sichtweisen der Politik, die die Gangs als eine hochgradig effiziente und machtvolle Mafia-Struktur sehen wollen. Die Gangs wurden aus seiner Sicht von bestehenden Drogenkartellen als Fußvolk eingesetzt. Für Davis dagegen ist der langsame und „überraschend friedliche" (S. 361) ethnische Übergang in South Central, in dem immer mehr Latino-Jugendliche eingezogen sind, das große Thema. Nicht nur über 200 Latino-Gangs wetteifern nun mit den schwarzen Vorbildern, sondern auch über achtzig asiatische Gangs konkurrieren um den verbliebenen Raum des sozial abgegrenzten Stadtzentrums und deren wenige Ressourcen. Für Davis ist klar: „Diese besonderen Widersprüche nehmen schnell zu, exponentiell zum bösen Ethos der Zeit (...) In Los Angeles spricht zu vieles dafür, daß bald alles drunter und drüber geht." (S. 362).

Und diese düstere Vorhersage trat dann bekanntlich ein. Die Riots entluden sich nicht nur im Zusammenstoß mit der Polizei sondern auch gegen die koreanischen Einwanderer. Blacks und Latinos standen mit diesen in einem schwierigen Verhältnis. Für Davis ging es, wie er in seinem Beitrag „L.A. was just the Beginning" für The Nation 1992 (aufgenommen in die deutsche Ausgabe von „City of Quartz") darstellt, bei diesen ersten multirassischen Riots „ebensosehr um leere Bäuche und gebrochene Herzen wie um Polizeiknüppel und um Rodney King" (S. 441). Wiederum weiß Davis durch anschauliche Beschreibungen einzelner Fälle und mit den Blick auf die Dynamik der Aufstände diese Faktoren eindringlich zu schildern, etwa wenn er von einem Mann berichtet, der wegen des Stehlens von zwei Flaschen Milch eine Kaution von 15.000 Dollar bezahlen und möglicwhise zu einer Haftstrafe von zwei Jahren verurteilt werden soll. Das Zentrum des Aufstandes war diesmal im Gegensatz zu 1965 nicht die eigene Nachbarschaft (Watts), sondern der Crenshaw Boulevard, das Herz der wohlhabenden Westside des schwarzen Los Angeles. Warum aber der Angriff auf die Koreaner? Davis verweist auf den Fall von Latasha Harlins, die von einer koreanischen Ladenbesitzerin wegen eines marginalen Delikts erschossen wurde und dafür vom Gericht mit einer 500 Dollar-Strafe belegt wurde, das ist weniger als die Höchststrafe für Autofahren unter Alkoholeinfluss. Die Gleichzeitigkeit der verharmlosenden Gerichtsurteile wirkten fatal auf die Wahrnehmung der schwarzen Jugendlichen: „Rodney King?", so zitiert Davis einen von ihnen, „Ach Scheiße, meine homies kriegen jeden Tag von den Bullen auf die Fresse. Der Riot hier ist wegen der ganzen homeboys, die die Bullen umgebracht haben, wegen der kleinen Schwester, die die Koreaner umgebracht haben." (S. 447) Davis verweist auch darauf, dass sich die Sicherheitseinheiten und die Polizei keineswegs um den Schutz der Koreaner gekümmert haben, sondern eher um die Einkaufszentren Alexander Haagens, einem einflussreichen Finanzier der Lokalpolitik. Die sozialpsychologische Verarbeitung der Riots hat zu einer noch größeren Verhärtung auf allen Seiten geführt und bei den Weißen eine nicht problematisierte neue Selbstgerechtigkeitskultur entstehen lassen. Eindrucksvoll schildert Davis die Ereignisse aus der Sicht von Georgina Williams und wie ihr jüngster, 17-jähriger Sohn Damian Monroe von der Polizei systematisch diskriminiert und wegen seiner Teilnahme und angeblichen Gewalt als das „Allzweckmonster im egoistischen Alptraum des weißen L.A." (S. 451) stilisiert wurde. Nicht weniger als 37 Anklagepunkte (darunter Mord, Folter und Raub) wurden ihm zur Last gelegt. Einziges Indiz: eine Videoaufnahme von einem Steinwurf. Ein Jahr später wurde er zu zehn Jahren Haft verurteilt. In weiteren Kapiteln beschreibt Davis die im Grunde sich weiter verschärfende Situation, die sich aus dem Fehlen einer politischen Alternative, etwa einer liberalen Bewegung oder Partei, ergibt und die eng im Zusammenhang mit der sich mehr und mehr verfestigenden weißen und Medien gestützten Abwehrhaltung steht. Dies hat den Vorort-Separatismus mit seinen unendlosen suburbanen Wohnsiedlungen und Einmauerungen, Befestigungsanlagen und einer Verallgemeinerung der NIMBY-Politik (NotInMyBackyard) zur Folge. „You can't reduce the events to a single essence", sagt Davis (1993) in einem Interview. Seine Lesart der „Rebellion", wie er die Riots an dieser Stelle bezeichnet, ist dennoch in erster Linie eine politische. Mit seinen Hinweisen auf die massive nationalstaatliche Intervention und auch des Staates Kalifornien thematisiert er die Aufstände nicht nur als Konsequenz einer lokalen Gesellschaft und Politik, sondern zeigt die Verbindungen zu der übergeordneten politischen Ökonomie der USA auf. Dabei geht seine Analyse über die Ereignisse selbst hinaus und stellt dar, in welcher Weise diese Riots durch die nationale und kalifornische Politik im Sinne der „Hardliner" weiter instrumentalisiert wurde, um wiederum weitere soziale Härte gegen hauptsächlich schwarze Jugendliche zu begründen und die Fragmentierung der Gesellschaft weiter voran zu treiben.

„City of Quartz" mag zwar seine große internationale Leserschaft durch das Interesse am Verstehen dieser Unruhen erhalten haben, aber die hier formulierte Sicht auf Los Angeles stellt mehr als eine nur ereignisgerichtete Interpretation dar und wird durch die Erwartung aus dem Untertitel gefüttert, dass Los Angeles für die Zukunft der Stadt im Allgemeinen paradigmatisch zu lesen sei. Ein weiterer Grund für die Attraktivität des Buches liegt in der Authenzität der Darstellungen und der erforschten Empirie. Dies wird mit einem Walter Benjamin-Zitat als Eingangsmotto proklamiert: „Immer wird das Stadtbuch des Einheimischen Verwandtschaft mit Memoiren haben, der Schreiber hat nicht umsonst seine Kindheit am Ort verlebt." Mike Davis' persönliche Erfahrungen und Eindrücke seiner Kindheit bleiben aber de facto in dem Buch unerwähnt, sie werden hier lediglich als eine Art Motivlage angeführt und weisen auf seine intensiven Kenntnisse der Stadt. Letzteres haben selbst die Kritiker des Werkes nicht in Frage gestellt, wie auch im Großen und Ganzen die Rezeption von „City of Quartz", die dort formulierten grundsätzlichen

3 Wo alles zusammen kommt

Diagnosen über Los Angeles nicht in Zweifel gezogen werden (s. die Rezensionen von Christensen, 1993; Fainstein, 1993; Peel, 1994; Peretz, 1998; Baudelet und Gaboriau, 1999; Stieglitz, 1999; Reig und Vite Pérez, 2005).

Einleitend kontrastiert Davis Los Angeles mit einer alternativen Zukunft aus der Vergangenheit, die nicht stattgefunden hat. Er erzählt von dem sozialistischen Gründungsexperiment von Llano del Rio, einem Siedlungsprojekt von acht jungen Sozialisten im Jahr 1914. Einst am Rande einer 300.000 Einwohner-Stadt gelegen, ist der Ort heute zur Durchgangsstrecke für zehntausende Pendler in die 15 Millionen-Einwohner-Metropole Los Angeles geworden. Diese „Stadtgalaxie" umfasst eine Fläche größer als Irland und produziert ein höheres Bruttosozialprodukt als Indien. Dabei ist die Landschaft eingeebnet worden bzw. durch eine extensive Einfamilienhaus-Geographie ersetzt worden. Auch die soziale Geographie hat sich seit den siebziger Jahren erheblich verändert und das Ende der WASP-Herrschaft (White Anglo Saxon Protestants) wird von Davis für das Jahr 2010 vorhergesagt und ist heute statistisch Realität. Entscheidend aber ist, dass Los Angeles eine zunehmende gesellschaftliche Polarisierung der Stadt zum Ausdruck bringt. Eine Mittel- und Oberschicht fürchtet sich vor den sozialen Folgen dieser Polarisierung und flüchtet in abgegrenzte Wohninseln, den gated communities. Währenddessen wächst das Elend der Armen und vor allem der Migranten. Zwei von denen trifft Davis ausgerechnet in den Ruinen der ehemaligen Sozialisten-Kommune. Dabei erinnert er daran, dass dort eine Alternative angedacht und ausprobiert werden sollte, die das Prinzip der genossen- bzw. gemeinschaftliches Wohnen und Leben der kalifornischen Eigenheim-Ideologie entgegenstellen wollte. Doch Los Angeles war eine „open shop"-Stadt, eine gewerkschaftsfreie Zone also, in der nur die Interessen der Unternehmer ausschlaggebend sind, und die Mächtigen wie die Meinungsmacher der Los Angeles Times diskreditieren diese alternative Zukunft, von der nun nur noch Ruinen übrig sind und wodurch die Zukunft der Stadt als Eldorado für „developper" (Privaten Stadtentwicklern) nun alternativlos erscheint.

Mit der Buch-Einleitung sind für Davis schon die wichtigsten Argumentationslinien in aller Kürze und Prägnanz ausformuliert worden, denen aber eine weitergehende Programmatik in den folgenden Kapiteln folgt. Obwohl schon die wichtigsten Aspekte seiner Los Angeles-Interpretation genannt werden, so sind die nächsten Teile des Buches nicht systematisch in die Einleitung integriert, sondern sind vielmehr als Aus- und Weiterführungen der Grundthemen zu verstehen. In der ursprünglichen Version sind das die sechs Kapitel zur intellektuellen Sichtweise auf Los Angeles, zur Genealogie der Macht, dem Leben in den Vorstädten, der „Festung L.A.", dem Krieg gegen die Jugend und die Rolle der katholischen Kirche. Die Auflistung der Themen erscheint folgerichtig angesichts der Grundannahme einer sich verstärkenden sozialen Fragmentierung und Polarisierung.

Auch die intellektuelle Positionierung im ersten Kapitel mit Bezug auf die bestehenden Los Angeles-Perspektiven („Sonne oder Noir?") erscheint notwendig und geradezu zwingend angesichts einer sehr polarisierten Auffassung über Los Angeles in der breiten und Fach-Öffentlichkeit. Die Relevanz eines eigenen Kapitels über die katholische Kirche hingegen erschließt sich nicht sofort, sondern nur im Zusammenhang mit der Einwanderung der Lateinamerikaner und besonders den Mexikanern. Auffällig ist, dass „Politik" im weiteren Sinn zwar eine omnipräsente Thematik des Buches ist, die fast in jedem Thema subkutan mitbehandelt wird, die aber als solche nicht eigenständig behandelt wird. Einzelne Politikfelder und politische Entscheidungen werden aufgeführt und zumeist problematisiert, jedoch nicht als eigenes Themenfeld beschrieben. Demgegenüber wird die Machtproblematik in den Vordergrund gestellt, der auf diese Weise eine dem Politischen übergeordnete Bedeutung zukommt beziehungsweise wodurch ganz im Sinne marxistischer Analyse Politik der Macht untergeordnet wird. Dementsprechend wird die Zivilgesellschaft, die durchaus in Los Angeles prominent ist (vgl. Gottlieb, 2006), nicht erwähnt. Mike Davis verfolgt mit „City of Quartz" also einerseits ein thematisch sehr offenes Konzept, mit dem er die Vielschichtigkeit der Stadt, ihre vielen und widersprüchlichen Facetten einfängt, andererseits setzt er bestimmte Prioritäten, die als fortgesetzte Gesellschaftsanalyse und Gesellschaftskritik, wie sie seine Arbeiten bis dahin auch gekennzeichnet hat, verstanden werden soll.

Mit dem übergroßen Umfang von über 400 Seiten, der Referenz an unterschiedlichste Diskurse und Lebenszusammenhänge, mit dem Einstreuen von eigenen Beobachtungen und eine Kontextualisierung in historische Abläufe übersteigt das Buch einen systematischen Anspruch an eine wissenschaftliche Arbeit, die sich an der Strenge genau formulierter Forschungsfragen und einer konsequenten Methodik in der Umsetzung messen lässt. Mike Davis hat in dieser Hinsicht eher einen Steinbruch geschaffen, der für unterschiedlichste Thematisierungen im akademischen Diskurs motiviert und als Vergleichsfolie für viele Studien gedient hat. Zugleich gelingt es ihm, die Stadt als Ganze in Angriff zu nehmen. Das Buch ist der Versuch, Los Angeles in einer Weise zu beschreiben und verstehen zu lernen, in der Bezüge hergestellt werden sollen zwischen Sphären, die im fragmentierten Wissenschaftsdiskurs über die Stadt, in der disziplinäre Aufteilung bei der Erklärung der urbanen Gesellschaftsentwicklung zu Spezialwissen in Fächern wie Geographie, Soziologie, Politikwissenschaft, Ökonomie und Umweltwissenschaften geworden ist und so sozusagen die Fragmentierung der Stadt durch die Fragmentierung der Wissenschaften noch vergrößert wird. „City of Quartz" kann daher als ein paradigmatisches Anliegen betrachtet werden, die Entwicklung der Stadt in einem holistischen Sinne aufzugreifen wie es in dieser Form seit der Chicago School

3 Wo alles zusammen kommt

(vgl. Hennig, 2012) der zwanziger Jahre des 20. Jahrhunderts im Grunde nicht mehr geschehen ist.

Notwendigerweise muss sich Davis zunächst einmal mit der grundsätzlichen Frage auseinandersetzen, in welcher Weise wir Los Angeles zu analysieren haben. Kaum eine andere Stadt der USA wird entweder als äußerst typisch für Amerika gehalten oder eben als merkwürdige Konstellation, die mit ihren ausufernden Highways eigentlich keine richtige Stadt sei. Dementsprechend ruft Los Angeles auch die widersprüchlichsten moralischen und emotionalen Reaktionen beim Betrachter hervor. Und L.A. ist nicht zufällig der Ort der größten Traummaschine der Welt, Hollywood. Los Angeles ist daher für Davis der „archetypische Ort der massenhaften und widerspruchslosen Unterordnung industrialisierter Intellektuellenschichten unter die Programme des Kapitals" (S. 36), doch betont er, dass gerade hier auch die schärfsten Kritiker des Kapitalismus ihren Ort gefunden hätten. Das ist für ihn in erster Linie der Film Noir, der auf einer phantastische Weise Los Angeles entlarve. Diese Stadt steht für den Kapitalismus schlechthin und die Auseinandersetzung um ihren wahren Charakter hat damit einen hochsymbolischen Status. Davis sieht hier eine aus den zwanziger Jahren bis heute anhaltende Tradition der Los Angeles-Rezeption, die eine Art Antimythos zu den Bildern vom leichten kalifornischen Lebensstil für die „traumsüchtigen Mittelschichten" (S. 39) geschaffen hat. Für ihn ist der radikale Kern der Noir-Tradition, zu der er auch dystopische Filme wie Blade Runner zählt, in dem Anliegen begründet, die gefälschte Urbanität anzuprangern. Dabei räumt Davis ein, dass natürlich nicht hinter jedem Produkt der Noir-Literaten und Filmemacher eine gesellschaftskritische Position steckt. Schließlich weist er auch darauf hin, dass die Intellektuellen von Los Angeles, etwa Architekten, Künstler und Kulturtheoretiker sich in den Boosterism, dem developer-orientierten Kapitalismus der achtziger Jahre, sehr gut integriert hätten und von ihm profitieren. Die Verquickung von Intellektuellen und kapitalistischer Wirtschaftsstruktur hat dazu geführt, dass keine selbstreflektierte, aufgeklärte Stadtkultur entstanden sei, sondern sich stattdessen die Phantasien auf die Technik konzentrierten und die hohe Anzahl von Wissenschaftlern und Intellektuellen sich im „imagineering", einer Science Fiction orientierten Mythologisierung von Los Angeles, erschöpfen.

Eingehend schildert Davis in sieben Unterkapiteln die unterschiedlichen Intellektuellentypen, die im Laufe der Entwicklungsgeschichte der Stadt aufgetreten sind und in unterschiedlicher Weise sich zum vorherrschenden kapitalistischen System positionierten. Die „Booster" sind Intellektuelle, die auf literarische oder missionarische Art und Weise den Glanz der großen Städte propagierten und damit Massen von Farmern, Kleinstadtbewohnern und besser Ausgebildeten aus der Provinz anlockten. Die Situation vor der Großen Depression in den USA war von der Sehnsucht dieser Gruppen geprägt, neben einer Verbesserung der eigenen sozialen Lage durchaus auch gesellschaftliche Reformen auszuprobieren, die sie in der geistigen Enge der Kleinstädte nicht umsetzen konnten. Eindrucksvoll porträtiert wird dieser Boosterism in den Romanen von Sinclair Lewis zu jener Zeit, wie etwa „Main Street", in der die Protagonistin ihrem Mann zu Liebe in eine Provinzstadt zieht und dort ausgegrenzt wird. Mit den „Entlarvern" kamen hingegen Intellektuelle in die Stadt und beschrieben die negativen Seiten der Booster-Mythen und erfuhren Los Angeles als einen in Wirklichkeit extrem harten Kampfplatz zwischen Kapital und Arbeit. Für Davis ist Louis Adamic (1899–1951) hierfür ein herausragendes Beispiel, der mit seinen Büchern und Essays aus der Perspektive eines IWW-Gewerkschaftsmitglieds schrieb, sich aber eine gewisse Distanz zu sozialistischen Strömungen erlaubte. Er und andere wirkten als Chronisten einer Zeit, in der der Klassenkampf in Los Angeles mit aller Gewalt durchgesetzt wurde. Upton Sinclair ist wohl ein vergleichbarer Zeitzeuge und „Entlarver" im Sinne Davis' gewesen. Diesen folgten, nachdem diese Intellektuellen in Depression und Wahnsinn getrieben worden waren, die Generation der Noirs, in denen die Finsternis der Stadt als deren Essenz erschien und in denen die Alpträume der deklassierten Mittelschichten in den Vordergrund drängten. Damit gerieten die Pathologien der Mittelschichten selbst aus dem Blickfeld und die Gangster der Unterschicht, die korrupte Stadt und ihre parasitären Reichen wurden zu den Nachtgestalten, die die Bücher und Filme von Raymond Chandler bis Adrian Scott bevölkerten. Los Angeles war deshalb nicht mehr nur eine Stadt mit einer hässlichen Schattenseite, wie sie die „Entlarver" dokumentierten, sondern in der Noir-Phantasie verrottete das Herz der Stadt. Hierzu gehörte auch die eindeutige Angst der Weißen vor dem Untergang durch die anderen Rassen. Mit Noir wird Los Angeles zur Stadt der Angst, Angst vor alles und allen. Diese Phantasiewelt wird Davis auch in späteren Arbeiten immer wieder beschäftigen und für ihn bildet die angsterfüllte Sichtweise von Los Angeles einen Dreh- und Angelpunkt für jede psychologisch-soziologische Analyse der tieferliegenden Gründe für die veränderte post-fordistische Sozialgeographie mit ihren No Go-Areas und Gated Communities.

Mit den „Exilanten" beschreibt Mike Davis eine Kategorie Intellektuelle, die vor allem durch die Flucht aus dem Nazi-Regime nach Los Angeles kamen. Die prominentesten unter ihnen waren sicherlich Max Horkheimer und Theodor W. Adorno. An ihnen und auch den späteren freiwilligen Exilanten Marcuse und Baudrillard verwundert Davis, dass sie sich nicht die Mühe gemacht haben, sich wirklich auf die Stadt einzulassen und aus dem Fremdeln im Grunde nicht herausgefunden haben: „Adorno und Horkheimer zeigten weder sichtbares Interesse am Aufruhr in den örtlichen Flugzeugfabriken während des Krieges noch waren sie geneigt, das lebhafte Nachtleben im Central-Avenue-Ghetto von Los Angeles zu genießen" (S. 69).

Stattdessen formulierten sie ihre Grundsatzkritik der „Dialektik der Aufklärung" mit einem maximalistischen Moralansatz, der nicht nur eine politische Ökonomie der Kulturindustrie beinhaltete, sondern mit der Kritik an der Kulturindustrie übertreibt, die Aufhebung der Aufklärung als Ganzes prophezeit und eine subtile präventive Warnung vor der amerikanischen Urbanität als eine gefälschte beinhaltet. Sehr aufregend diese Analyse, so Davis, aber Horkheimer und Adorno waren „nicht gerade der Kolumbus und der Magellan dieser schönen neuen Welt" (a. a. O,). Die Entdeckungen der Exilanten wirken angesichts der aufgeregten Überdeutung befremdlich und scheinen eher als eine Reflexion eines anderen, europäischen Diskurses zu sein als eine Analyse von Los Angeles.

Ganz anders das Bild der „Hexer" von Los Angeles. In Cal Tech und andernorts haben die versammelten Wissenschaftler und Nobelpreisträger einen eigenen Ortsdiskurs produziert, der mit einem Boosterism der oben beschriebenen Art zu amalgieren schien, der aber aufgrund von Technikgläubigkeit und einem damit einhergehenden Gesellschaftsverständnis Los Angeles zum Wallfahrtsort der wachsenden Si-Fi-Gemeinde weltweit wie auch zum Gründungsort von Scientology gemacht hat. Verborgen blieb diesem „verhexten" Los Angeles die seit den fünfziger Jahren des 20. Jahrhunderts langsam aber sehr stetig heranwachsende Underground-Kultur, für die der Free-Jazz eines Ornette Coleman steht oder die Beatniks, Künstlerkolonien wie die Ferus-Gruppe, die hinter den Glitzerfassaden liegenden R&B- und Bluesclubs, moderne Architekten mit ihren Fallstudien-Häusern, Hipster-Gemeinden und viele mehr, die Davis unter dem Titel „Kommunarden" subsumiert. Der Geist dieser Bewegung, wenn man sie als solche bezeichnen will, sei aber in den sechziger Jahren mit den Aufständen der Afro-Amerikaner im Stadtteil Watts verbrannt und verbraucht worden. Persönliche Biografien wiesen zumeist den Trend zur Integration in die entstehende Pop-Kultur der siebziger Jahre und zu einem Neo-Boosterism danach auf. Schließlich kamen die „Söldner"-Intellektuellen auf, die sich in der Allianz mit der Immobilienindustrie auf eine Monumentalkultur einließen, in der sie Schlüsselpositionen besetzen konnten und die ihnen durch ein vielfältiges System von Einstellungen, Aufnahmen, Stipendien, Aufträgen und Gratifikationen offenstand. Stadtpolitisch realisierten sie eine Kulturstrategie, mit der Los Angeles sich als „Global City" international positionieren konnte. Bunker Hill und das Los Angeles County Museum of Art waren die ersten Projekte eines Kulturkolonialismus, mit dem nicht mehr lokale Kulturprozesse, sondern eine weitgehend aus New York und der Welt dahinter stammende, international gewertete Kunst maßgeblich wurden. Intellektuell wird dies durch eine Ästhetisierung von Kultur begründet, wie sie durch Reyner Banham und seinem Buch „Los Angeles: The Architecture of the Four Ecologies" (1971) begründet wird, das medial den Status als das L.A.-Buch schlechthin bekommen hat und dessen ideologische Verwendung für einen uneingeschränkten ästhetizistischen und immobilienökonomischen Primat unhinterfragt bleibt. Davis bezeichnet dies als Verbindung von „Kunstboom und verbrannter Erde" (S. 101). Damit geht eine normative Abwertung der lokalen Kultur, insbesondere der der Migranten, einher und eine Umwertung von Noir in Pop, architektonisch vom Architekten Frank O. Gehry zum weltweiten Verkaufsschlager konzeptioniert. Größenwahn leitet diese Söldner-Intellektuellen, die den alten Traum vom „Entwerfen" einer Stadt mit aller Gewalt umsetzen wollen.

Für Davis ist keine intellektuelle Opposition gegen die Postmodernisierung von Los Angeles sichtbar. Damit wendet er sich auch gegen die so genannte Los Angeles-School, die in den achtziger Jahren an der University of California (UCLA) entstanden ist und die sich in der Geographie weltweit durch das Proklamieren eines „Spatial Turns" einen Namen gemacht hat. Davis hält diese zwar für vielversprechend, aber letztlich doch als Teil einer Kulturindustrie des postmodernen Los Angeles. Der Begriff „postmodern" wird von ihm zumeist in Anführungszeichen gesetzt und bezeichnet für Davis eine Art der Stadtökonomie und -politik, die als „Urban Renaissance" zur Polarisierung der Gesellschaft beiträgt (Davis, 1985). Die L.A.-School sieht er als Teil einer solchen urbanen Transformation und betrachtet deren intellektuelles Bemühen als gescheitert: „Meiner Meinung nach haben sich weder die neomarxistischen Akademiker der ‚Los Angeles School' noch die community-Intellektuellen des ‚Gangster Rap' völlig von der offiziellen Traummaschine gelöst." (S. 43) Er gesteht ihnen aber wohl zu, dass diese Intellektuellen immerhin eine Diskussion über das polyethnische Los Angeles, das noch nach einer kulturellen Definition suche, begonnen haben.

Die Beziehung von Mike Davis zur Los Angeles School erschließt sich dem außenstehenden Betrachter kaum. Dies hat wohl letztlich auch mit persönlichen Beziehungen zu tun und gewissen Animositäten, die wohl in dem Zusammenhang mit Davis' gescheiterter Promotion stehen. Hierzu gibt es unterschiedliche Presseberichte, aber keine zugänglichen Reflexionen der beteiligten Akteure. Es entsteht der Eindruck, dass sich vor allem Mike Davis von den L.A. School-Akteuren distanzieren will, während beispielsweise Edward Soja, als wahrscheinlich der wichtigste Autor der Schule, sich weitgehend hinter Davis gestellt hat, als sich dieser von der lokalen Öffentlichkeit wegen seiner kritischen Darstellungen von Los Angeles unfairen Anschuldigungen ausgesetzt sah. In „City of Quartz" lobt Davis allerdings zunächst einmal Soja's Artikel „It all Comes Together in Los Angeles" (1989, 190 ff.) und zitiert ihn ausführlich: „In Los Angeles gibt es ein Boston, ein Lower Manhattan und eine South Bronx, ein Sao Paulo und ein Singapur: Vielleicht läßt sich in keiner vergleichbaren Stadtregion so lebendig eine derart vielfältige Zusammensetzung und Verbindung von städtischen Umstrukturierungsprozessen beobachten.

Los Angeles scheint die jüngere Geschichte der kapitalistischen Stadtentwicklung in praktisch allen Beugungsformen durchzukonjugieren." (S. 107)

Davis schätzt ausdrücklich das Anliegen der L.A. School mit den vielen unterschiedlichen empirischen und theoretischen Arbeiten dieser zumeist Geographen und Planer, die Dialektik von De- und Reindustrialisierung der Stadt aufzeigen zu wollen und dabei die Marginalisierung der Arbeiter und die Internationalisierung des Kapitals in einem Zusammenhang zu sehen. Aus seiner Sicht sind besonders auch deren Studien über Obdachlosigkeit, Armut, die Folgen für die Umwelt und insgesamt die Schattenseiten des neuen Akkumulationsregimes des Postfordismus hervorzuheben. An dieser Stelle treffen sich L.A. School und Davis in ihrem Anliegen. Davis sieht die School-Autoren allerdings als unentschieden, ob sie sich in eine Tradition mit der Chicago School der Stadtsoziologie, die sich mit ihrem Forschungsgegenstand identifiziert habe, oder mit der „Frankfurter Schule", die er lediglich für eine philosophische Strömung hält und die er mit dem kritisierten Adorno und Horkheimer gleichsetzt. Letztere benutzen die Stadt lediglich, um abstrakte Vorstellungen über das Wesen des Kapitalismus im 21. Jahrhundert zu entdecken, womit eine Beschäftigung mit dem konkreten Forschungsgegenstand verloren geht. An einer solchen gegenstandsfernen Interpretation ist Davis eindeutig nicht interessiert und dies ist wohl auch der Kern seiner Abneigung gegenüber postmodernen Theoretikern. Deutlich wird seine Haltung vor allem an seiner Kritik an Frederic Jamesons Postmoderne-Klassiker „Postmodernism or the Cultural Logic of Late Capitalism" (1991). In seiner Rezension dieses Buches verdeutlicht Davis (1985), dass Jameson lediglich nach Beweisen für seine übergeordneten Ideen zum Verhältnis von Kultur, Ökonomie, Gesellschaft und Stadt und seiner grundlegenden Annahme einer Kulturalisierung der anderen Bereiche sucht und sich somit nicht auf eine radikale Analyse der Strukturen der Stadt einlässt. Mit diesem theoriegeleiteten selektiven Blick auf die Stadt werden dann einzelne Orte nur noch zum Nachweis enorm aufgeblasener Theoriekonzepte. Davis verweist insbesondere auf die von Jameson und im ganzen Postmoderne-Diskurs immer wieder zitierte Neugestaltung von Bunker Hill, die zu einer „konkreten Totalisierung der Postmoderne" (Davis 1990, S. 107) verabsolutiert wird. Dieser Ansatz der Postmoderne-Theoretiker und der L.A. School sieht er als Fortsetzung eines Gesellschafts- und Geschichtsverständnis, in der der Kapitalismus lediglich als eine abstrakte, dekontextualisierte und im Grunde politikfreie Entwicklungslinie gedacht wird und die die Geschichte tendenziell auf eine Teleologie reduziert. Davis sieht dabei eine Parallele zu der offizielle Mystifizierung von Los Angeles als Stadt der Zukunft, wo alles möglich ist, und den Motiven von Jameson und den Neomarxisten der UCLA, die ebenfalls den Lauf der Geschichte vorhersehen wollen, auch wenn sie dabei von düsteren Vorahnungen geprägt sind und ihre Visionen pessimistisch sind:

> Die ‚L.A. School' legt die dunkelsten Seiten der ‚World City' offen (...) und gibt damit die Utopien von L.A. 2000 der Lächerlichkeit preis. Aber gleichzeitig bläst sie Los Angeles zum Paradigma der Zukunft auf (auch wenn es als Dystopie gemeint ist) (...) und verherrlicht genau die Wirklichkeit, die sie eigentlich dekonstruieren will. (A. a. O.)

Jameson und Soja zelebrieren geradezu den Mythos von Los Angeles, in der nichts sicher sei und alles ständig gleichzeitig stattfinden könne. Die Stadt werde somit in Wirklichkeit nur noch zu einer Art Kristallkugel, in der die Zukunft der Kapitalismus erkannt werden kann, eine Auseinandersetzung mit ihr findet hingegen nicht mehr statt. Ebendies wäre aber für Davis der Weg, den man beschreiten müsste, um sich von den „ideologischen Eitelkeiten von Los Angeles" (S. 108) zu befreien. Für ihn bleibt eine oppositionelle Kultur prinzipiell möglich, wenn sie mit alternativen Erfahrungen verwurzelt ist. Hierbei denkt er vor allem an die Einwanderer aus der riesigen Dritten Welt und deren anstehenden Anerkennungskämpfe. Das polyethnische und multilinguale Los Angeles der Zukunft, wie es sich aufgrund der Immigration vor allem aus Mexiko abzeichnet, wirft die Frage auf, ob diese Kämpfe dazu führen werden, dass sich eine Stadt im Stile von Clockwork Orange mit einem dominierenden Stadtzentrum durch sich gegenseitig bekämpfenden Banden herausbilden wird oder aber eine oppositionelle radikale Subkultur oder vielleicht eine von den Migranten angeführte alternative urbane Kultur sich entwickeln wird – oder vielleicht tatsächlich alles neben einander? Davis schließt sich dabei eher der optimistischen Lesart von George Lipsitz (1986) an, der in seiner Beobachtung der Gangsterkultur von einer gegenhegemonialen Konvergenz ausgeht, von der sich Davis mit dem Hinweis auf die Erfahrung der Inkorporation des Punk durch Hollywood & Co distanziert, aber dessen Betonung der positiven Potentiale der Straßenkultur er nachvollziehen kann: „Von den Straßenkulturen von Los Angeles, wenn sie sich auf die richtige Weise aneinander reiben, (geht) ein ungewöhnlich warmes und klares Licht aus" (S. 112).

Die Auseinandersetzung zwischen Davis und der Los Angeles School kann aber nicht nur in der Perspektive ihres Kritikers widergegeben werden. Zudem ist es so, dass die Fundamentalkritik Davis' in „City of Quartz" eventuell doch dazu verleitet, die vorhandenen Gemeinsamkeiten und Ansätze, die doch offensichtlich vorhanden sind, unterzubewerten,. Als Hinweis hierauf kann man Davis' Beitrag zu der Publikation von Allen J. Scott und Edward W. Soja aus dem Jahr 1996, also sechs Jahre nach der Grundsatzkritik an der L.A. School in „City of Quartz",

3 Wo alles zusammen kommt

sehen, mit dem dieser sich mit einer politischen Geschichte der Landschaftszerstörung von Los Angeles beteiligte. Ziel dieser reichen empirischen Analyse ist es, so die Herausgeber, „to present an interlocking mosaic of descriptions of different aspects of Los Angeles and in this way to move tentatively toward a new kind of urban anaylsis" (Scott und Soja, 1996, ix). An dieser Stelle erfolgt allerdings keine Theoriebildung, sondern wurden unterschiedliche Befunde, Themen und Sichtweisen noch relativ unverbunden nebeneinander gesetzt. Edward Soja versucht in seinem Beitrag eine Chronologie der Entwicklung von Los Angeles „From Crisis-Generated Restructuring to Restructuring-Generated Crisis", womit im Grunde die regulationstheoretische Grundannahme einer Postfordismus-Entwicklung anhand von Los Angeles paraphrasiert wird. Interessanter Weise ist die erste Quelle, auf die er dabei verweist, „City of Quartz". Davis' Kritik an einer solchen „teleologischen" Entwicklungsgeschichte entledigt sich Soja dadurch, dass er dessen Ansatz als eine quasi-archäologische Rekonstruktion „of another Los Angeles" (Soja, 1996, S. 427) typisiert. Der offenkundige Widerspruch zwischen einem Ansatz, wonach Los Angeles als eine vom Boosterism und open shop-Kapitalismus dominierte Stadt (Davis) zu sehen ist und der behaupteten postmodernen Novität der aktuellen Stadtentwicklung (Soja) wird hier nicht aufgelöst. Soja zitiert Davis' Perspektive pflichtschuldig und auch im Respekt vor dessen „digging process" (S. 427), um aber dann anschließend jenes Theoriegerüst wiederum aufzubauen, dass Soja später in seinem Buch „Postmetropolis: Critical Studies of Cities and Regions" (2000) ausarbeiten wird.

Soja hatte auch schon in seinem ersten Ansatz der Grundlegung der „postmodernen Geographien" (1989) die Arbeiten von Davis, auch seinen kritischen Artikel über Jameson, zur Kenntnis genommen („For an excellent analysis of contemporary urban politics, see Mike Davis (1987)", S. 220, Fußnote 6). Dabei ließ er sich aber nicht von diesem theoretisch inspirieren und hat stattdessen seinen eigenen Ansatz entwickelt, der sich in erster Linie als eine Reflexion über das Weltwissen verstehen lässt (vgl. Soja, 2008, 250 ff.). Mit anderen Worten, Soja beginnt Ende der achtziger Jahre mit dem ambitionierten Projekt einer Neuformulierung grundsätzlicher Theorieannahmen, da ansonsten mit den Erkenntnismethoden bestehender marxistischer oder kritischer Theorie keine hinreichenden Erklärungen für den sich vollziehenden postfordistischen Wandel von Städten und Regionen zu formulieren war. Entscheidend ist, dass er sich hierbei sehr wohl bewusst ist, dass die Vokabel postmodern nicht bedeutet, dass nun alles neu sei, und er auch das Unbehagen der modernen Linken an der Diagnose einer postmodernen Stadt verstehen könne. Soja unterstreicht auch in aller Deutlichkeit, dass es eine postmodern reaktionäre Politik gebe, er aber für eine postmodern Linke plädiere (1989, S. 5). Für Soja geht es dabei um ein neues Raumverständnis, dass er seit dem Historizismus des 19.

Jahrhunderts als kulturelles Produkt jener zeitorientierten Perspektiven entstammend und heute in der modernen Gesellschaft als entwertet und wissenschaftlich für das Verständnis der Stadt für wertlos einordnet. Mit Bezug auf französische Autoren, vor allem Michel Foucault, versucht er zunächst zu verdeutlichen, dass Raum als solches eine grundsätzliche Kategorie des Denkens und Handelns in der Geschichte ist, die mehr gelte als Zeit. Soja argumentiert hier historisch, in dem er zeigt, wie durch die Moderne der Raum quasi in der Wahrnehmung „verschwindet". Diese Ent-Räumlichung des Denkens geht soweit, dass Raum etwa in der Geschichtswissenschaft vollkommen verschwiegen werde oder aber in den marxistisch-leninistischen Theorien aus dem Fokus verschwindet. Damit wurde im Ergebnis die Geschichte nun zur einzig anerkannten Theorie, weil sie sich mit „Zeit" beschäftigte. Soja proklamiert dagegen ein Theorieverständnis, dass sich in der Tat auch als sublime aber sehr grundsätzliche Kritik an Mike Davis lesen lässt, in dessen Arbeiten Theorien, wenn sie denn tatsächlich ausformuliert werden, immer über die geschichtliche Kontextualisierung hergeleitet werden. In seiner Kritik an dem einflussreichen marxistischen Stadttheoretiker Manuel Castells beklagt Soja dessen Raumferne und die Interpretation von Geographie lediglich als Ausdruck von gesellschaftlichen Zeitabläufen: „It is now space more than time, geography more than history that hides consequences for us." (1989, S. 71).

Soja will bewusst und in einer eindeutigen Weise sich vom orthodoxen Marxismus verabschieden, so wie es Davis nie getan hat und für den dies wohl in dieser Weise nie in Frage käme. Während Soja sich bemüht, eine andere kritische Sichtweise zu formulieren, für noch zu schaffende postmoderne Geographien, lässt sich Davis nicht auf eine Differenzierung in postmodern-reaktionär versus postmodern-kritisch ein. Soja bemüht sich, die grundlegende Bedeutung von Raum in einer dialektischen Weise in der Tradition des Marxismus fortzuführen beziehungsweise im Sinne von Henri Lefebvres Ansatz eines trialektischen Raum-Gesellschaftssystems zu erweitern. Damit erhalten Wahrnehmung, Narrative, Träume, Symbole, Zeichen und Sprachsysteme oder Kultur im weitesten Sinne eine eigenständige Dimension in der ansonsten im marxistischen Sinne linear gedachten Beziehung zwischen Mensch und Gesellschaft, in der die deterministische Prägung des Einzelnen die Frage nach dem Widerstand und der Veränderung im Grunde nicht zu beantworten ist. Das Problematische an der Argumentation von Edward Soja und anderen Theoretikern eines postmodernen „Spatial Turn" (vgl. hierzu Lossau, 2012) ist, dass zwei Ebenen der Reflexion durcheinander zu gehen drohen. Der theoretische Anspruch einer Neuformulierung einer kritischen Geographie mit einem postmodernen Verständnis von Raum ermöglicht zunächst die Dekonstruktion von bestehenden Diskursen hinsichtlich ihrer jeweils spezifischen Raumproduktionen und deren gesellschaftlichen Konsequenzen. Damit

3 Wo alles zusammen kommt

wird sozusagen eine Perspektivumkehr ermöglicht, wonach nicht mehr nur nach den Abbildungen und Konsequenzen gesellschaftlicher Ungleichheiten im Raum gesucht wird. Der Raum als solcher gerät ins Blickfeld und alle Lebensbereiche können hinsichtlich ihrer Raumproduktion analysiert werden. Räume lassen sich dadurch im Sinne postmoderner Theorie lesen und hinsichtlich ihrer Widersprüche, Leerstellen und verschwiegenen Botschaften kritisch befragen. Michael J. Dear fasst den Gewinn einer solchen Strategie wie folgt zusammen:

> The consistencies and nonconformities in the conjoined projects of Lefebvre and Jameson offer profoundly important insights into the ways of place-making of the late-twentieth century. More than most, Lefebvre allows us to understand the process of place-making; and Jameson shows us the way of postmodern place-making. (Dear, 2000, 66).

Damit ist gemeint, dass es einerseits einer postmodernen Perspektive bedarf, in der Raumproduktion als ein interferierender Prozess von Planung, Wahrnehmung und Handeln (Lefebvre, ausgeführt in Soja 1996, 53 ff.) in den Blick geraten kann und andererseits aber auch in der gesellschaftlichen Wirklichkeit eine Veränderung eingetreten ist, die man als „postmodern" (Jameson) zu qualifizieren hätte. Damit wird eine von Terry Eagleton (1996, viii) als sinnvoll erachtete Unterscheidung zwischen Postmodernity und Postmodernism nahegelegt, die dieser selbst aber nicht praktiziert.

Die Problematisierung der diskursiven Raumwahrnehmung und Raumproduktion und die Anerkennung der eigenständigen Qualitäten der Textlichkeit der Räume kann als ein theoretischer Gewinn in diesem Streit um die postmoderne Stadt angesehen werden, aber das Problematische in der Diskussion um „postmoderne Geographien" ist dann in der Tat der Schritt hin zur Umsetzung als ein Forschungsvorhaben, mit dem dann mehr Erkenntnisgewinn erreicht und mit dem eine neue Qualität der Stadtforschung erzielt werden soll. Die Arbeiten Sojas kennzeichnen sich in dieser Hinsicht schon fast beispielhaft durch einen internen Bruch zwischen dem epistemologischen Anspruch einer adäquaten Konzeptualisierung von Raum und Gesellschaft und einer Interpretation der neueren Geographie von Los Angeles aus. Die schwierige Überleitung zwischen veränderter und vorgeblich verbesserter Theoretisierung und Interpretation des Forschungsgegenstands Los Angeles wird zudem noch stärker kaschiert durch die in der Tat umfangreiche und eingehende Empirie, die Soja und die LA. School liefern. Die Analysen der einzelnen „Diskurse", wie Soja die Thematisierung der „postmodernen Geographien" in seinem letzten Theorie-Buch „Postmetropolis" (2000) nennt, sind von einer dichten Beschreibung und einer Interpretationsstärke gekennzeichnet, die jede für sich anspruchsvoll erscheint und damit insgesamt den Eindruck erweckt, die weitergehenden Thesen einer Postmodernisierung zu begründen. Diese sechs Diskurse thematisieren unterschiedliche Aspekte der Stadtentwicklung von Los Angeles und werden in editorischer Hinsicht als einzelne Kapitel abgehandelt. Gemäß dem marxistischen Primat der Ökonomie behandelt der erste Diskurs das Entstehen der postfordistischen Industriemetropole und die Ansiedlungsstrategien der Unternehmen in einem nun eher regionalen als lokalen System. Mit „Cosmopolis" wird der zweite Diskurs bezeichnet, der die Stadt als einen „globalized cityscape" erscheinen lässt. Der dritte Diskurs („exopolis") beschäftigt sich mit der morphologischen Stadttransformation, dem Erscheinen von „New Urbanism", „Edge" und „Outer Cities" und dem damit verbundenen Niedergang der Innenstadt. Dies leitet zwangsläufig zum vierten Diskurs über die Fragmentierung und das neue soziale Mosaik („Fractal City") über. Als Ergebnis dieser Transformation stellt Soja eine Verinselung und eine neue Form der politischen Konstruktion sozialer Geographie fest, die er in Anlehnung an Mike Davis als „Krebsarchipel" („Carceral Archipelago") bezeichnet. Als sechsten Diskurs führt Soja seine Ansichten zu den „Simcities" aus, bei denen es um die Virtualisierung von wichtigen Bereichen städtischen Lebens und die Imagination von städtischen Räumen (cityspace) und deren neue Bedeutung geht.

In der Einleitung zu den sechs Diskursen bemüht sich Soja eben jene Brücke zu schlagen zwischen den anspruchsvollen theoretischen Neuformulierungen der Stadttheorie auf dem Hintergrund postmoderner Diskurse (postmodernism) und der Behauptung einer neuen postmodernen Realität der Stadt (postmodernity). Dabei lässt er die Beziehung zwischen beiden Formen des Postmodernen weitgehend unbeschrieben. Die Diskurse sind „in different but interconnected ways" (S. 154) mit einander verbunden und repräsentieren insgesamt Los Angeles. Diese Repräsentation der Stadt bedeutet für ihn, dass sich die Trennung zwischen der postmodernen Interpretation und Wirklichkeit gegenseitig bedingen: „The Los Angeles region is thus both a primary empirical object of analysis and a generative site and source for the analysis itself" (a. a. O.). Damit wird Los Angeles tatsächlich in den Rang einer Stadt („Precursory if not paradigmatic", S. 155) erhoben, die „generaliable particularities" aufweise, mit denen die neue Form des Urbanismus ablesbar ist. Jedoch versteht er diese Sichtweise als eine Einladung zu vergleichenden Studien und sicherlich nicht als abstrakte Modellhaftigkeit, wonach die Stadt der Zukunft wie Los Angeles aussehen wird. Möglicherweise schwingt dies mehr in den vielen mündlichen Vorträgen mit, die die Los Angeles School-Vertreter weltweit gehalten haben, und so haben dies auch andere namenhafte Stadtforscher wie Patrick Le Galès (miss-?) verstanden. Auffallend ist, dass die Stringenz der theoretischen Argumentation nicht durchgehalten wird und die Konstruktion der sechs Diskurse als „areas of greatest scholarly

3 Wo alles zusammen kommt

concentration" (a. a. O.) und somit als reine forschungspragmatische Fokusse erscheinen, womit die Zusammenhänge zwischen den verschiedenen Sphären des Politischen, Kulturellen, Ökonomischen und Gesellschaftlichen aufgegeben werden. Soja begründet dies teilweise mit den Arbeiten Iain Chambers (1986), der Wissen über Städte als Konstrukt von „metropolitan tales" beschreibt. In dieser Weise kann behauptet werden, dass die Aufarbeitungen in Diskurse sich folgerichtig im Sinne einer postmodernen Stadtforschung der metatheoretischen Ebene der Argumentation anschließt. Soja betont aber, dass diese Diskurse nicht besser oder wichtiger wären als andere Forschungsansätze, um die Stadt zu verstehen.

Diese tolerante und – von einem modernen Wissenschaftsverständnis her gedacht – zu kritisierende „beliebige" Haltung gegenüber unterschiedlichen Forschungsansätzen wird allerdings Mike Davis gegenüber nicht weiter aufrechterhalten. Soja unterwirft „City of Quartz" zehn Jahre nach dessen Erscheinen in „Postmetropolis" (im fünften Diskurs, S. 299 ff.) einer intensiven Kritik. Die Entwicklung der vielen freiwilligen und unfreiwilligen Sicherheitstechniken und abgeschlossenen Wohngebiete im Großraum Los Angeles ist ohne Zweifel eine Art Normalisierung der räumlich-sozialen Ausschlüsse. „No one writer or one book has so dominated and defined any of the six discourses as Mike Davis and ‚City of Quartz' (1990)", räumt Soja (a. a. O.) zu Beginn seiner Argumentation ein und lobt diesen zunächst als „possibly the best and unquestionably the most widely read critical geohistory of contemporary American urbanism" (S. 300). Zugleich bezeichnet er Davis' Buch als ein „paradigmatic narrative", das reich an „rhetorical phrases" sei und das einer kritischen Reinterpretation bedürfe. Es folgt ein 34-zeiliges Exzerpt aus dem Kapitel „Fortress L.A.", in dem Soja einige rhetorisch überspitzte Formulierungen Davis kursiv hervorhebt. Mit Verweis auf den Untertitel des Buches „Excavating the Future in Los Angeles" kommt nun mit einem Jahrzehnt Verspätung der Gegenvorwurf, den Davis der Los Angeles School gemacht habe, nämlich dass Mike Davis selbst teleologisch eine Zukunft zu entdecken suche, die sich aus der Fortsetzung der Vergangenheit heraus ergebe. Für Soja bilden Globalisierung und Post-Fordismus („although never addressed directly in any detail") die eigentlichen Ursachen für das Entstehen der post-liberalen Stadt mit ihrem sicherheitsbesessenen Urbanismus: „It is relatively clear then that Davis presents the fortressing of urban space as an integral part of the last phase (...) of capitalist urban development." (S. 332) Für Soja ist „City of Quartz" ein prophetisches Buch mit apokalyptischen Warnungen. Mit der Behauptung, dass die alte liberale politische Kultur beendet sei und nun eine neue, neoliberale Politik herrsche, in der der Wohlfahrtsstaat zu einer rhetorischen Figur verkommen sei, spreche Davis viele eher „hard line" und orthodoxe sowie nostalgische liberale Leser an. Für Soja hat aber die Schuldzuschreibung allen Übels an die Adresse der

Neoliberalen und die allmächtige Rechten als Arm des neuen Kapitalismus erhebliche Erklärungslücken. Die Annahme einer Übermacht des neoliberalen Staates und der Märkte verführt zu schnell zum Warten auf die Apokalypse, denn sie verneint Handlungsmöglichkeiten für bedeutungsvolle Reformen. Soja unterstreicht, dass es wichtige lokale Reformbewegungen in den letzten zwei Jahrzehnten in Los Angeles gegeben hat, die neue Möglichkeiten für progressive Veränderungen zu nutzen versuchen. Er verweist auf hybride Bewegungen und Koalitionen, die ganz bewusst die rassischen, ethnischen, Klassen- und Gender-Grenzen überschreiten und interkulturelle Raum-Politik betreiben, die sich nicht durch das rigide und polarisierte Politik-Schema von Kapital-Arbeit-Beziehungen, die Davis' Diskurs strukturiert, erklären lässt. Sein Verdikt ist deshalb klar: „Davis closes too many doors" (S. 303). Dadurch, dass Davis die Zukunft aus der Vergangenheit ausgraben wolle und dabei bestimmte Referenzen der Kontinuität selektiv aussuche, entsteht ein politisches Narrativ, das sich in der Essenz als eine Erzählung eines sozialen Krieges (warfare), einer rückwärtsgewandten Vision von Subjektivität und Klassenkampf herausstellt. Trotz einer brillanten Sprachführung im Sinne einer kritischen Kultur- und Raumtheorie, muss Soja feststellen, dass sich Davis mit „City of Quartz" der neuen Kulturpolitiken (cultural politics) und den erkenntnisreichen feministischen, postkolonialen und postmodernen Kritiken verschließe. Dadurch ordne er die Analyse des Patriarchats, des Rassismus und ausdrücklich auch der Raumpolitiken einer radikalen Wut und dem konventionellen marxistischen Essentialismus unter. Auf diese Weise schwäche Davis die Möglichkeiten von progressiven Koalitionen in ihrem Bestreben, effektiv auf die postfordistische Krise zu reagieren.

Soja kennzeichnet Davis als Vertreter eines „angry Marxian anti-neoliberalism" (a. a. O.), von dem man dennoch oder vielleicht gerade deshalb viel lernen könne. Dies führt er an seiner Lesart der im „City of Quartz" ausgeführten These Davis' von der Zerstörung des öffentlichen Raums und der Architektur des sicherheitsbesessenen Urbanismus aus. Dabei stimmt er zunächst der Beobachtung der Effekte der Privatisierung und des Verschwindens des Wohlfahrtsstaates zu, die Davis für ein Ergebnis der Konspiration einer „security offensive", geschmiedet von Verwaltungseliten, Stadtentwicklern und raumorientierten Berufsgruppen, hält. Soja folgt der Argumentation einer sich ausbreitenden Sicherheitsökonomie und führt eigene Beispiele aus, die diese Ansicht unterbauen und kommt schließlich auch auf die Rolle der LAPD als „Space Police" zu sprechen. Hierbei weist er auf eine alternative Lesart der Riots, die die blinden Flecken in Davis' Analyse verdeutlichen soll. Mit Hinweis auf die Feldstudie von Steve Herbert „Policing Space" (1997) und dessen Erarbeitung der verschiedenen Facetten und Ursachen der bestehenden normativen Ordnung der polizeilichen Raumproduktion (police territoriality), will Soja die wütende Einseitigkeit von Mike Davis überwinden. Herbert hatte in

3 Wo alles zusammen kommt

seiner Analyse auch die Einflüsse des Rechtssystems, der bürokratischen Kontrolle, des allgemeinen Machismo, den berechtigten Sicherheitsanliegen, Kompetenzen und Moralvorstellungen der Polizei Rechnung getragen, um erklären zu können, wie durch die Polizei Räume geschaffen und markiert werden. Aus einer solchen Perspektive heraus lassen sich Zusammenhänge zwischen der Institution Polizei und der Gesellschaft als Ganzes erkennen und diese sich mit anderen gesellschaftlichen Teilsystemen, wie dem Rechts- und dem politischen System, die bei der Fokussierung von Davis auf die genannten Akteure der Sicherheitskoalition nicht in Erscheinung treten, in einen Bezug setzen. Die Kontrolle von Räumen bedarf nach Soja deshalb einer weiter gehenden Interpretation, die nicht nur als eine nun im Zuge der Post-Liberalisierung von Los Angeles auftretende Erscheinung konzeptionell zu formulieren ist. Vielmehr ist Kontrolle von Räumen nicht nur repressiv sondern auch potentiell „enabling and liberatory" (S. 311). Es geht also mehr um die Kritik der Art und Weise, wie Kontrolle über öffentliche Räume ausgeübt wird, die aber im besten Fall den Menschen auch neue Möglichkeiten für ihr Verhalten eröffnet. In ähnlicher Weise wird auch Davis' Erklärung des Entstehens der Gated communities von Soja als Ausdruck seines epistemologischen Krieges als eines radikalen anti-postmodernen aufgefasst, der die Vereinigungen der Eigenheimbesitzer (Homeowners Association) in „City of Quartz" als die treibende Kraft hinter der Einmauerung von Los Angeles identifiziert hat und der es nach Davis um den Erhalt ihrer sozialen Privilegien geht. Mit Verweis auf andere Studien argumentiert Soja, dass die Kategorisierung der unterschiedlichsten RCA (Residential Community Associations) als Gated Communities zu grobmaschig ist und dass sich unter vielen der neuen Nachbarschaften auch Lifestyle-Communities befinden, etwa von Rentnern. Wichtig ist daher zu sehen, dass diese Communities nicht nur eine Verinselung und Abspaltung von der Stadt darstellen, sondern ihrerseits öffentliche und gesellschaftliche Aufgaben übernehmen und sich für lokale und auch nationale politische Ziele mobilisieren lassen. Davis beschreibt intensiv, wie sich vor allem umweltschutzorientierte Communities abschotten. Er wertet dies als eine Exklusionsstrategie der Mittelklasse und sieht damit an der Tatsache vorbei, dass sich Vertreter unterschiedlicher sozialer Gruppen für Anliegen des Umwelt- und Klimaschutzes engagieren und diese Bewegung für „environmental justice" tragen und dass es eben auch progressive RCAs gibt. Dabei handelt es sich nicht nur um die Vertretung von im engeren Sinne Lokalegoismen, die als rechter Reaktionismus zu gelten hätten. Der Begriff des „Öffentlichen" erhält durch diese Bewegungen vielmehr eine neue Bedeutung, die nicht mehr mit dem dualen Schema „privat-öffentlich" zu fassen ist, in der die verabsolutierte Öffentlichkeit durch eine Privatisierung zerstört wird. Öffentlicher Raum ist für Soja (in Anlehnung an Lefebvre) der gelebte Raum (lived by space), der in Bezug zu seiner spezifischen

Planung (conceived space) und Wahrnehmung (perceived space) analysiert werden müsse. Ansonsten können mögliche Räume des Widerstandes, der Mobilisierung und der Solidarität nicht identifiziert werden. Zusammengefasst möchte Soja seine Kritik an „City of Quartz" nicht als Infragestellung der Validität des dort formulierten dominanten Diskurses verstanden wissen, sondern auf einige blinde Flecken und diskursive Rigiditäten aufzeigen (S. 320). Diese eher beschwichtigenden Worte sind wohl als Versuch Sojas zu werten, in der Kritik an dem rhetorisch starken Davis höflich zu bleiben. Damit wird aber die Grundsatzdebatte wiederum kaschiert, die hier eigentlich geführt wird, denn die insgesamt 23-seitige Auseinandersetzung über das Krebs-Archipel von Los Angeles ist nichts anderes als eine Zuspitzung der Frage, ob entweder eine post-moderne oder „orthodoxe" marxistische Lesart der Stadt die richtige ist.

Die Ökologie der Angst 4

Wie nähert man sich einer Stadt? Offensichtlich macht eine Stadt bei der ersten Begegnung mit ihr einen anderen Eindruck, je nachdem mit welchem Verkehrsmittel die Anreise erfolgt. Zug, Auto, Flugzeug, Schiff, zu Fuß. Die Wege in und zur Stadt und die Mittel unserer Fortbewegung prägen die Wahrnehmung des Städtischen. Die Infrastruktur einer Stadt formt von daher die Möglichkeiten, wie wir einen Ort erfahren, vor und zugleich sind die städtischen Infrastrukturen Ausdruck dessen, wie eine Stadt aussehen, welche Gestalt sie haben und weitergehend: in welcher Weise in der Stadt gelebt werden soll. Wunsch, Anspruch, Wirklichkeit und die Aporien und Widersprüche dieses Dreiklangs werden an urbanen Infrastrukturen ablesbar und in ihrer Nutzung und Planung werden diese wiederum reproduziert. Wer eine Stadt verstehen will, der wird um eine solche Betrachtung nicht herumkommen. Das bedeutet, dass die Stadt als ein materiell-physischer Raum gedacht werden muss und kein bloß abstrakter und entmaterialisierter Ort ist, der lediglich in gesellschaftlichen Ordnungen konstruiert werden kann und höchstens Ausdruck oder Spiegelbild der Gesellschaft ist. Die Mittel und Wege der Stadt haben aber ihre eigene Dynamik, ihre grundlegenden Möglichkeiten und Begrenzungen, sie stellen ihre Vermittlungsinstanzen oder Medien dar.

Die Anerkennung dieser Tatsache fällt insbesondere in gesellschaftswissenschaftlichen Stadttheorien schwer, denen eine bewusst raumlose Stadtsoziologie zu Grunde gelegt wird, wie dies die so genannte „New Urban Sociology" angestrebt hat und die die funktionalen und strukturellen Komponenten der Stadt in den Vordergrund stellen wollte. Jene, vor allem durch die Neugründung der Stadtsoziologie in West-Deutschland in den späten siebziger Jahren wirkungsmächtige Lesart des Städtischen, grenzte sich mit dem Betonen des „Neuen" einerseits von einer als altbacken erfahrenen marxistischen Auffassungen über die Stadt ab, in der die Stadt nur der Ort der Klassenkämpfe zwischen Kapital- und Arbeiterinteressen war und die anscheinend die Neuen Sozialen Bewegungen im Nachklang der

68er-Revolten verschlafen hatten, andererseits formulierte sie eine Absage an sozialökologische Stadtforschungen (z. B. Häußermann und Krämer-Badoni 1980), in denen der Mensch als quasi rein natürliches Produkt in seiner Umwelt vorzufinden sei. Diese neomarxistische Stadtforschung, für die vor allem David Harvey und Manuel Castells als Autoren zu nennen sind, sieht sich in einer an Marx orientierten Tradition in dem Sinne, dass sie die Stadt in erster Linie durch die Analyse ökonomischer Prozesse nachvollziehen, die für sie die Logik des urbanen Lebens als Folge der benötigten infrastrukturellen Ausstattung der Orte für die kapitalistische Kapitalakkumulation sind (vgl. Harvey 1985).

Profitmaximierung lässt sich prioritär in Städten erreichen, da dort eine schnelle Kapitalzirkulation möglich ist und in ihnen physische und symbolisch-soziale Umwelten zur „Kommodifizierung" der Kapitalinteressen produziert werden, also die Kapitalzirkulation gesellschaftlich eingebettet und somit erst ermöglicht wird. Konsequenterweise werden dabei die „Umwelt", die „Natur" und der physische Raum nur noch zum Abbild von Machtverhältnissen, als Repräsentation der Kapitalinteressen entziffert. Dass die natürliche Basis der Stadt in einer solchen Sichtweise aus den Augen verloren gegangen ist, hängt des Weiteren damit zusammen, dass der Stadt-Land-Gegensatz, den Marx noch als grundsätzlich und konstitutiv für die Gesellschaftsentwicklung gehalten hat, durch den vor allem von Henri Lefebvre diagnostizierten Wandel der Gesellschaft, die vollkommen verstädtert sei und somit der Stadt-Land-Gegensatz nichtssagend geworden sei, abgelöst wird. Theoretisch konsequent wird der Stadt-Land-Unterschied von Peter Saunders, als einem der vielrezipierten amerikanischen Vertreter der „New Urban Sociology", als „ideologisch" eingestuft (Saunders 1987, S. 110) und eine weitere Beschäftigung mit der Physis des Städtischen als „illegitime, physische Reduktion" (ebd.: S. 111) abgelehnt. Die Stadt bietet damit Einblicke in eine allgemeine, ent-lokalisierte Gesellschaft, ist deren deutlichster Spiegel.

Obwohl vieles schon in „City of Quartz" auf die intellektuelle Nähe von Mike Davis zur Chicago School hinwies, konnte dort aufgrund der starken Fokussierung auf Machtverhältnisse und dem bekannten Hintergrund des Autoren als Anhänger der „New Left" noch leichterdings über dessen Affinität zu bestimmten Traditionen der sozialökologischen Tradition der Stadtsoziologie hinweg gesehen werden und sein erstes Los Angeles-Buch als Produkt seiner thematischen Offenheit und scheinbar beliebigen Anordnung der einzelnen Kapitel schon eher postmodern gelesen werden. Dies ist mit der „Ökologie der Angst" nicht mehr möglich. Schon der Titel verrät eine explizite Anlehnung an die ökologische Stadtforschung und im letzten Teil des Buches erfolgt dann auch die explizite Auseinandersetzung mit der Chicago School, die er zwar kritisiert, aber nicht wie die „New Urban Sociology" rundweg ablehnt. Davis leistet sich dort, in einer großen Argumentationsdichte, die einzige theoretische Reflexion überhaupt und ignoriert damit im Umkehrschluss andere Theorie-Debatten, wie sie die Los Angeles-School ja durchaus zu jener Zeit intensiv führte. Mit seiner Formulierung der „Ökologie der Angst" hat Davis im Ergebnis die Chicago School fortschreiben wollen, und sein Buch soll wohl insgesamt den Beweis dafür antreten, dass es hierfür eine Notwendigkeit gibt und Angst das heutige Movens städtischer Entwicklungen darstellt.

Dies ist in zweierlei Hinsicht bemerkenswert. Zum ersten ist es erstaunlich, warum sich Davis eben nicht jenen Theoretikern anschließt, die sich ganz bewusst in einer mehr oder weniger neo-marxistischen Weise mit der Stadt auseinandersetzen. Obwohl in dortigen Diskursen, wie ausgeführt, der nicht-menschliche Ebene des Gesellschaftlichen und Städtischen keine eigenständige Bedeutung in der Analyse zugewiesen wird, könnte er doch von Autoren und ihren Ansätzen, die durchaus intelligent über den Zusammenhang von Natur und Gesellschaft in einer kritischen Weise nachgedacht haben, wozu insbesondere David Harvey's Buch „Justice, nature and the geography of difference" (1996) zu zählen wäre, profitieren. Für einen sich marxistisch verortenden Stadttheoretiker würde dies nahe liegen. Zumal die Diskreditierung der Chicago School als „biologistisch" in der Linken zum Standartrepertoire für die Abwehr von verstörenden anderen Meinungen gehört. Da sich die L.A. School teilweise als linke postmoderne Antwort auf diese und als jedenfalls mehr aktuelle Erklärungsweise heutiger Stadtentwicklung begreift, kann Davis' ostentative Hinwendung zur Chicago School auch im Kontext seiner Auseinandersetzung mit den Autoren der UCLA gesehen werden. Zum anderen ist es augenscheinlich, dass sich Davis, obwohl es das Thema geradezu herausfordert, in keiner Weise mit Theorien der Ökologiebewegung weitergehend beschäftigt hat und auch Klassiker wie die Schriften des Club of Rome und anderer über die Grenzen des Wachstums nicht heranzieht, wenn er sie denn überhaupt zur Kenntnis genommen haben mag.

Die Hinwendung zur „Ökologie" ist bei Davis zweifach motiviert. Einerseits ist es die Aufnahme einer ökologischen Perspektive in die Stadtforschung – und dieser Ansatz ist in der Rezeption oftmals unterbewertet worden – und andererseits eine ausdrückliche theoretische Neuorientierung an die Humanökologie, die seinerzeit allerdings im Grunde keine Aufmerksamkeit für die ökologische Problematik hatte, wie wir sie heute etwa in den Debatten um Nachhaltigkeit und Klimaschutz kennen und diskutieren. Die „Ökologie der Angst" darf in der Gesamtschau der Arbeiten von Davis aber in beider Hinsicht nicht überschätzt werden, denn nach dem Erscheinen dieses Buches hat er sich weder weiter mit der Chicago School beschäftigt oder sich auf sie bewusst bezogen, noch ist das Thema Ökologie im heutigen Sinne weiter zu einem seiner Kernanliegen geworden. Jedoch wird auch in den folgenden Arbeiten ein Blick auf den bebauten Raum und die physische Umwelt der Stadt immer wieder miteinbezogen und hat er sich gerade in den letzten Jahren dann doch in kürzeren Texten mit dem Klimawandel auseinandergesetzt.

Stärker noch als in „City of Quartz" entwickelt Davis sein Thema in der „Ökologie der Angst" in einer uneingeleiteten, indirekten Weise. Das Buch besteht aus fünf Kapiteln, wobei das erste mit der Überschrift „Die Dialektik der gewöhnlichen Katastrophe" als eine Art theoretische Diskussion des übergeordneten Themas gelesen werden kann. Die weiteren Kapitel haben relativ klar umrissene Themen, die sich vor allem durch eine Ausarbeitung einer kritischen Kommentierung von Ereignissen und Umstände von ökologischen Katastrophen kennzeichnen. Im sechsten Kapitel kehrt Mike Davis zu seiner Thematisierung der Imagination der Zerstörung von Los Angeles zurück, um an-und abschließend unter der Überschrift „Jenseits von Blade Runner" noch einmal an seiner Problematisierung der Überwachungs- und Sicherheitspolitik von Los Angeles und an das Erscheinen der post-liberalen Stadt als Entwicklungsparadigma anzuschließen. Dies liest sich, und ist wohl auch so gemeint, als eine Fortsetzung und Aktualisierung seiner Analysen in „City of Quartz".

Ausgangspunkt für Davis' Analyse der Beziehung von Los Angeles zu seiner natürlichen Basis ist eine grundlegende Verkennung der besonderen geographischen Lage der Stadt und ein Verständnis von Katastrophen, die er nicht als zufällige Ereignisse betrachtet, sondern als Ergebnisse eines höchst komplizierten Systems von „Rückkoppelungen, das starke Impulse klimatischer oder tektonischer Energie (Katastrophen) in umweltverändernde Arbeit umsetzt" (28). Davis schließt sich einer Lesart von Katastrophen an, die diese nicht als eine Störung eines an sich in Balance befindlichen Systems Mensch-Umwelt betrachtet, sondern vielmehr geht er von einem „nichtlinearen" Bezug zwischen Naturereignissen und menschlichem Verhalten aus. Das bedeutet, dass menschliches Handeln nicht (immer) unmittelbare Konsequenzen mit Bezug auf die Reaktionen der Natur haben und eher in einem Zusammenhang fallen, der nicht augenscheinlich auf das Handeln der Menschen zurückzuführen ist. Dies ist heute sicherlich für eine große Öffentlichkeit verständlicher, die gelernt hat, dass die vom Menschen zu verantwortenden Ursachen des Klimawandels und deren Folgen nicht nach einer einfachen Kausalbeziehung aufeinander zu beziehen sind. Die Überschwemmungen von Bangladesch, die über das Abschmelzen des Himalaya-Gebirges erfolgt, wird durch Verhaltensweisen verursacht, die von Menschen in weiter geographischer Entfernung zu verantworten wären. Dieses nichtlineare Katastrophenverständnis wird von Davis nun auf die besondere Situation von Kalifornien und Los Angeles angewandt.

Süd-Kalifornien, so betont Davis, ist ein besonders komplexer geographischer Ort, der sich von anderen Regionen der USA grundsätzlich unterscheidet und den er als „mediterran" bezeichnet. Damit möchte er auf den Unterschied zu den trockenen, humiden Lebensräumen jenseits der Pazifikküste hinweisen und unterstreichen, dass sich die Region von Los Angeles als ein Mosaik kleinster Flora- und Fauna-Systeme auszeichnet, das insgesamt einen ökologischen Reichtum darstellt, der dem des tropischen Regenwaldes vergleichbar ist. Das nichtlineare Katastrophenverständnis und die besondere Situation von Süd-Kalifornien bedeuten für Davis, dass diese Region eher für klimatische Veränderungen anfällig und als Teil eines komplizierten Rückkoppelungssystems der Systeme aus Ozeanen, Polkappen und Atmosphären für dann erfolgende katastrophale Auswirkungen verletzlich ist. Anders gesagt, kleinste Veränderungen im Zusammenspiel der klimaproduzierenden Systeme können Katastrophen bewirken. Nach Davis sind diese Anfälligkeiten eher wahrscheinlich und die Regel, und stellt das relativ vorteilhafte Klima der letzten zwei Jahrhunderte eher einen Glücksfall und eine Ausnahme dar. Mit Verweis auf archäologische Untersuchungen beschreibt er dabei eine Umweltgeschichte Süd-Kaliforniens, die eher von dieser katastrophengeprägten Normalität gezeichnet war und zum Beispiel langanhaltende Dürrezeiten im Mittelalter aufweist. Süd-Kalifornien ist deshalb „eine revolutionäre, nicht reformistische Landschaft" (25). Davis formuliert damit eine Sichtweise, die sich sehr stark an Chaos- und Komplexitätstheorien anlehnt und diese auch zitiert. Allerdings nutzt er die von diesen theoretischen Innovationen ausgehenden Irritationen des Wissens hinsichtlich der eigenen Begrifflichkeit nicht weiter, sondern ist in zwei Zeilen dann beim Alten Testament, in dem es ja ähnlich gute Beschreibungen von Sintfluten und anderen Katastrophen gebe, womit Davis dann eine große Erzählung von der Apokalypse zu suggerieren beginnt. Die Engführung der Komplexitätsforschung wird besonders bei der anschließenden Wiedergabe der Erdbebenforschung deutlich. Zunächst stellt Davis schon fast schulbuchhaft dar, dass es unterschiedliche Meinungen in den betreffenden Wissenschaften über die Erforschung von Erdbeben gibt. Hierbei zitiert er dann auch jene vom Mainstream abweichenden Auffassungen von Forschern wie Wayne Thatcher, der die letzten 150 Jahre als eine untypisch ruhige Phase beschreibt. Die Ausnahme bildet dabei das Erdbeben von Northridge, bei dem am 17. Januar 1994 in Reseda in der Nähe der Stadt Los Angeles mit einer Magnitude von 6,7 Mw auf der Mercalliskala die Stufe IX (zerstörerisch) erreicht wurde und 57 Menschen starben, mehr als 9.000 verletzt wurden und ein Sachschaden von 20 Mrd. Dollar entstanden war. Je nach Standpunkt war dieses Erdbeben bereits eines der befürchteten „großen Beben" oder eben erst die Ankündigung desselben. Davis schließt sich letzterer Vermutung an und behauptet dann, dies sei die „einhellige Meinung (...) der Wissenschaft" (47). Davis geht es bei dieser Argumentation in erster Linie darum aufzuzeigen, dass die Prognosen der Planung und der Politik auf kurzfristige Perspektiven ausgerichtet sind, die kaum die individuelle Lebensspanne überdauern, und es eine nachhaltige Sicherheit für die zukünftigen Generationen in Los Angeles nicht gebe. Dadurch würden Bewohner zu Touristen ihres eigenen Lebensraumes gemacht. Dies wird insbesondere bei den Maßnahmen zum Erdbebenschutz offenkundig, die die Politiker auf Druck von kurzfristig denkenden Hauseigentümern dermaßen abgeschwächt haben, dass sie de facto substanzlos geworden und für die zu erwartenden Erdbeben und ihren folgenden Schockwellen („Killerimpulse") vollkommen unzureichend sind. In diesem Teil der Argumentation liegt wiederum die Stärke Davis. Hier weist er nachvollziehbar nach, wie die politische Reaktion auf das Erdbeben von Northridge auf die vorhandenen sozialen Ungleichheiten einspielt und diese noch verstärkt. Davis fasst zusammen, dass das Einzigartige von Los Angeles eben nicht in dem naturhaften Ausgesetzsein an eine unbeherrschbare Geographie und Topographie liegt: „Das Charakteristische an dieser Stadt ist (...) die einzigartige explosive Mischung aus natürlichen Gefahren- und sozialem Konfliktpotential" (70). Es kommt ihm also darauf an, dass weder die sich häufenden Konflikte mit der Natur als „biblische Plagen" verstanden werden, hinter denen sich eine menschlicher Erkenntnis entziehende metaphysische Logik verbirgt, noch eine falsche Sicherheit propagiert wird, wonach die Naturkatastrophen lediglich Störungen seien, die ansonsten aber das herrliche pazifische Flair Los Angeles' nicht zu beinträchtigen vermögen. Davis sieht sein Buch als ein Beitrag, um der Paranoia, wonach die anstehenden und aktuellen Zerstörungen Folge einer unkalkulierbaren und unverständlichen Natur seien, ebenso entgegenzuwirken wie jener Sorglosigkeit, die Teil des Problems ist und die von einer Pseudonaturwissenschaft im Dienst hemmungsloser Gier bedient wird.

In den dann folgenden vier Kapiteln geht es um die Zerstörung einer einst schier paradiesischen Landschaft, in der ein ausgewogenes Ökosystem zugunsten einer kurzfristigen und nicht nachhaltigen Bebauungs- und Nutzungsweise aufgegeben wird. Davis schildert in epischer Länge Puma-Angriffe, Killer-Bienen, Schlangenplagen und viele andere angsteinjagende Entwicklungen in der Natur, mit denen der eindringliche Beweis geführt werden soll, so scheint es zumindest für den geduldigen Leser, dass die Natur schon zurückschlägt. Obwohl immer wieder passagenweise zurückgekommen wird auf die angeführte Besonderheit natürlicher und sozialer Konfliktpotentiale von Los Angeles, die das zentrale Thema der „Ökologie der Angst" sein soll, kann man in diesen Beschreibungen des Autors versinken, verloren gehen und seinen Fokus kaum noch erkennen. „Here Davis' penchant for stylistic overkill gets tedious. Metaphors get stretched beyond plausibility. Everything gets narrated at the same fever pitch, as if an occasional cougar mauling has the same significance as a major earthquake", kritisiert Harvey (1999, S. 61). In der Tat ist nicht nachvollziehbar, warum in einer solchen Länge und in einer narrativen Gleichförmigkeit die unterschiedlichsten Naturereignisse regelrecht abgearbeitet werden und die Dekonstruktion dieser Katastrophen als gesellschaftliche Produkte so sehr dem Leser überlassen wird. Es stellt sich, wie Harvey (a. a. O.) bemängelt, der Eindruck ein, dass Davis insgesamt einen einseitigen Blick auf die Geschichte und Gesellschaft von Los Angeles verfolgt, in der es dann nur noch um eine, von der Immobilienökonomie getriebene Ausbeutung geht und die Komplexität gesellschaftlicher Verhältnisse im Grunde aufgegeben wird. In keiner Weise werden die Kämpfe der Arbeitnehmer und die vielen sozialen Grasroot-Organisationen, die Davis sehr wohl kennt, dargestellt – was ja auch eine gewisse Würdigung beinhalten würde – und in der Gesamtschau bei der Analyse der gesellschaftlichen Umgangsweise mit der Natur berücksichtigt. Eine solche breitere und offenere Perspektive, kann man wohl vermuten, hätte dem Buch den bedrohlichen Unterton genommen hätte, der Davis wohl glaubwürdig von jenen Apokalyptikern, für die ihn seine Kritiker halten, unterscheiden würde.

Im sechsten Kapitel, „Die fiktionale Zerstörung von Los Angeles", reflektiert Davis auf fast hundert Seiten über die unterschiedlichen Weisen, in denen in Filmen und Büchern über die vielen Arten der Vernichtung der kalifornischen Stadt fantasiert wird. Nicht weniger als 138 Bücher listet der Autor auf, die er nach Erscheinungsjahren und der Zerstörungsart tabellarisch einteilt und durch die seine Aussage unterstrichen werden soll, dass es eine kontinuierliche Zerstörungsfantasie mit Blick auf Los Angeles gibt, und angesichts seiner Zählung, wonach die meisten Untergangsszenarien für die Stadt mit Atombomben durchgeführt werden, handelt es sich nicht um einzelne missliebige Aspekte der Stadt, sondern um die vollständige Zerstörung der Stadt als Ganzes. Davis schlussfolgert daraus, dass nur New York, das ähnlich oft von Katastrophenfilmen abgebildet wird, so viel Angriffsfläche für unterschiedliche aggressive Fantasien zu bieten scheint wie Los Angeles. Er bringt diesen Umstand in einen Zusammenhang mit der allseits auf diese beiden Städte projizierten Vorstellung von einer liberalen Gesellschaft, die, wie Davis sich zum einen bemüht zu entlarven, gar nicht so existiere, und der zum anderen zeige, dass das restliche Amerika diese liberale Urbanität inständig hasse. Die Zerstörungsfantasien dieser Filme und Bücher betrachtet Davis daher als Ausdruck der Ängste der Amerikaner vor fremden Rassen, dem anderen Geschlecht und den Armen. Denn es sind vor allem Produkte der Imagination der weißen Männer, die sich hier Luft verschaffen. Der Hass gegen Los Angeles stellt für Mike Davis allerdings nicht nur ein interessantes Sujet dar, dass durch die Formen der Medien eventuell vorgeprägt wird, vielmehr repräsentieren diese Gewaltorgien einen Eindruck von etwas, dass Amerika aus Sicht von Davis geradezu ausmacht, seine Essenz: „Literaturhistoriker haben längst darauf hingewiesen, dass der ‚apokalyptische Zorn' eine konstitutive Rolle in der Vorstellungswelt der Amerikaner spielt. Vielleicht richtet sich dieser Zorn nun auf die Stadt, die mit ihren ökologischen und sozialen Krisen einen riesigen Blitzableiter für die allgemeinen Angst vor der Katastrophe darstellt" (401). Damit aber nicht genug, betrachtet Davis die Zerstörung von Los Angeles als Ritual einer Opferung, die von „den finstersten Kräften der amerikanischen Gesellschaft" (402) vollzogen wird und die als „Teil eines bösartigen Syndroms" (a. a. O) existiert. Man kann nicht umhin, diese Textstelle als das Erliegen des Autors vor dem „Bösen", was immer damit auch gemeint ist, zu betrachten. Hier erfolgt keine Analyse mehr und der Eindruck scheint berechtigt zu sein, dass er diesem Thema so viel Aufmerksamkeit widmet und mit dem Duktus eines page-turner schreibt, weil er diesen Stoff nicht mehr beherrscht; im Gegenteil: Davis scheint im Bann von diesen Filmen und Büchern („Schundliteratur") zu stehen. Sollte er tatsächlich alle 138 Katastrophenbücher selber gelesen und die unzähligen Horror- und SciFi-Filme gesehen haben, wäre dies wohl auch nicht so verwunderlich.

Wer sich nun eine andere Perspektive, vielleicht eine weniger schwarze, unter der Überschrift „Jenseits von Blade Runner" („jenem alter ego von Los Angeles", S. 406) erhofft, der sieht sich schnell getäuscht. Blade Runner ist für Davis der Film, von dem eine magische Faszination der Zerstörung ausgeht, die wie perfekt inszeniert erscheint und als der „offizielle Alptraum von Los Angeles" kandidiert. Noch einmal erfolgt der Rückblick auf die Aufstände von 1992. Sie waren im Grunde nur das Vorspiel für eine sich immer weiter ausbreitenden Überwachungslandschaft, weil „das Leben in der Großstadt zunehmend barbarische Züge annimmt" (411). Davis schildert hier, wie die viel gelobte Revitalisierung der Downtown durch eine Sicherheitsarchitektur erreicht wurde, der der öffentliche Raum zum Opfer gefallen ist. Inspiriert durch einen Roman von Octavia Butler und der Cyberpunk-Literatur, für die er hauptsächlich William Gibsons Buch „Neuromancer" rezipiert, skizziert Mike Davis in wenigen Sätzen eine Stadtgeographie der Angst, für die „das berühmteste Diagramm der Sozialwissenschaften" (412) als Folie herhalten muss, das so genannte Burgess' Stadtmodell, wie es die Chicago School im Jahr 1926 veröffentlicht hatte (Abb. 4.1). Mit diesem Modell haben die Chicagoer Soziologen versucht, eine gewisse Logik der Stadtentwicklung zu beschreiben (vgl. Hennig 2012). Dieses Stadtmodell beruht auf den Beobachtungen des Städtewachstums von Chicago. Die Metropole war um gut drei Millionen Einwohner innerhalb von ca. 30 Jahren gewachsen. Das Modell repräsentiert dementsprechend eine Verallgemeinerung der Chicagoer Erfahrungen, die von dem bis dato schnellsten Städtewachstum in der Weltgeschichte gekennzeichnet war. Als diese Skizze veröffentlicht wurde, hatte die Chicago School bereits dreißig Jahre lang geforscht und die unterschiedlichsten Studien zu den verschiedensten Themen und Nachbarschaften in der Stadt vorzuweisen. Im Allgemeinen kann man sagen, dass die Chicago School, ähnlich

4 Die Ökologie der Angst

Abb. 4.1 Burgess' Stadtmodell. (Aus: Park und Burgess 1984, S. 55)

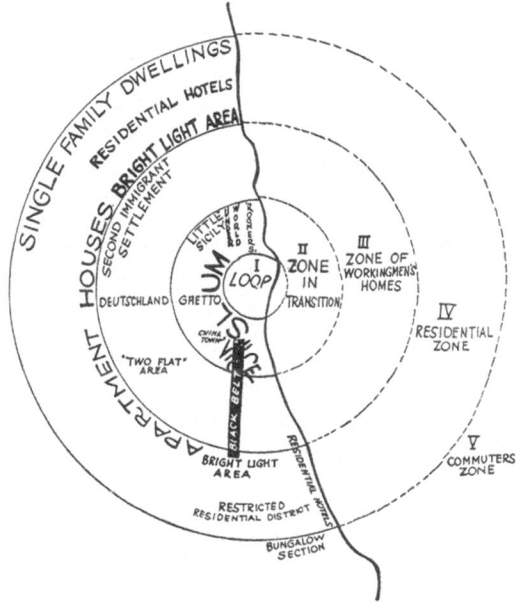

wie Davis, sehr zurückhaltend mit der Theoretisierung ihrer Erkenntnisse über die Stadt vorgegangen ist. Angesichts der sehr breiten Themenwahl kann sicherlich nicht die Rede davon sein, dass es sich hierbei um ein Paradigma gehandelt hat, nachdem deduktiv geforscht werden sollte. Vielmehr ist dieses Stadtmodell eher als eine Art Zwischenbilanz ihrer Forschungen zu interpretieren. Und dies lautet, verkürzt gesagt, dass die Stadt sich aufgrund der Einwanderung und der Mobilität der Einwohner/Einwanderer von innen nach außen entwickelt. Je weiter nach außen man sich ansiedeln kann, desto mehr ist die Assimilation mit der amerikanischen Gesellschaft gelungen, wobei damit ein wechselseitiger und umfassender Integrationsprozess gemeint ist und keine Zwangsanpassung an eine Leitkultur. Auf diese Weise wird Platz für neuankommende Migranten gemacht, die sich in der Innenstadt zunächst mit Slum-Bedingungen abfinden müssen und von denen diejenigen (den „marginal men") verlassen wird, denen die ambivalente und widersprüchliche Integration in die fremde Stadt gelingt, sich weiter entwickeln können und die Gesellschaft auf diese Weise immer wieder innovieren. Im Sinne der damals vorherrschenden Wissenschaftsdominanz der Biologie und insbesondere der Evolutionstheorie haben die Chicagoer Stadtforscher diesen Prozess mit einem ent-

sprechenden Vokabular („Human ecology") zum Ausdruck gebracht, der ihnen –
insbesondere in der deutschen Rezeption – oftmals den Vorwurf des Biologismus
eingebracht hat.

Mike Davis würdigt die Arbeiten von Burgess und Park:

> In der wegweisenden Studie über die nordamerikanische Großstadt der Chicagoer
> Soziologenschule (...) veranschaulicht Burgess mit seiner ‚Zielscheibe' die räumliche
> Hierarchie, in die sich die sozialen Klassen und deren Wohnformen als Folge des
> urbanen Auslesekampf vermutlich gliedern werden. (409 f.)

An dieser Würdigung ist interessant, dass Davis nicht zur Kenntnis nimmt, dass
dieses Schema eigentlich optimistisch ist und so etwas wie den amerikanischen
Traum von der sich in der Suburbia egalitär auflösenden Einwanderungsgesellschaft zum Ausdruck bringt. Zwar sind hier Slums und verschiedene ethnische
Nachbarschaften („natural areas") vorgesehen, aber diese sind nach dem Verständnis der Chicagoer Schule zumindest potentiell und für den Einzelnen nur zeitlich
fixierend. Keineswegs waren sie blind für die Schwierigkeiten, insbesondere der
Afro-Amerikaner („Black Belt"), die viele haben, um von dieser Dynamik zu profitieren. Doch das eigentliche Thema dieser Forschung war die Frage nach der
Desorganisation der Gesellschaft und deren Neukomposition durch die Urbanisierung. Hierbei haben sie viele problematische Aspekte wie Delinquenz, Prostitution,
Obdachlosigkeit, Segregation und kulturelle Unterschiede, jedoch keineswegs als eine Form der Festschreibung dieser Problemlagen untersucht. Man verstand sich als
Teil einer Reformbewegung, für die durch empirische Forschung die notwendigen
Erkenntnisse erarbeitet werden sollten. Wenn Davis dies zunächst als „wegweisend" zu würdigen scheint, stellt sich schon wenige Zeilen weiter der Verdacht ein,
er habe schlichtweg nichts von der Chicago School verstanden, denn er bezeichnet diese als akademische Sozialdarwinisten, die angeblich „von den ‚biologischen'
Kräften der Konzentration, Zentralisierung, Invasion und zeitlichen Ablösung"
(410) ausgingen. Ihm geht es in Wirklichkeit nicht um eine differenzierte Auseinandersetzung mit den Arbeiten jener Soziologen der ersten Stunde, Davis ist um
deren vermeintliche Aktualisierung bemüht:

> Durch meine Neugestaltung des Schemas gelangt Burgess zurück in die Zukunft.
> Sie berücksichtigt zwar ‚ökologische' Determinanten wie Einkommen, Bodenwert,
> soziale Klasse und ethnische Zugehörigkeit, fügt aber einen neuen, entscheidenden
> Faktor hinzu: Angst. (410)

Der entscheidende Unterschied zwischen der Skizze von Burgess und der von Davis
(Abb. 4.2) liegt darin, dass es nicht auf der Annahme einer Dynamik beruht, wie sie
die Chicago School in ihren Schriften betont und selbst noch dem Black Belt abge-

4 Die Ökologie der Angst

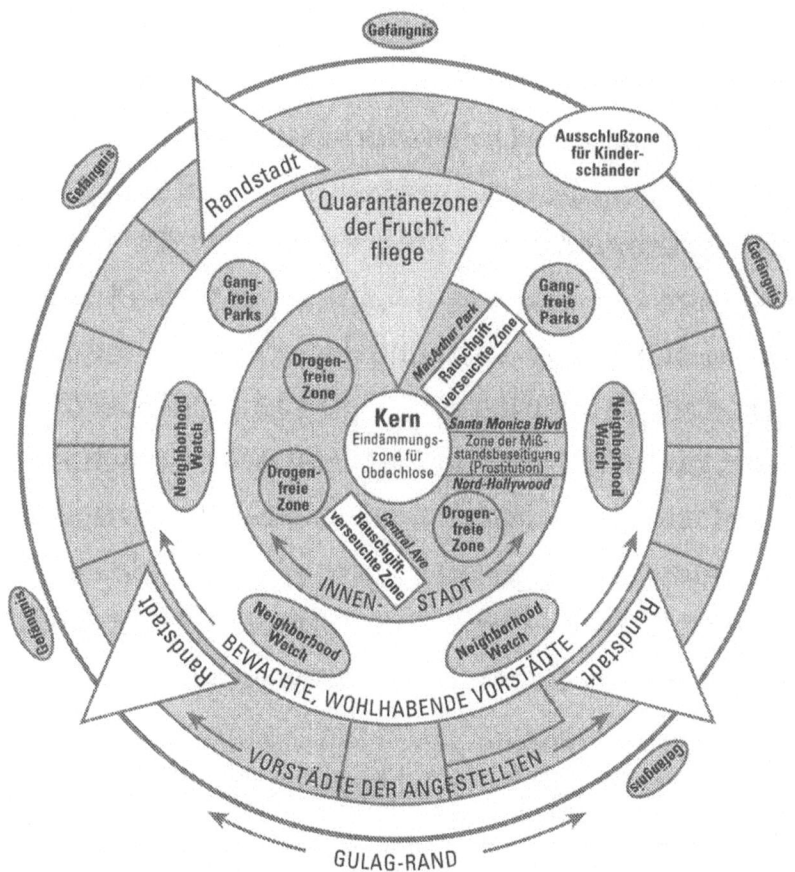

Abb. 4.2 Die Ökologie der Angst. Aus: Mike Davis (1999, S. 413)

winnen will, der sich zwar nicht auflöse, aber durch Ausbreitung nach außen eine soziale Mobilität innerhalb der schwarzen Wohngebiete ermögliche. Wenn Davis davon spricht, dass er das Stadtmodell von Burgess in die Zukunft transferieren möchte, heißt dies nichts anderes, als dass er sein Modell der Angst als ein endgültiges betrachtet, als eine prophetische Deklaration eines urbanen Endzustands, der die diagnostizierte soziale und räumliche Fragmentierung von Los Angeles festschreibt. In diesem Sinne sind sich Burgess und Davis diametral entgegengesetzt, denn das Chicagoer Modell versuchte, realistisch zu sein und nicht nur die Präsenz von Slums und Ghettos zu kartographieren und damit erst einmal sichtbar zu machen, es (über-)betonte auch die Dynamik der sozialen Mobilität. So hat Wirth (1928, vgl. auch Bendix 1954) etwa in seiner späten Studie über das Judenghettos zum Beispiel das Frankfurter gegen das Chicagoer Ghetto gegeneinander kontrastiert, indem er sagte, dass es diese soziale Integration der Juden in Frankfurt eben nicht gegeben hat und diese deshalb über Jahrhunderte aus der Stadt ausgeschlossen gewesen seien, während in Chicago bereits eine hohe Durchlässigkeit der Ghetto-Strukturen zu entdecken sei. Aus Unkenntnis oder Geringschätzung dieser Seite des Chicagoer Stadtmodells deklariert Davis dies als „sozialdarwinistisch", obwohl eher sein eigenes Stadtmodell deterministisch angelegt ist, und es höchstens eine Abwärtsspirale in Richtung vollkommener Segregation und verbunkerte Stadt beinhaltet. Von einer „Ökologie" der Angst kann keine Rede sein, denn dieses Modell sieht die Angst als einen, ja sogar den bestimmenden „Faktor" an. Eine emotionale Individualkategorie wird somit von Davis nicht nur mit gesellschaftlichen Kategorien wie „soziale Klasse und ethnische Zugehörigkeit" gleichgesetzt, vielmehr wird sie als „entscheidend" darüber gestellt. Diese Vermischung der Ebenen, des Individuellem mit dem Gesellschaftlichen, bedeutet letztlich eine Verkehrung der Perspektiven der Sozialwissenschaften, in der seit Weber das soziale Handeln des Menschen nur als ein solches zu gelten hat, wenn es in einem Bezug zu anderen Menschen stattfindet (vgl. Kim 1994). Emotionen wie Angst wären daher erst dann stadtsoziologisch interessant, wenn sie sich als Teil, Ergebnis oder Akt eines solchen sozialen Handelns konstituieren. Die Annahme einer allesumfassenden und durchdringenden Angst, wie sie Davis zum wichtigsten Aspekt der Stadtentwicklung deklariert, scheint sich außerhalb eines noch nachvollziehbaren, hinsichtlich des Ursprungskontext identifizierbaren Sozialen abzuspielen. Während Davis in dem sechsten Kapitel nach dieser verkürzten Theoretisierung wieder zum Thema der überwachten Stadt mit ihren Gefängnissen, Video-Kameras und räumlichen Exklusionsmechanismen zurückkehrt, bleibt die Frage offen, wie sich diese Befunde denn in die Angst-Theorie einordnen lassen und welche Schlussfolgerungen aus ihnen zu ziehen sind. Woran es an dieser Stelle mangelt, ist ein Erklärungsversuch, in welcher Weise das individuelle Gefühl von Angst sich in ein soziales umsetzt. Dass die USA ein Land sind, in der es eine „Kultur der Angst" (Glassener 1999) gibt, gilt für viele intellektuelle Beobachter als triviales Allgemeingut. Auch dass die Medien und die Pop-Kultur dazu beitragen, dass die weißen Amerikaner in die Vorstädte fliehen, ist seit den siebziger Jahren relativ bekannt (vgl. Avila 2004). Schließlich ist auch offensichtlich, dass es politische Interessen gibt, die eine angstgeladene Atmosphäre ausnutzen (Simon 2009). Doch Davis vermag nicht zu erklären, warum sich diese Angst nicht im Laufe des 20. Jahrhunderts, insbesondere zwischen schwarzen und weißen Amerikanern, abgebaut hat. Die Chicago

School hatte bei ihren Arbeiten schon darauf hingewiesen, dass die Segregation zu „Race Riots" führt. Frank Furedi (2009) hat versucht, die Angst der neunziger Jahre in einen aktuelleren Kontext zu stellen, und dabei die Problematik der Risiko-Bereitschaft und die moralische Präferenz für niedrigschwellige Erwartungen hervorgehoben. Dies wäre ein kultureller Wandel, der die Angst aus anderen gesellschaftlichen Faktoren nach wie vor erklärbar erscheinen ließe. Wenn man eine solche analytische Perspektive einnimmt, lassen sich politische Reformen in einer Weise formulieren, die sich auf eine Veränderung von Institutionen der Medien, der Kulturindustrie, der Politik, der Stadtplanung oder des Bildungswesen beziehen könnten. Ein solcher Reformismus macht aber keinen Sinn, wenn die Angst aus konkreten Entstehungszusammenhängen herausgeholt wird und *über* die Frage der sozialen Klassen und der ethnischen Zusammengehörigkeit, also mithin über die Ursachenkomplexe, gestellt wird. Für Davis, so scheint es, sind die Befunde der post-liberalen Stadt mit ihrer zementierten Spaltung zwischen Reichen und Armen der Beweis für diese uneinholbare und unveränderliche Angst; seine detaillierten Beschreibungen dienen daher vor allem der Illustration und des argumentativen Zirkelschlusses, dass die Stadt ja im Grunde schon so ist, wie Davis befürchtet.

Mike Davis hat in der „Ökologie der Angst" mit seinem immer aus der Historie angelegten Blickwinkel einen Ansatz formuliert, der über die räumliche Dimension der geschichtlich entstandenen Stadt historiografisch ausgearbeitet wird. Mit Los Angeles, seinem Dreh- und Angelpunkt der meisten Analysen, hat er ein in mancher Hinsicht dankbares Beispiel gefunden, weil diese Stadt als „well-beaten horse of urbanism and capitalism gone wrong" (Schrank 240) gelten kann. Davis hat sicherlich einen Meilenstein für die Historiographie von Los Angeles gesetzt, aber in anderer Hinsicht ist Los Angeles vielleicht auch seine Denkfalle. Diese wird auch durch Davis selbst mit vorbereitet, indem er immer wieder Los Angeles als die angeblich am meisten durch natürliche und soziale Katastrophen gezeichnete Stadt bezeichnet. Los Angeles ist für Davis die Stadt, wo das extreme Potential der Zerstörung am weitesten bereits erkennbar wird. Es ist für ihn eine außergewöhnliche Stadt, das Extrem als solches. Die Behauptung der Außergewöhnlichkeit von Los Angeles ist aber alles andere überzeugend, da es überall in Städten zur Vernachlässigung und Ignoranz gegenüber den natürlichen Lebensbedingungen der Städten gekommen ist und insbesondere Städte wie Miami oder Chicago teilweise in gleicher Größenordnung kurzfristige Interessen vor den langfristigen Ressourcenschutz gestellt haben (vgl. Steinberg 1999). Die „Ökologie der Angst" hat sich in gewisser Weise von der Entwicklung der neueren Historiographie abgekoppelt, die das Pionierwerk „City of Quartz" durchaus mitbegründet hat. Mit Büchern wie „Magnetic Los Angeles" gelang es beispielsweise Hise (1997) eine komplexe Geschichte der suburbanen Entwicklung von Los Angeles zu schreiben, die ein differenzierteres Bild von den Motiven und Vorstellungen der Stadtplaner zeichnet, in denen Vorstellungen von dezentralen Industriestädten und das humanistische Garden City-Konzept von Ebenezer Howard ebenfalls einflussreich waren. Diese Stadtentwickler haben durchaus nicht, wie Davis zugespitzt darstellt, lediglich nur dem Boosterism gedient und billige und autogerechte Wohnkomplexe gebaut. Wer hingegen nach Erklärungen sucht, warum Los Angeles nach den Riots von 1992 keine progressive Politik im Sinne eines sozialen Wandels und mehr Verantwortung für die Stadt („community responsibility") entwickelt hat, wird sich damit auseinandersetzen müssen, was genau in den folgenden Jahren politisch geschehen ist. Wenn auch im Ergebnis ähnlich pessimistisch, schildert William Fulton in 13 Kapiteln seines Buches „The Reluctant Metropolis" (1997) sehr genau, weshalb sich die Umweltschützer nicht gegen die Landentwickler durchsetzen konnten, wie sich die kalifornische Debatte um die Einwanderungspolitik oder um die Mietpreiskontrolle in Santa Monica auf die Wachstumspolitik des damaligen Bürgermeister Tom Bradley auswirkten. Er wird auch von dem vergeblichen Kampf des Planungsdirektors von Los Angeles, Calvin Hamilton erfahren können, der sich gegen die weitere Ausuferung der Stadt zur Wehr setzte. Doch es ist vor allem auch falsch, die erreichten Erfolge der Umweltschutz- und Stadt-Planung nicht in Betracht zu ziehen. Diese betont Jared Orsi in ihrem Buch „Hazardous Metropolis" (2004), das keineswegs die Angaben von Davis in Frage stellt oder im Grundton wie schon im Titel die Situation des Ökosystems von Los Angeles nicht als hochgradig riskant betrachten würde. Dennoch verweist Orsi darauf, dass es durch die unternommenen Maßnahmen gelungen sei, in Los Angeles wie in anderen Städten ein nach wie vor gutes Leben für viele Menschen zu ermöglichen:

> Flood-control devices have saved many lives in southern California and preventes billions of dollars of property destruction. Without some sort of floot control, urban life in Los Angeles and many other cities could not have developed and could not continue. In fact the central reason that natural disasters in Los Angeles and the rest of the United States have been so much less devastating than in many other countries is the heavy American investment in harzards engineering. (181)

Damit soll keine technokratische Lösung des komplexen Verhältnisses von Natur und Gesellschaft propagiert werden, ganz im Gegenteil. Orsi zitiert die Aktivisten der Chinatown Yard Alliance, die die Flussnutzung für soziale Zwecke mit dem Schutz vor Überflutungen durchsetzen konnten: „The secret (...) is political" (182). Und damit könnte Los Angeles auch zeigen, dass es manchmal in die richtige Richtung gehen kann.

Mit der „Ökologie der Angst" setzt Mike Davis in vieler Hinsicht seine Arbeiten zu Los Angeles fort, auch wenn es sich zunächst in der grundsätzlichen Perspektive

4 Die Ökologie der Angst

um eine Art von Umweltsoziologie der Stadt handelt. Ihm gelingt es, damit in den USA einen Bekanntheitsgrad zu erreichen, den er mit dem für die Stadtsoziologie als „Klassiker" gehandelten „City of Quartz" nicht erzielen konnte. Das Buch hat jedoch eine doppelte Rezeptionsgeschichte. Für viele akademische Rezensenten ist die „Ökologie der Angst" zwar noch ein bemerkenswertes Werk, aber es verfestigt auch den Eindruck, dass Mike Davis ein insgesamt apokalyptischer Schriftsteller sei und seine Bücher von einem prinzipiellen Untergangsszenario ausgehen, das in mancher Hinsicht nicht mehr für neue Erkenntnisse offen ist. Wenn Davis nun über fünfhundert Seiten mit den verschiedensten „Naturkatastrophen" füllt, dann entsteht beim Lesen nach und nach der Eindruck eines unterirdisch mitschwingenden sehr düsteren Welt- und Menschenbildes. Viele Rezipienten haben dies seitdem immer wieder an Davis kritisch festgestellt. Es überwiegt die Frage, welche Einsichten diesem Buch dann noch abzuringen sind. Jenseits des Akademischen hat paradoxer Weise die „Ökologie der Angst" große Teile der amerikanischen Öffentlichkeit erreicht und wurde wochenlang auf der Sachbuch-Bestseller-Liste der New York Times geführt. Auch in Deutschland erschien es nicht, wie die meisten anderen Bücher von Davis in einem linken autonomen Verlag und damit ohne vielversprechende Verkaufsperspektiven, sondern in dem marktgängigen Piper-Verlag. Hier erhielt das Buch den deutschen Untertitel „Das Leben mit der Katastrophe". Das Cover prägt eine düstere Malerei von James Doolin („East Wind"), das eine vielspurige Autobahn auf dem Weg zu einer Hochhauskulisse unter einer schwarzen Wolkendecke und sich im Winde biegender Palmen bietet. Der deutsche Verlag hat einen Katastrophen-Appeal verbildlicht, der den Untergangsblues aus dem amerikanischen Kontext – das Original trägt den Titel „Ecology of Fear. Los Angeles and the Imagination of Desaster" – noch steigert und zum Paradigma erklärt.

Die deutsche Repräsentation des Buches und auch die verhaltene Aufnahme in der akademischen Welt wirft die Frage danach auf, ob sich Davis tatsächlich mit diesem Buch in jene Ecke der Katastrophenpropheten einreihen lässt, denen der Piper-Verlag in jenen Jahren durchaus einen Raum in seinem Publikationsangebot gegeben hat. In dieser Serie erschien zum Beispiel noch ein Titel wie „Das Jahrtausend der Orkane und Fluten" von Joachim Feyerabend, das behauptete, dass „entfesselte Stürme unsere Zukunft bedrohen" (so Ankündigungstext des Verlags). In der Tat weisen auch die weiteren Arbeiten von Davis, wie weiter im Kap. 4 diskutiert werden wird, eine besondere Nähe zu jenen Aspekten der Stadt auf, die sie in einer Zeit des bedrohlichen Klimawandels und anderer Ökologie-Themen in einem anderen Licht erscheinen lassen. Für deutsche Verhältnisse kommt eine solche besorgte, wenn nicht gar dramatische Thematisierung der ökologischen Folgen der Stadtentwicklung angesichts der seit den achtziger Jahren weitverbreiteten Sorge um die Umwelt relativ spät und kann sich deshalb wohl nur mit einem reißerischen Untergangsmarketing bewerben lassen. Es lässt sich vermuten, dass Davis aber durchaus auch von der deutschen Debatte nicht unbeeinflusst war, als er dieses Buch schrieb, zumindest scheint er von der neuen Umweltgeschichte in der deutschen Geschichtswissenschaft etwas erfahren zu haben.

Die Popularität seines Buches in den USA, die er durch einen noch anschaulicheren Schreibstil und noch mehr Abbildungen wohl auch intendiert hat, hatte für Davis allerdings einen hohen Preis. Es ist nicht nur so, dass die Wahrnehmung durch die Intellektuellen gelitten hat, die auch teilweise zu einer veränderten Neu-Lektüre von „City of Quartz" führte, sondern die große Bekanntheit des Autors hat ihm auch der massiven Kritik ausgesetzt, die nicht nur von den „üblichen Verdächtigen", d. h. den Lokalpatrioten und den interessengeleiteten Verteidigern des kalifornischen Boosterism vorgebracht wurde, sondern auch von jenen in überregionalen Medien formuliert wurde, die sich mehr und mehr an seiner Arbeitsweise störten. Davis hat dies wohl auch nicht unbeeindruckt gelassen. Im Nachwort der zweiten Auflage heißt es:

> Als die erste Auflage von ‚Ökologie der Angst' in den USA erschien, haben meine Kritiker die Mühe auf sich genommen, das Buch in monatelanger akribischer Arbeit auf seinen Wahrheitsgehalt zu durchforsten und jedes einzelne Zitat und jede Fußnote zu überprüfen. Auf diese Weise wurde ich auf eine Handvoll Fehler und Irrtümer aufmerksam gemacht, die ich inzwischen sorgfältig korrigiert habe – und ich möchte an dieser Stelle den mir nicht sehr wohlgesonnenen Kritikern für ihre Hilfestellung danken.

Aus Sicht von Davis sind diese Anfeindungen deshalb so heftig, weil seine Kritiker die Grundaussagen des Buches nicht in Frage stellen können und die Kritik an fehlerhaften Zitaten und ähnlichem als ohnmächtige Attacke derjenigen zu verstehen ist, denen es überhaupt nicht um die Wahrheit oder korrekte Quellenangaben geht, sondern vielmehr ganz andere Absichten verfolgen. Davis arbeitet diese Gegenvorwurf nicht aus, sondern verweist auf einen entsprechenden Beitrag von Jon Wiener in „The Nation" (1999), in dem diese Gegen-Argumentation ausgeführt wird. Ohne dass die einzelnen Stellen überprüft werden können, auf die sich Kritiker berufen und die in der Tat auf die Infragestellung der Integrität des Autors abzielen, lässt sich Davis' Arbeitsweise beschreiben und einordnen. Der Vorwurf, Davis habe wichtige Angaben erfunden oder nicht belegt, ist angesichts der großen Anzahl der Textnachweise – der Anmerkungsteil mit den Zitationsangaben beläuft sich auf über vierzig Seiten – kaum aufrecht zu erhalten. Hierbei fällt allerdings auf, dass er zumeist die Los Angeles Times zitiert, wenn bestimmte Angaben oder Schilderungen von Ereignissen widergegeben werden. Hinzu kommen eine Vielzahl eigener Beobachtungen und die Wiedergabe von Gesprächen mit dem Autor.

4 Die Ökologie der Angst

Davis zitiert in der „Ökologie der Angst" namenhafte Wissenschaftler aus den verschiedenen naturwissenschaftlichen Disziplinen wie auch Historiker. In dieser Perspektive geht die Kritik am Autor weitgehend fehl. Den akademischen Anspruch einer quellenkritischen Rezeption der genutzten Informationen folgt Davis aber nur bedingt. Unterschiedliche Wahrnehmungen des gleichen Tatbestandes oder Ereignisses werden kaum gegeneinander gestellt und die Kontextualisierung von Quellen erfolgt oft nur, wenn ein interessegeleitetes Motiv hinter Publikationen oder Aussagen bewiesen oder teilweise nur vermutet werden kann. Damit ergibt sich die Problematik einer selektiven Literatur- und Empirie-Rezeption, die erheblich zur Verschlankung und argumentativen Dichte von „Ökologie der Angst" und anderen Werken von Davis beiträgt, die ihn aber eben auch angreifbar macht, weil blinde Flecken in seiner Weltsicht entstehen und eine selbstkritische Reflexion nicht systematisch eingeschlossen ist. Diesen Preis ist Davis bereit zu bezahlen, wofür er sich wahrscheinlich durch seine selbst definierte Rolle als Kritiker und als Autor für die breite Öffentlichkeit legitimiert oder gar gezwungen sieht.

Die „Ökologie der Angst" lässt sich als eine Erwiderung auf die vermeintlich so heile Welt von Los Angeles interpretieren, der Davis schon in „City of Quartz" etwas entgegensetzen wollte. Sein düsterer Ton ist ihm auch selbst nicht entgangen und als Schriftsteller, der ein so populäres Buch schreibt, muss er sich fragen lassen, welche Wirkung sich damit emotional beim Leser einstellen mag. Macht die „Ökologie der Angst" nicht selbst einfach Angst und ist sie vielleicht auch Ausdruck der Angst des Autors selbst? Im ersten Kapitel deutet Davis hierzu an:

> Ich möchte kein Armageddon herbeireden. Trotz des Wunschdenkens mancher Endzeitprediger, die ungeduldig ihrer Himmelfahrt harren (...) werden Megacitys wie Los Angeles nie einfach in sich zusammenfallen (...) Viel wahrscheinlicher ist, daß sie (...) dahinvegetieren, wobei eine stetig wachsende Zahl von Menschen auf der Strecke bleibt und das Elend unaufhörlich wächst. (70 f.)

An diesem Zitat kann man die Ambivalenz des Autors deutlich ablesen. Einerseits erteilt er eine Absage an jene lächerlichen Endzeitprediger und, nein Los Angeles wird nicht einfach verschwinden, wird es nicht „so" schlimm kommen, andererseits bestätigt er eine Prognose, die doch für den durchschnittlich empathischen Leser genug Horror beinhaltet.

Diese Form der Stadtsoziologie, die von einer quasi unabänderlichen und unvermeidlichen Verelendung ausgeht und gleichzeitig behauptet, dass dies ja gar nicht das Schlimmste sei, ist wiederum nicht neu, und die „Ökologie der Angst" ist im gewissen Grade auch eine mentale Erbschaft der Chicago School, die wiederum in eine emotionale Stadtsicht eingebettet ist, die über die Soziologie hinaus als Teil einer damals weitverbreiteten kulturellen Disposition und gesellschaftlichen Imagination verwurzelt ist (vgl. Salerno 2007). Am besten bekannt und bis heute wirkungsmächtig ist dies in der Tradition des „Film Noir" zeitgeschichtlich nachzuvollziehen. Diese Zeitgenossenschaft hat nicht bedeutet, dass die Chicagoer Soziologen genauso pessimistisch und zynisch die Welt der Stadt gesehen haben wie die Hollywood-Filmemacher jener Jahre, aber sie hatten beide eine besondere Beziehung zu den marginalisierten Gruppen der Gesellschaft jener Zeit. Zugleich teilten beide Gruppen eine für damalige Verhältnisse erstaunliche Offenheit gegenüber den Themen Sex, Gender, Verbrechen oder gegenüber von den dominanten Normen abweichendem Verhalten. Auffallend ist auch, dass die Soziologen in Chicago eine gewisse Nähe in ihrem Schreibstil und der Thematisierung von Problemen hatten, wie sie auch die gängige Arbeiterliteratur aufwies (Cappetti 1993). Wer sich mit beiden „Genre", Stadtsoziologie und hard-boiled Fiktion, auseinandersetzt, wird erkennen müssen, dass Soziologen und Krimi-Autoren die gleichen Straßen gehen, die gleichen Probleme aufgreifen und Dinge zur Sprache bringen, die als unaussprechbar und als Tabu galten. Dies hat insbesondere William I. Thomas lernen müssen, der als erster Direktor der Chicagoer Soziologen mit seiner Forschung über das Schicksal von zumeist jungen Frauen, die unbegleitet und alleinstehend dem armen Landleben entflohen und in der wachsenden Metropole Chicago ihr Heil suchten, gegen Ende der Progressive Era in Verdacht kam, er treffe sich mit Prostituierten. Obwohl später formal rehabilitiert, hat das moralische Verdikt seine Karriere beendet. Sowohl Soziologie als auch Fiktion beruhen auf einem differenten, aber neuartigen Zugang zur Wirklichkeit, der die Anforderung an Authentizität durch möglichst realistische Schilderungen als erstrebenswert verfolgt. Es ist daher kein Zufall, dass Robert Park, der charismatische Leiter der Chicagoer Schule, der Thomas folgte, sich durch 19 Jahre Großstadt-Journalismus sein grundlegendes Verständnis von empirischer Sozialforschung angeeignet hat (vgl. Lindner 1990). Zweifelsohne ist der Schreibstil von Mike Davis in dieser Tradition zu sehen und basieren seine Arbeiten auch weitgehend auf der journalistischen Recherche anderer. Die Unterschiede zwischen gesellschaftswissenschaftlicher Forschung und journalistischer Recherche erscheinen heute pointierter, methodischer und systematischer beschreibbar als in den Jahren der Chicago School und der Noir-Kultur von Los Angeles. Dennoch lässt sich nicht leugnen, dass der Erfolg der Arbeiten Davis' wie auch viele Arbeiten von Park und seinen Schülern damals viel damit zu tun hat, dass sie ansprechend und leicht zugänglich, wenig theoretisierend und eben wie ein guter Zeitungsartikel intelligent und einleuchtend geschrieben sind. Es wäre allerdings falsch, dies lediglich als gute Schreibe oder als Ergebnis einer bewusst sich als „öffentliche Soziologie" (Bude 2008) gerierenden und repräsentierenden Kommunikationsstrategie zu interpretieren. Entscheidender dürfte sein, dass sowohl die Fiktion-Produzenten als auch die jungen Stadtsoziologen, die sich in Taxi Dance Halls herumtrieben, mit Obdachlosen und Hobos zusammenlebten und sich in das Gang-Milieu mischten, von ähnlichen gesellschaftlichen Erfahrungen geprägt wurden. Viele waren wie die Einwanderer, die sie untersuchten oder von denen sie schrieben, selbst neu in die Stadt gekommen und haben die Stadt mit sehr ähnlichen Augen gesehen wie die „Objekte" ihrer Untersuchungen und Romanfantasien. Niels Anderson ist hierfür der eindringlichste Kronzeuge, der wie sein Vater als Hobo lebte und nach Chicago ging, um etwas Ordentliches zu studieren – wozu seine Eltern damals ausdrücklich nicht Jura, sondern Soziologie zählten.

Die Romane von Chandler, Hammett oder Cain gehörten nie zum Kanon der großen amerikanischen Literatur und wurden auch in der akademischen Bewertung einfach nur als „hard boiled" und damit quasi als Groschenromane abgetan. Eine nähere Betrachtung dieser Noir-Literatur zeigt jedoch, dass sie eine besondere Affinität zur Großstadt hat und in vieler Hinsicht als Produkt und Zerrspiegel der städtischen Missstände zu sehen ist. „Using a simpler, maybe too simple metaphor, we might say that it is a dark mirror, reflecting the dark underside of American urban life", fasst Nicholas Christopher seine Betrachtung über den Zusammenhang von Noir-Romanen und Großstadtleben zusammen, „the subterranean city – from which much crime, high and low culture, raw sexual energy, and deviations, and other elemental, ambiguous forces that fuel the greater society often spring" (Christopher 1997, S. 36). Die Großstadt lieferte sozusagen für Soziologen und Schriftsteller das gleiche Reservoir an sozialen Erfahrungen, die auch beide interpretierten und dazu auch noch oft gleiche Methoden benutzten. Heute werden diese Methoden durch die Ausdifferenzierung der wissenschaftlichen Disziplinen und in Abgrenzung der verschiedenen gesellschaftlichen Subsysteme Kunst und Wissenschaft streng überwacht und je nachdem als Feldforschung, Ethnographie oder Journalismus kategorisiert. Eine solche Einteilung erscheint allerdings oft relativ und die Grenzen in der Forschungspraxis sind fließend. Kaum ein Stadt-Ethnologe kann für seine Feldforschung längere Förderungen erhalten als für zwei bis drei Jahre, wenn er sich denn überhaupt glücklich schätzen darf, dass irgendeine Einrichtung ihn für förderungswürdig einstuft. Journalisten hingegen kennen ihre Städte oftmals in- und auswendig, aber müssen sich dem Rahmen, Stil und Interessen der Zeitung anpassen, für die sie schreiben und können dementsprechend nicht systematisch und mit der Freiheit der Akademie schreiben. Feldforschungen, die weder im Rahmen von akademischen (Förder-)Programmen noch als Journalistik verwertbar sind, stellen zwar, wie Mike Davis in der Einleitung zur „City of Quartz" zeigt, eine Art bravuröse dritte Variante dar, sie können sich aber nicht den Implikaten der ethnographischen Feldforschung wie der Abhängigkeit vom Zugang zum Feld entziehen. Das Fehlen eines akademischen Rahmens bedeutet in diesem Sinne nicht nur eine Freiheit von den Anforderungen der disziplinären Überprüfung und der Aufnahme der Kollegenkritik, sondern es mangelt offensichtlich auch an Möglichkeiten der Methodendiskussion. Die Krise der Ethnographie (vgl. Clifford und Marcus 2010), in der die Repräsentation der Wirklichkeit durch Textlichkeit, weitergehende erkenntnistheoretische Fragen und Zweifel an der Wahrnehmungsfähigkeit des Forschers zentrale Themen sind, hat Davis einerseits davor verschont, sich zu selbstbezüglich auf seine eigenen Gedanken zu beziehen und stattdessen dem Leser unvermittelten Zugang zu den Themen der Stadt zu gewährleisten, andererseits haben die Thematisierung der Zweifel an der eigenen Methodik und der Erkenntnisreichweite der eigenen Wahrnehmung keinen systematischen Platz in seiner Arbeit.

Auf diese Weise gelingt es Davis nicht, dass er sich jenen Freiraum schafft, der ihn davor bewahren würde, seine Erkundungen auch von jenen Diskursen beeinflusst zu sehen, die man als Teil der Gesellschaft wie jeder andere auch en passant mitaufnimmt und für selbstverständlich hält. Diese Selbstverständlichkeiten bedeuten nicht unbedingt die Übernahme geschlossener Denksysteme oder Ideologien. Diese gelingt es Davis vortrefflich zu erkennen, vor allem auf Seiten der Booster. Vielmehr geht es um bestimmte Denkfiguren, die mit einem Set von Annahmen verbunden sind und als gesichert gelten. Dies wird besonders immer wieder beim Thema Kriminalität deutlich. Als Stadtsoziologe betont Davis seine Objektivität und schildert einzelne Schicksale aus einer sachlichen Detail-Schilderung, die als solche schon als Darstellung der gesellschaftlichen Verhältnisse dienen soll, die für das Unglück der Kriminellen ursächlich seien. Davis ist sich ganz offensichtlich nicht im Klaren darüber, dass er damit ein altes Sujet bedient, das bereits die Chicago School ausformuliert hat. Dies wird im Vergleich zwischen dem „Jack-Roller" von Clifford Shaw aus den frühen zwanziger Jahren und der Beschreibung des 17-jährigen Damian Monroe Williams aus „City of Quartz" (s. o.) anschaulich. Shaw war ein Landjunge, der in seiner frühen Jugend nach Chicago kam, wo er sich schnell in unterschiedlichen Jugend-Projekten engagierte und gleichzeitig ab 1924 an der Chicago School promovierte, Seminare über Jugendkriminalität gab und für das Jugendgericht des Cook County arbeitete. Mit dem Buch „Deliquent Boy" gab Shaw einem straffälligen Jugendlichen die Gelegenheit, seine eigene Lebensgeschichte darzustellen. Shaw hatte über 400 Lebensgeschichten von jungen Kriminellen ermittelt und die Geschichte von Stanley alias Michael Mayer für sein Vorhaben ausgewählt (Tanenhaus 2004). Stanley schildert sein Leben als Konsequenz von „sorrow and misery" und gibt Erklärungen für sein Schicksal. Mit dem „Jack-Roller" (dt. Kleinkrimineller) wird sehr verständlich, warum der Jugendliche sich selbst-destruktiv verhält, gegen seine eigentlichen Interessen handelt und die angebotene Hilfe nicht annehmen kann, warum er seine Chancen im Leben ver-

4 Die Ökologie der Angst

passt, immer wieder. Doch Norman Denzin (1995) betrachtet diese Schilderungen als einfach zu logisch, zu konsequent und teilweise zu gut argumentiert. Er hält ihn für eine Konstruktion der Sozialwissenschaften, nicht für einen Menschen aus Fleisch und Blut. Das heißt nicht, dass Shaw die Lebensgeschichte selbst erfunden hat. Vielmehr müssen wir sie als Ergebnisse der kommunikativen Interaktion zwischen dem Forschenden und dem Befragten, als Spiel von Erwartungen, verstehen, dem nach Denzin nur dann Bedeutung geschenkt werden kann, wenn auch die Personen mit ihren Erfahrungen eingebracht werden, die in der Lebensgeschichte aufgegriffen werden. Der „Jack-Roller" romantisiere auf diese Weise den Kriminellen und Denzin weist auf die Parallele in Filmen wie „Hell's Kitchen" oder „Dead End" mit einem ähnlichen Blick auf junge Kriminelle hin. Nach seinem Erscheinen in Shaws Buch verlief das Leben von Stanley wenig harmonisch, und er gestand permanente Schwierigkeiten mit dem Gesetz in einem späteren Interview ein, wobei der Fingerzeig immer Richtung andere geht (Snodgrass 1982).

Für Davis wie für eine breitere liberale Öffentlichkeit galt der Fall von Damian Williams als Beweis par excellence für eine vorurteilsgeladene Justiz. Williams wurde zusammen mit drei anderen Afro-Amerikanern der Angriff auf einen weißen Lastwagenfahrer vorgeworfen. Mit Bildern aus einem privaten Hubschrauber wurde seine Tatbeteiligung nachgewiesen. Er war aber keineswegs ein unbeschriebenes Blatt, wie die von Davis zitierte Mutter behauptet, sondern r schon wegen anderer Vergehen polizeilich aufgefallen und als Mitglied der Crisp-Gang bekannt (Time, 10. Oktober 2008). Vor Gericht wurde Williams als Opfer von Armut und Rassismus von den Anwälten dargestellt. Diese Sichtweise hat Davis übernommen, und das hat scheinbar wohl auch die Richter beeindruckt. Trotz der 91 Verletzungen, die die vier Gewaltverbrecher an dem unschuldig in die Riots geratenen Truck-Fahrer ausübten und die ihn so fast getötet hätten, wurde Williams nur zu zehn Jahren Haft verurteilt und wurde nicht des versuchten Mordes angeklagt. Nach bereits vier Jahren wurde er wegen guter Führung entlassen. Dass Williams dies nicht als Chance nutzen konnte, lässt ihn als Wiedergänger von Stanley erscheinen, jedoch in einer weitaus düsteren Weise. Im Jahr 2000 ermordete Williams ein Gang-Mitglied und wurde diesmal wegen Mordes zu 47 Jahren Haft verurteilt (a. a. O.).

Das Ende der Stadt 5

Mit „Dead cities and other tales" erscheint Davis' drittes Buch, das sich wiederum vorwiegend mit Los Angeles beschäftigt und sich als eine Fortsetzung von „City of Quartz" und „Ökologie der Angst" lesen lässt. Im Schatten der 9/11-Anschläge auf New York wird das Vorhaben mit einem Kapitel über die „Flammen von New York" eingeleitet. Das Grundthema dieser Einleitung ist die These von der Globalisierung der Furcht. Dieser wird er auch in seinen späteren Büchern über die Vogelgrippe und die Geschichte der Autobombe noch weiter nachgehen. In „Dead cities" arbeitet Davis seine These in vier Teilen aus, die als eine Aneinanderreihung einzelner Kapitel ein Gesamtbild ergeben sollen. 14 der 19 Kapitel sind vorab publiziert worden, einschließlich der Einleitung. Obwohl auch Berlin und Las Vegas thematisiert werden, liegt der Schwerpunkt wiederum bei Los Angeles, das in zehn Kapiteln behandelt wird. Im letzten Teil des Buches erscheint in drei aufschlussreichen Kapiteln unter der Überschrift „Extreme Science" eine Diskussion von wissenschaftlich-theoretischen Ansätzen, die als abschließender Erklärungsteil des Buches verstanden werden kann.

Einstieg und Ausgangspunkt ist erneut die literarische Fantasie, in der New York bereits lange zuvor antizipativ zerstört wurde, bevor die Terroristen des 11. September 2001 auch nur geboren wurden. Diesmal ist es H.G. Wells' „War in the Air", das Davis anführt und in dem eine düstere Welt gezeichnet wird, in der Amerika von Unternehmen und Monopolen regiert wird. Es folgt – ebenfalls aus den dreißiger Jahren – der Verweis auf das Gedicht „Tanz der Toten" von Frederico Garcia Lorca und das Bild von Orozco „Los Muertos", womit sich deutlich abzeichnet, dass es in jenen Jahren der Weltwirtschaftskrise und des New Yorker Bankencrashs für Davis eine Gefühl des Untergangs gab, dass diese Intellektuellen nicht nur fühlten, sondern auch wohl für viele Beobachter in eindrucksvoller Weise jeweils in ihrem Medium als eine allgemeine Furcht zum Ausdruck brachten. Für Davis sind diese Kunstwerke allerdings nicht lediglich geschichtliche Artefakte, die aus ihrem Kontext und nach den Vorgaben der Medien und der Kunstrichtung zu interpretieren wären, vielmehr werden sie als „Masken des Fantastischen" verhandelt, die Ausdruck einer „Gipsy intuition, perhaps, of the deadly black cloud engulfed Wall Street last September" (3). Die Fatwa aus den Höhlen Afghanistans hat uns – eine Haltestelle nach dem Ende der Geschichte – seine Monster geschickt. Davis fährt also großes metaphorisches Geschütz auf, um in dem Stimmenwirrwarr der Erklärungen und Interpretationen nach 9/11 seine eigene Sichtweise auszuführen. „9/11 has been societal exorcism in reverse" (4). Es folgt unter der Unterschrift „Fear Studies" eine Aufzählung von den meist schrecklichen realen und fiktionalen Bildern der Welt, aus der post-liberalen Kultur Amerikas. Ist die Geschichte nur zu einer Montage der vorfabrizierten Horror-Szenarien Hollywoods geworden? Mit Bezug auf Freud und die israelische Psychoanalytikerin Yolanda Gampel verwirft er aber die meist logische Antwort auf diese suggestive Frage, nämlich dass es sich hierbei lediglich um gute alte Hysterie handelt. Für Davis ist durch die erlebte Erfahrung nun eine permanente Vorhersage glaubhaft geworden, wonach aus jedem städtischen Raum ein Ground Zero werden könnte. Mehr als Psychoanalyse sind ihm Ernst Bloch und der Expressionismus als Zeugen dafür willkommen, dass die Großstadt etwas Unheimliches berge, weil die Stadt von der Natur entfremdet sei und die mechanisierte Welt der Stadt einen gefährlichen Nihilismus produziere. Obwohl Bloch seine Auffassung über das Leben in der Stadt aufgrund seiner auch biographischen Erfahrungen als Kind der Arbeiterstadt Ludwigshafen mit Bezug auf das Wesen der Industriestadt und als Kritik an J.J. Grandvilles Buch „Another World" schrieb, meint Davis dies umstandslos auch auf die heutigen Metropolen übertragen zu können. Zu Blochs Befürchtung eines terrorhaften Alptraums, der sich als „schwarze Utopie" seinem „Prinzip Hoffnung" in diesen industrialisierten Städten gegenüberstellen könnte, findet Davis: „He might have been thinking of New York" (9), um dann mit Dos Passos Parallelen zwischen dem Berlin Blochs und Manhattan anzudeuten und anschließend wieder den Zeitsprung in die Gegenwart zu vollziehen und bei der Politik von George Bush und dessen Krieg gegen den Terror anzukommen. Davis schildert dann den Zusammenhang von der Ökonomie der Angst mit dem militärischen Eingreifen in Afghanistan und den paranoiden Folgen des PATRIOT Act für die Verfolgung und Verdächtigung von allen muslimischen Amerikanern „next door". Davis bringt dies alles auf einen Nenner: „The globalization of fear becomes a self-fulfilling prophecy" (18) und geißelt die Renaissance des damit einhergehenden Imperialismus.

Das Wechseln zwischen fiktiver Vergangenheit, in der schon Zerstörungen von Städten in böser Vorahnung vorweg genommen wurden, und der Kritik an der desaströsen Politik der Gegenwart betreibt Davis in den „Flammen von New York" als eine Art Motto für das gesamte Buch „Dead cities", das im Gegensatz zu den

5 Das Ende der Stadt

meisten anderen Büchern nicht ins Deutsche übersetzt wurde. Jedoch wird nun dieser Zeiten- und Genresprung nicht mehr als eine komprimierte Argumentation auf wenigen Seiten durchexerziert, sondern mit einem längeren Atem auf die folgenden Teile ausgedehnt. Die Gesamtkonstruktion des Buches ist so angelegt, dass man eine geschichtlich begründete Narration als intendiert vermuten kann. Damit ist gemeint, dass eine Bewegung aus der am weitesten zurückliegenden Vergangenheit (Teil 1), zur Geschichte Los Angeles im 20. Jahrhundert (Teil 2), den Riots in den neunziger Jahren (Teil 3) und ein Blick in die Zukunft (Teil 4) nachvollziehbar wird, wenngleich alle Kapitel als eigenständige Bearbeitungen von abgegrenzten Themen geschrieben (und publiziert) wurden. Mit Charles Mooney schildert Davis das Leben eines irischen Missionars, der sich um die Dokumentation der Indianerkultur in den 1890er Jahren bemühte, als diese bereits im unaufhaltsamen Niedergang begriffen war. Mike Davis berichtet von seiner Suche nach dem Grab Mooneys und stellt dessen Sichtweise auf die friedfertige Philosophie der Indianer in dessen Buch „Ghost Dance" dar. Mit Aktivisten der Paiute und Shoshonen, die sich gegen die Nukleartestanlagen in den Wüsten von Nevada einsetzen, diskutiert er das berühmte Treffen von Mooney mit Wovoka, dem Indianerführer, der noch in den 1890er Jahren von der Vereinigung der Indianerstämme träumte, als der Niedergang der indianischen Kultur schon nicht mehr aufzuhalten war. Über Wovoka werden wir aus der Sicht von Mooney gut informiert und erfahren in „Ghost Dance" viel über ein indianisches Verständnis vom Chaos, das wenig mit der kapitalistischen Boom-and-Bust-Ökonomie zu tun habe, so Davis, sondern vor allem als ein ontologischer Zustand zu verstehen sei. Allerdings ist Wovoka wiederum ein Prophet des Untergangs und dies mag angesichts der desaströsen Situation der Indianer auch nicht verwundern. Als Apokalypse will Davis dies allerdings nicht gelten lassen, denn das Wort sei abgenutzt, billig und aus dem Zusammenhang der Abrahamschen Religionen gerissen. Vielmehr will Davis die Prophetie Wovokas – „Weiße Menschen sind nur ein schlechter Traum" – als eine intellektuelle Übung verstehen, mit der eine geheime Geschichte des verschütteten Möglichen – „the alternate, despised history of the subaltern classes, the defeated peoples, the extinct cultures" (31) – aufzeigbar wird. Damit lässt sich die Geschichte der Eroberung des Wilden Westens in einem anderen Licht darstellen und zugleich ergibt sich daraus für die Zukunft eine Sichtweise, in der die ausbeuterische Vision eines allesumfassenden Lebensstils aus „sprawl, garbage, addiction, violence, and simulation" (a. a. O.) in seiner dramatischen Veränderung der Landschaft entlarvt wird. Das Alltagsleben wird überall von seiner Ursprünglichkeit entrückt, „stripped down to its ultimate paranoia: the West becomes Los Angeles." (a. a. O.) Erst wenn dies geschieht, wenn sich der Geistertanz in voller Destruktion ausgewirkt haben wird, dann wird paradoxerweise die Möglichkeit für „renewal and restoration" sichtbar, wenn der Westen in einer einzigartigen Katastrophe in einem schwarzen Loch verschwinde, dann werden wieder Bäche voller Lachse und Steppen schwarz von Bisons erscheinen.

Davis setzt seine Reise durch Utah und Nevada fort und führt den Leser in die öde Landschaft der Nukleartests des Kalten Krieges. Er schildert eindrucksvoll die Zerstörung der Landschaft, die erhöhten Krebsraten bei Anwohnern der „national sacrificed area". Zugleich berichtet er von der Situation der „atomic GIs" und den Aktivitäten der Friedensbewegung. Der Artikel ist im Jahr 1991 geschrieben und sechs Jahre später aktualisiert worden und noch einmal im Jahr 2002. Er führt so nahtlos vom Kalten Krieg zum „Gulf War Syndrome". Deutschen Lesern werden die Schilderungen aus den Atombombentest-Gebieten wahrscheinlich nicht unbekannt sein. In seinem zeitgleich aber nicht auf Englisch erschienen Buch „Heller als tausend Sonnen" (1991) erzählt Robert Jungk noch eindringlicher als Davis und mit mehr Einfühlungsvermögen über die Situation der Opfer dieser Gebiete, der Wissenschaftler und Soldaten. Im Gegensatz zu Davis setzen sich bei Jungk diese Beobachtung in eine anspruchsvolle Analyse des „Atomstaats" (1991) um, in der die Zusammenhänge zwischen Wissenschaft, Politik, Großtechnologien und Macht als ein besonderes Konglomerat aufgezeigt werden, die aber eben nicht als unveränderbar zu gelten haben. Statt auf die Wiedergeburt der naturverbundenen Menschheit nach dem großen Knall zu warten, hat sich Jungk deshalb Zeit seines Lebens mit „Zukunftswerkstätten" und vielen anderen Mitteln für die Gestaltung der Zukunft eingesetzt (vgl. Thomas, 1995).

Die nächste Station Davis' durch den Neon-Westen der USA ist eine Atrappensiedlung namens „German Village", die für die amerikanische Luftwaffe als Übungsort gedient hat und die für die Vorbereitung des Bombardements auf deutsche Städte genutzt wurde. Von dort folgt eine Argumentationslinie zu den Bombenangriffen der Alliierten auf die deutschen Städte und dann auch zu den konsequenten „antiklimax"-Atombombenabwürfen auf Hiroshima und Nagasaki. In der Tat erwartet man bei einem Buch zum Thema „Dead cities" irgendwie eine Behandlung ebenjener Städte, die einem vermutlich als erstes in den Sinn kommen, wenn man an tote Städte denkt. Das Kapitel fällt in dieser Hinsicht kurz und einseitig aus. Zwar wird erwähnt, dass die Engländer durch den „Blitz", also die Luft- und Raketenangriffe der Deutschen auf London, Coventry oder Plymouth motiviert worden sind, doch Rotterdam, Warschau, Belgrad und viele weitere Städte, die durch die Deutschen zuerst zerstört wurden und die für die Alliierten nicht unwichtige Gründe waren, auch die deutsche Zivilbevölkerung nicht zu schonen, sind Davis keine Zeile wert. Mit Verwunderung zitiert er hingegen den Historiker Thomas Searle, der „trocken" angemerkt habe, dass angesichts des Todes von vielleicht einer Million Japanern – wie die New York Times befürchtete – „few Americans

5 Das Ende der Stadt

complained" (80). Davis geht es hier wohl nur darum, die „Good War's darkest side" bloßzustellen, nicht allerdings dem Leser tatsächlich viel über diese Städte zu vermitteln.

Bevor Davis im fünften Kapitel einen Ausflug nach Hawaii unternimmt, um von Tsunamis, ihren Opfern und einem dafür eingerichteten Museum zu erzählen, wendet er sich zur Kapitale der Illusion und des Spiels, des Glitters und der Wasserknappheit: nach Las Vegas. In „Dead cities" greift er die Stadt, die die „biggest nonnuclear explosion in Nevada's history" (85) darstelle, als Beispiel und Fortsetzung seines Überthemas aus „Ökologie der Angst" auf, nämlich Stadt versus Natur. In der Tat weiß Davis hier eine Perspektive aufzuzeigen, die in Las Vegas kaum zu übersehen ist, und die Künstlichkeit der Stadt und ihre Ressourcenvergeudung bieten anschauliches Material für Davis' Argumentation, denn diese Spieler-Stadt hat nie irgendeine Form des Wasserschutzes oder einer Umweltpolitik betrieben („unlike Los Angeles", wie Davis einräumt (93)). Interessanterweise endet dieses Kapitel mit einer positiven Würdigung der Architekten des „New Urbanism", denen er einen Kampf für die Anerkennung der ökologischen Problematik zuschreibt. Hierbei werden Peter Calthorpe, Andrew Duany und der Sierra Club namentlich genannt. Davis lobt an ihnen, dass sie die Stadt als Problem regionaler Planung verstehen und soziale Gleichheit und Umweltschutz zusammendenken:

> They have sketched, with admirable clarity, a regional planning model that cogently links issues of social equity (economically diverse residential areas, recreational equality, greater housing affordability through elimination of the need for second cars, and a preferential pedestrian landscape for children and seniors) with high-priority environmental concerns (102).

Das Lob Davis' erhalten die Architekten für ihre Vorschläge für Recycling-Konzepte, den Feuchtgebiete-Schutz, Grüngürtel und Wild-Korridore, mit denen ein mächtiges Programm für die Integration ansonsten disparater sozialer Gruppen (Innenstadt-Bewohner, Senioren, Kinder-Anwälte, Umweltschützer), die alle durch die Suburbanisierung und die Vorherrschaft der Auto-Stadt benachteiligt werden, ausgearbeitet worden sei. Davis verweist darauf, dass der „New Urbanism" schon bescheidene Erfolge im Norden und Nordwesten der USA vorzuweisen habe. Dies aber treffe auf den Süden, mit Ausnahme von Tucson, bislang nicht zu. Hier fehle eine Mehrheit in der Wählerschaft, die eine solche Umweltschutz-Politik unterstütze und dominiere die Bauindustrie mit ihrer Wasser- und Energieverschwendung. Las Vegas, das wie keine andere Stadt unter dieser Verschwendung leide und existentiell bedroht ist, stellt sich ambivalent dar und würde ein solches Siedlungsmodell dringend brauchen. Das Siedlungskonzept „New Urbanism" (vgl. differenzierter Beauregard, 2002) ist für Davis ein Anfangspunkt, kein Allheilmittel. Seiner Meinung nach müsste man sich in Las Vegas über andere internationale Erfahrungen zum Leben in der Wüste informieren und die Abhängigkeit von einer regionalen Ökonomie, die aus der Stadt einen „Themenpark" (vgl. Sorkin, 1992) gemacht habe, in Frage stellen. Hierfür bedarf es der Mitstreiter, die Davis vor allem in den Gewerkschaften bzw. in deren progressivsten Teil, den Las Vegas Culinary Workers, sieht. Zwischen Gewerkschaften und Umwelt-Aktivisten herrscht heute allerdings großes gegenseitiges Misstrauen. Einen alternativen Urbanismus, nachhaltig und demokratisch, das sei die Herkules-Aufgabe dieser Tage, aber, so warnt Davis abschließend, „this may be the last generation even given the opportunit" (103).

Las Vegas bleibt für Davis eine paradigmatische Stadt und mit dem dort ansässigen Umwelthistoriker Hal Rothman publizierte er im gleichen Jahr wie „Dead cities" das Buch „The Grit beneath the Glitter. Tales form the real Las Vegas". In 21 Kapiteln werden unterschiedliche Aspekte der Stadtgesellschaft von unterschiedlichen Autoren beleuchtet. In ihrer Einleitung zu diesem Sammelband stellen Davis und Rothman die leitende Frage: „Is Las Vegas an odity, unique or a model?" (9). Einst galt Las Vegas als paradigmatisch für einen neuen Architekturdiskurs und damit implizit für ein neues Stadtverständnis. Dies ist in Kürze die Quintessenz des Architektur-Klassiker „Learning from Las Vegas" von Robert Venturi, Denise Scott Brown und Steven Izenour aus dem Jahr 1972. Venturi et al. argumentieren anhand der Architektur der Spielstätten-Gebäude dafür, dass sich die Prädominanz der Funktion als das klassische Paradigma der modernen Architektur („form follows function") nicht mehr aufrecht erhalten werden könne, und stattdessen eine Art Spiel mit den Bedeutungen eingesetzt habe, das es nicht mehr erlaube, die Semiotik von Architektur auf eine bestimmte Form des Gebauten zurückzuführen. Für viele Theoretiker war „Learning from Las Vegas" der Startpunkt einer weitergehenden Diskussion über das Wesen der Architektur, die sich quasi von lokalen Kontexten und semiotischer Formfestlegung befreien konnte und somit unterschiedlichste Stile kombinieren und an beliebige Orte reproduziert werden kann. Mithin galt Las Vegas als das Paradebeispiel für eine postmoderne Architektur, auch wenn dies bei Venturi weder in dieser theoretischen Weite so angelegt ist, noch die möglichen politischen Implikationen, die spätere Diskussionen über die Postmoderne zum Thema hatten, dort ausformuliert sind. Letzteres ist insbesondere wichtig zu erwähnen, weil Davis sich bekanntlich immer wieder als vehementer Kritiker des Terminus Postmoderne geäußert hat. Doch „The Grit" geht nicht auf diese Debatte ein, und „Learning from Las Vegas" wird nur einmal erwähnt, als die Filmemacherin Amie Williams in einem „Film Journal" versucht, den weiblichen Blick auf die Stadt zu beschreiben, und dabei anmerkt, dass Venturi betont habe, man könne viel von Las Vegas lernen.

5 Das Ende der Stadt

Wahrscheinlich ist dies schon auch der Ausgangspunkt für das weitergehende Interesse Davis' an dieser Stadt und obwohl er die postmoderne Lesart von Las Vegas nicht aufgreift, kann der Band als eine eindrucksvolle Antwort auf eine Architekturdebatte gelten, die sich mit dem Fokus auf Form, Symbolik und Ästhetik nicht mehr um den Kontext konkreter/realer Architektur bemühen möchte, sondern meint, man könne den Strip von Las Vegas zum allgemeinen Prinzip von Architektur deklarieren. Rothman und Davis zeigen, dass dies eben nicht geht. Mit ihrem Autorenteam gelingt es den Herausgebern insgesamt, die vielen Gesichter der Stadt zu zeigen und dabei tatsächlich nicht nur im übertragenen Sinne eine Stadt der Menschen darzustellen. Dies hat vor allem mit dem dritten Teil des Bandes zu tun, in denen Bewohner von Las Vegas direkt zu Wort kommen. In den anderen Beiträgen werden zudem Aspekte beleuchtet, die in der postmodernen Kontext-Verleugnung und Oberflächen-Perspektive auf die Stadt, in der Fassaden-Interpretationen im Vordergrund stehen, verloren gehen. Hingegen gar nicht erwähnt wird „Las Vegas: The Social Production of an All-American City", das von Mark Gottdiener, ebenfalls ein linker Kritiker der L.A. School, Claudia C. Collins und David R. Dickens drei Jahre zuvor geschrieben wurde. Collins und Dickens sind Medienspezialisten und kommen aus Las Vegas, während Gottdiener wegen seiner eigenen „New Urban Sociology" bekannt ist, die mit der oben diskutierten nicht die problematisierte Raumlosigkeit teilen will, sondern stattdessen Lefebvre (s. o.) in der Weise interpretiert, dass Städte mit einem „socio-spatial approach" zu analysieren sind, wonach es nicht eine einzige Koalition von dominierenden Wirtschaftsinteressen und Politik gibt, sondern Städte durch die oftmals im Wettstreit befindlichen unterschiedlichen Netzwerke gestaltet werden. Ohne die Vorherrschaft der Business-Interessen in Frage zu stellen, ist Gottdiener der Meinung, dass

> understanding the growth of cities requires an appreciation for the dynamics of the real-estate market, competing economic interests within each locality, the role of local government and of community groups, and the relation of the local area to the larger political economy of the nation and the globe (1999, 8).

In diesem Buch wird dementsprechend die Entwicklung der Stadt als ein Prozess der Mehrebenenanalyse vorgenommen, wie sie im deutschen politikwissenschaftlichen Verständnis eventuell mit betreffenden Governance-Diskussionen (vgl. Benz, 2004) vergleichbar wäre. Auch bei diesen Autoren geht es um Themen wie soziale Ungleichheiten und um die Problematisierung des Städtewachstums. Durch die Ausdifferenzierung der Mehrebenen wird es hier allerdings auch möglich, eine differenziertere Entstehungsgeschichte und Würdigung der verschiedenen konkurrierenden Eliten und Netzwerke zu diskutieren. Las Vegas ist deshalb eine

„normale" Wachstumsregion, eine „all American Metropolis". In der Conclusio bedeutet dies auch eine von den Autoren angemahnte Sorge für die verbesserte Lebensbedingungen insbesondere in den armen Stadtteilen und eine Verbesserung der regionalen Zusammenarbeit und Planung, die insgesamt aber nur durch eine veränderte politische Kultur herzustellen seien. Hier dürfte der Hauptwiderspruch zu Davis' Sichtweise auf Las Vegas liegen. Sein Buch ruft zum Kampf auf, einen Ansatzpunkt für eine veränderte bzw. reformierte politische Kultur kann es für ihn nur über die Selbstorganisation der Arbeiter – diese kommen wiederum bei Gottdiener nicht zu Wort – und durch Klassenkampf geben. Davis zitiert in seinem Buchbeitrag, überschrieben als „Class Struggle in Oz", einen lokalen Gewerkschafter mit den Worten: „It will be a very long, nasty campaign that could easily become the catalyst to a gigantic strike in this town" (184). Gottdiener wiederum scheint mehr an die Einsichtigkeit der lokalen politischen Eliten zu glauben, der er empfiehlt zuzuhören, und für ihn sind es die unterschiedlichen Gemeinschaften und Nachbarschaften („communities") in der Stadt, ihre Bürger, schlichtweg: das Volk, das die Stadt errichten und gestalten muss, in der es leben will. In gleicher Weise wird die Frage nach der ethnischen Integration von Davis anders angegangen. Hier nennt er die Dinge drastisch beim Namen und findet den Rassismus der Polizei in Las Vegas noch schlimmer als den im Fall von Rodney King für Los Angeles dokumentierten Exzess, weil hier – wiederum an einem emblematischen Mord an einem Schwarzen in dessen eigenen Haus – Afro-Amerikaner nicht einmal in ihren eigenen vier Wänden sicher seien. Davis beendet seine Darstellung über den „rassischen Kessel" von Las Vegas wiederum mit einer Unheilsverkündung aus dem Mund eines Schwarzen: „We built Las Vegas for them, and without equality, we will tear this motherfucker city down." (267). Gottdiener im Vergleich berichtet zwar auch über Polizeifehler, etwa bei den Unruhen 1992, jedoch stellt er zugleich fest, dass trotzdem es prozentual weniger Afro-Amerikaner in der wachsenden Bevölkerung gibt, diese Gruppe wie keine andere an der lokalen Politik beteiligt ist (a. a. O., 104) und dass nach den Riots im Westen der Stadt, massive finanzielle Unterstützung von allen politischen Ebenen für den Aufbau eines Supermarkts, einer öffentlichen Bibliothek, dem Andre Agassi Boys and Girls Club und eines Krankenhaus geleistet worden ist, um Las Vegas West wieder auf die Beine zu helfen. Gottdiener berichtet auch über die wachsende Zahl von Asiaten und Latinos, die in „The Grit" wiederum nicht auftauchen.

Nimmt man die beiden Bücher zusammen, dann ergibt sich ein vielschichtiges Bild von Las Vegas, und wird es erkenntlich, worin die Stärken von Davis' Ansatz liegen: Die Publikation als solche soll schon Teil des Kampfes für diejenigen Gruppen sein, die Mike Davis als ungehört und unsichtbar betrachtet. Er möchte sozusagen nicht erst einmal argumentieren, wie Gottdiener, warum sie gehört

5 Das Ende der Stadt

werden sollen. Das „Voicing" (vgl. Williams, 2000), als direktes und nicht wissenschaftlich kontrolliertes Zu-Wort-Kommen von Betroffenen, soll praktiziert und nicht propagiert werden. Dies ist durchaus ein Erbe von Chicago. Wer Klassiker der Chicago School liest, wird dort ebenfalls teilweise seitenlange unkommentierte Wiedergaben von Briefen finden, etwa in Zorbaughs Buch „The Gold Coast and the Slum" (1948) über die Verhältnisse aus der italienischen Einwandererwelt zu Füßen der Reichensiedlung des Chicagoer Nordens. Die Authentizität der Darstellungen aus der Sicht einzelner Personen scheint somit gegeben zu sein. Es kann aber hinterfragt werden, ob eine solche Authentizität auch eine Repräsentativität bedeutet. Das oben zitierte Beispiel der Filmemacherin „aus der Sicht einer Frau" macht diese Problematik in mehrfacher Hinsicht deutlich. Auch wenn die Autorin im Text bestimmte Aspekte als besonders für Frauen wichtig thematisiert, so verbleibt doch die grundlegende Frage, welche Bedeutung denn hier nun der Gender-Unterschied macht. Zwischen der Sicht „einer Frau" und „der Frau" wird auch nicht bewusst unterschieden, d. h. die Auswahl der Perspektive wird durch die Zugehörigkeit einer nicht begründeten sozialen Gruppe legitimiert. Weitergehend müsste man dann eigentlich die anderen Beiträge danach befragen, ob denn diese irgendwie aus der besonderen Sicht von Männern geschrieben worden sind. Wenn diese „Stimmen" als Experten für einen bestimmten Lebenszusammenhang gelten sollen, dann fehlt hierzu oftmals nicht nur die Reflexion über deren Qualität als „Experten" in diesen authentischen Statements, sie fehlt auch oftmals in den Zitaten von Mike Davis' Texten, hier beispielsweise bei der Auswahl des schwarzen Gesprächspartners, den er nur mit Initialen einführt. Dies scheint durchaus gewollt zu sein, denn es schafft das Gefühl eines „es herrscht" unter den Afro-Amerikanern, eines „Du kannst sozusagen jede(n) Beliebige(n) fragen".

Wenn man diese Einwände aufführt, heißt dies nicht zwangsläufig, dass eine solche Publikation dadurch an Wert verliert. Während Gottdieners Buch wesentlich stärker als ein klassisches akademisches Produkt anzusehen ist und dennoch vermutlich in seiner Aufmachung durchaus ein interessiertes Publikum auch außerhalb der Uni-Wände finden kann, so geht es Davis eindeutig nicht um einen Beitrag zum intellektuellen Diskurs über die Stadt unter Berücksichtigung des bisher Gesagten, quasi als allgemeinen stadtsoziologischen Erkenntnisfortschritt. Im Gegenteil, die von Davis herausgegebenen Bücher haben mit seinem speziellen Publikationsansatz einen besonderen Reiz und liefern eine Multiperspektivität, die sowohl in anderen Büchern aus dem Bereich der Urban Studies teilweise fehlt, als auch in den Monographien Davis' – vielleicht mit Ausnahme von „City of Quartz" – kaum erreicht wird. Dies wird auch an „Under the Perfect Sun. The San Diego Tourists Never See" deutlich, das er im Jahr 2003 mit der Philosophie-Professorin Kelly Mayhew und dem Englisch-Professor Jim Miller, beide am San Diego City College tätig, verfasst hat. Wie bei „The Grit" enthält das San Diego-Buch eine Reihe von Selbst-Darstellungen, die von Kelly Mayhew mit der Intention der Inklusion von „anderen" Stimmen gesammelt wurden. Die Schilderungen lassen die Stadt und ihre Menschen lebendig werden und geben San Diego ein vielschichtiges Bild, zu dem auch Surfer, Lehrer und Institutsdirektoren gehören. Damit wird zwar die Idee, die Subalternen hervorgehoben zu Wort kommen zu lassen, nur teilweise eingelöst, zugleich wirkt das San Diego-Buch damit aber wesentlich realitätsnäher. Gleiches kann über die drei Photo-Essays gesagt werden, die die längeren Kapitel der drei Autoren nicht lediglich illustrieren, sondern den Leser visuell in die Aussagen der Texte einführen. Schon „City of Quartz" hatte eindringliche Photographien und die „Ökologie der Angst" ist reichlich bebildert, wobei die Aufnahmen der Riots aus dem Weltall heraus sicherlich zu jenen gehören, die man nicht vergisst und in ihrer Aussage für kaum hinterfragbar empfindet. Die meisten Aufnahmen stammen von Davis selbst, jedoch werden sie im Kontext nicht weiter thematisiert und kontextualisiert. Sie sind aber nicht nur illustrativ gemeint, sondern schulen den Leser und Betrachter auf eine eigene Weise, wie dies nicht durch eine bloße Bildbeschreibung, die Davis ja auch praktiziert, erreicht wird. Wahrscheinlich ohne es zu ahnen, greift Davis damit wiederum eine Tradition der Chicago School auf, die in Zeiten der bilderlosen Soziologie als verschüttet und verpönt gelten darf (Eckardt, 2008). Insbesondere die Stadtsoziologie vergibt sich damit im Zeitalter der digitalen Bilderflut und des intellektuellen „Pictural Turn" (vgl. Higgott, 2012, Tormey, 2012) eine vielfältige Erkenntnismethodik und eine Kommunikationsmöglichkeit.

Um das Bild von der Stadt geht es Davis bereits in seinen Analysen der Vernichtungsfantasien über Los Angeles in der „Ökologie der Angst". In „Dead Cities" reflektiert Davis die Bildhaftigkeit von Los Angeles in einem weiteren Kontext und führt nach dem ersten Teil, seinem Ausflug in den Neon-Westen und Las Vegas, damit den zweiten Buchteil über die „Holy Ghosts" ein. Dabei schildert Davis zunächst, wie mit einem „Light of the World"-Projekt der spirituelle Durst der fünf Millionen Latinos in Los Angeles aufgegriffen wird und mit dem die Mitglieder dieser Kirche für den Endkampf eingeschworen werden. Davis thematisiert damit jenes Phänomen, wonach sich weltweit überall dort, wo Armut und Ungleichheit herrschen, Menschen sich ausgerechnet solchen spirituellen Bewegungen anschließen. Unmittelbar darauf folgen die Ausführungen Davis' zur Hollywood-Filmindustrie, ihrer Tradition der Verfilmung von Los Angeles, wobei die Repräsentation von Bunker Hill seine besondere Aufmerksamkeit findet, und er hier – wie in der Lesart der eschatologischen Christen im Kapitel davor – davon ausgeht, dass es immer eine Rückkehr der Sujets gibt, und das heimliche Thema, so deutet es sich an, könnte mit Walter Benjamin die Vielschichtigkeit der Stadt sein, in der sich das Vergangene immer wieder schockartig und in Träumen seinen Platz zurückerobert. Zumindest klingt dies an, wenn Davis von der „return of the repressed" (140) redet. Bunker Hill, das traditionell Los Angeles in Richtung Westen von der Innenstadt abschließt und von daher schon immer als Entwicklungsbereich für das Stadtzentrum diskutiert wurde, bietet sich tatsächlich hervorragend für eine solche Diskussion an, da der Ort in der neusten Stadtarchitektur von Los Angeles eine herausragende Rolle spielt. Davis berichtet detailliert über die verschiedenen Pläne und Interessen für die Wiedernutzung von Bunker Hill als einem Central Business District. Man könnte sagen, dass Davis an dieser Stelle sehr wohl zwischen unterschiedlichen Eliten und Interessengruppen zu unterscheiden weiß, wie es bei den eher monolithischen Sichtweisen auf die lokale Politik an anderen Orten – siehe Las Vegas oben – eher nicht geschieht. Er ist sich dabei aber nicht sicher, wie dies zu interpretieren ist und schwankt zwischen zwei extremen Auffassungen: Perestroika oder Endspiel? (171 ff.). Dabei äußert er sich hoffnungsvoll, dass die verfehlten Planungen vielleicht bald dem Wähler zu viel werden könnten. In einem Postskript vier Jahre später überwiegt dann jedoch die kritische Sichtweise, indem er auf den neusten Masterplan für Bunker Hill eingeht, der eine massive finanzielle Unterstützung der Booster durch die Stadt – „taking money out of the mouths of poor people" (176) – vorsieht. Was, fragt Mike Davis, ist daran nun wirklich neu?

„Bittere Früchte", lautet die Bildunterschrift eines Fotos, das das zehnte Kapitel einleitet.

> A man is standing in the twilight on the curb of Almeda Street selling oranges. Behind him its vaste empty lot, overgrown with jimsonweed and salt grass, that used to be General Motors' South Gate assembly line,

beschreibt Davis das Bild und schließt damit eine Darstellung über die Lebens- und Arbeitsbedingung jener Menschen ab, die sich heute in der post-industriellen Stadt verdingen müssen und früher wahrscheinlich Arbeit in den Fabriken gefunden hätten. Der anonyme Mann verkauft Früchte. Davis muss mit ihm gesprochen haben, denn er informiert uns darüber, dass der Mann 25 Orangennetze pro Tag zu einem Stückpreis von einem Dollar verkaufen muss. Jetzt hat er aber noch drei Netze übrig. Sein Boss stellt ihn morgens an dieser Stelle auf die Straße und holt ihn abends wieder ab. Die Hälfte des Verkaufs darf er behalten. Er erzählt Davis im gebrochenen Englisch, dass er in San Antonio geboren wurde und also kein Einwanderer ist. Als Maschinist hat er bis 1982 in Lynwood gearbeitet. Im Alter von 52 musste er anfangen, auf der Straße Orangen zu verkaufen, weil seine Firma Bankrott ging. Davis kauft ihm dann ein paar Orangen ab und „when I get home I discover that the oranges have a strangely bitter taste" (204). Für Davis ist dieser Mann einer von so vielen, die heute an den Autobahnauffahrten, an Straßenkreuzungen und den viel befahrenen Durchgangsstraßen Früchte anbieten,

Scheiben putzen und vieles mehr anbieten, weil man sie ansonsten in der schönen neuen Dienstleistungsstadt nicht mehr zu brauchen scheint.

Von diesen Menschen ist in der Tat wenig in der heutigen Stadtsoziologie zu hören und diese Episoden machen Davis' Arbeiten immer wieder zu lesenswerten Bücher, sie zieren seine Texte wie kleine Juwelen, nach denen man Ausschau halten muss, denn Davis will immer mehr und vieles beschreiben, analysieren und verstehen. Und so geht es nach einer kurzen Kritik an den U-Bahn-Plänen von Los Angeles und ihren desaströsen Auswirkungen auf die soziale Segregation der Stadt im dritten Teil von „Dead cities" wiederum um die Riots von 1992. Diesmal nähert sich Davis dem Thema zunächst über eine Reflexion über die Aufstände in den sechziger Jahren und stellt einen Zusammenhang mit dem Kalten Krieg her, wobei er sich wesentlich auf Vorgänge in San Diego bezieht. In „Burning All Illusions" wird mit einem kurzen Text noch einmal auf die Kontinuität der Aufstände hingewiesen, die durch die so genannten Watts Riots 1965 und 1992 augenscheinlich gegeben scheint. Obwohl es auch Aspekte gebe, die diese Aufstände unterscheiden, etwa dass es sich 1992 um einen „multiethnischen" Aufstand gehandelt hat, sieht Davis vor allem die psychologische Kontinuität der Enttäuschung der Schwarzen über die ausbleibende Gleichheit als Tradition der Riots an. In „Who Killed L.A.? A Political Autopsy" (Kap. 13) setzt Davis seine Analyse der Umstände der Riots von 1992 fort. An dieser Stelle zeigt er auf, dass die Politik der neunziger Jahre mit der allgemeinen politischen Abwertung der Städte einher ging, die für Detroit oder Buffalo nicht überraschend war, aber für das El Dorado Kaliforniens, Los Angeles, eine neue Lektion darstellte. Das macht sich vor allem darin bemerkbar, dass unter der Bush- und dann unter der Clinton-Regierung die „issues fo urban problems and race" (240) nicht mehr thematisiert wurden und vielmehr eine Art Techno-Gebrabbel einsetzte, mit dem die lokalen Probleme durch Mikro-Projekte, Infrastruktur und „enterprise zones" angegangen werden sollten. Dies trifft besonders auf die „Rebuild L.A." (RLA)-Initiative zu, die nach den 92er Riots entwickelt und von allen politischen Akteuren weitgehend mit Sympathie aufgenommen wurde. Im Vergleich zu den politischen Reaktionen nach den Aufständen von 1965 hat dieser Wiederaufbau-Plan keine politischen Reformen zum Ziel. Er ist als Ausdruck eines Glaubens zu verstehen, der von einer sich durch ökonomische Entwicklung, die sich vor allem durch das Bauen vorantreiben lässt, getragenen Lösung der sozialen Probleme ausgeht oder diese überhaupt nicht mehr angehen möchte. Davis zeigt, dass die Entkräftung der Städte durchaus einen parteipolitischen Hintergrund hatte, indem nämlich die Republikaner sehr wohl verstanden haben, dass die Städte das Rückgrat der Demokraten darstellen.

Deswegen haben sie eine Politik der De-Investierung des föderalen Staates in den Städten umgesetzt und auch Programm- und Förderstrukturen wie den

5 Das Ende der Stadt

„Urban Development Action Grants" (UDAG) beendet. Doch schon der demokratische Präsident Carter hatte das Ende der nationalen Förderung von Städten durch die föderale Regierung eingeleitet und eine Philosophie der Selbsthilfe für die benachteiligten Städte propagiert. Die Reagan-Bush-Ära bedeutete die radikale Umsetzung dieser Anti-Städte-Politik, der sich dann auch die demokratische Clinton-Regierung nicht entgegenzustellen traute. Dies muss im Zusammenhang mit der in den achtziger Jahren sich akzellerierenden Entwicklung der Vorstädte gesehen werden. Clinton gelang es mit seinem Appeal als „Reagan Democrat", Wählerschichten aus der Mitte anzusprechen, die nicht mehr in den Städten selbst wohnten. Dem war ein parteiinterner Machtkampf vorausgegangen, bei dem sich Clinton gegen den Repräsentanten der schwarzen Innenstadt-Bevölkerung Jesse Jackson durchsetzten konnte. Aber es ist nicht nur der Nationalstaat, der mit seiner Bevorzugung des suburbanen Wähler-Klientels die Städte und indirekt die schwarzen Bewohner abwertet, es sind auch die jeweiligen Bundestaaten und die dort vertretenen Koalitionen, die eine solche anti-urbane Politik umsetzen und befördern. Davis vergleicht die Besteuerung von Eigenheimen in Kalifornien mit denen in New York und kann zeigen, dass die zu Ende der siebziger Jahre aufgegebene Besteuerung der Eigenheime in Kalifornien zur Finanzkrise des Staates zwanzig Jahre später führte. Kalifornien, die neuntgrößte Ökonomie der Welt, wäre finanziell autark, wenn sie einen Besteuerungssatz beibehalten hätte, wie er bis dahin galt und wie er in New York und anderswo in den USA nach wie vor besteht. Eine Koalition aus Hausbesitzern, Immobilienökonomen, Politikern aus verschiedenen Lagern und unterschiedlichen Nachbarschaftsorganisationen bewahrt den Golden State, wie das Staatsmotto lautet, davor, dass eine fiskalische Konsolidierung Kaliforniens vorgenommen wird. Das bedeutet, dass für die dringenden Probleme von Los Angeles kein Geld da ist, und es zu einer gnadenlosen Rivalität zwischen den benachteiligten Gruppen kommt, wie Davis anhand einer Schilderung seines Geburtsort Compton zeigt. Gleiches wird in „Dante's Choice" anhand eines konkreten Mordfalls thematisiert. Die inter-ethnischen Konflikte zwischen Latinos und Blacks sind auch Produkt der „Hassmaschinen", den überfüllten Jugendgefängnissen. Davis zitiert einen Moderator, der zwischen den rivalisierenden Gangs vermittelt und den er danach gefragt hat, worum es eigentlich bei diesen „kleinen Höllen", den Gewaltexzessen in Los Angeles, gehe. Dieser antwortet: „JOBS. Schreiben Sie das mit Großbuchstaben!" (303).

Im dritten und letzten Teil von „dead cities" widmet sich Davis in großer Ausführlichkeit verschiedener Themen der Naturwissenschaften und dabei vor allem der Katastrophen- bzw. Chaosforschung. Seine Offenheit für die unterschiedlichen Diskussionen, auch über die Frage nach den Außerirdischen, untermauert die Grundauffassung von Davis, dass menschliche Geschichte und die Geschichte der Natur zusammengedacht werden müssen. Katastrophen sind die Kondensierung von langanhaltenden Prozessen. Einzelne Ereignisse sind wiederum in ihrer Wirkung kaum durch eine alles erklärende Theorie (grand unified theory) konzeptionell zu fassen. Wer will, kann diese Aussagen aus den Naturwissenschaften auch auf das allgemeine Geschichtsverständnis von Mike Davis übertragen, oder es zumindest so zwischen den Zeilen angedeutet sehen. Wenn man diese suggestive Lesart der naturwissenschaftlichen Chaos-Forschung als Metaphorik für die Entwicklung der Geschichte im Allgemeinen versteht, dann würde dies bedeuten, dass Davis einzelne Handlungen und Individuen („Heroes") wertschätzen möchte, weil deren Wirkung nicht absehbar ist und größer sein kann als dies als solches erscheinen mag. Zugleich wird auch die Bedeutung von Katastrophen umgedeutet. Sie sind quasi notwendig, wenn daraus etwas vollkommen Neues entstehen soll. Städte, so erklärt Davis anschließend in „Dead cities: A Natural History" beruhen auf der Adaptionsfähigkeit an die natürliche Umwelt, wobei allerdings die Annahme einer vollkommenen Unterwerfung der Natur eine Illusion wäre. Mit diesem Widerspruch umzugehen, bleibt eine Sisyphus-Arbeit. Das heutige metropolitane Städte-Wachstum ist dieser Aufgabe nicht gewachsen und intrinsisch krisenhaft angelegt. Reiche Städte können es sich dabei leisten, diese Umweltkrisen nach außen und weit weg zu verlagern. Die wirklich großen Metropolen allerdings müssten besonders nach ihren internen ökologischen Krisen untersucht werden. Das geschieht jedoch nicht. Wir wissen mehr über die Ökologie des Regenwalds als über die der Städte. Wenn solche Untersuchungen angestellt werden, dann mit veralteten Vorstellungen über lineare Entwicklungstendenzen und einem mechanistischen Naturverständnis. Dabei hat es seit dem 19. Jahrhundert immer wieder Warnungen vor der Ignoranz gegenüber der Natur (in) der Stadt gegeben, wie Davis anhand von London und den Arbeiten von u. a. John Ruskin und Richard Jefferies darstellt. Letzterer hatte mit seinem Buch „After London" (1980) beschrieben, was passieren würde, wenn die englische Hauptstadt quasi von der Natur zurückerobert wird. Im Jahr 1996 fragte die Zeitschrift „New Scientist" führende Naturwissenschaftler, wie man sich eine menschenleere Stadt wie London heute vorzustellen hätte, und bekam dabei anschauliche Visionen repräsentiert, wie eine Großstadt in relativ schneller Zeit wieder von Flora und Fauna eingenommen werden würde. Inzwischen sind solche post-humanen Stadtvorstellungen einem größeren Publikum durch Alan Weisman (2007) zugänglich geworden. Davis konnte im Jahr 2001 nur auf Szenarien verweisen, die lokal mit Bezug zu Kalifornien ausgearbeitet worden sind, und so endet „Dead Cities" wiederum mit einer hochgradig suggestiv-ängstlichen Sicht auf die Katastrophen, die die Natur für die Stadtbewohner noch in Petto zu halten scheint. Obwohl ein „grüner" Kapitalismus theoretisch denkbar ist: Der gegenwärtige Zustand der Stadt deutet allerdings mehr darauf hin, dass die Klimakatastrophe immer wahrscheinlicher wird. George Bush, so Davis apodiktisch, ist nicht nur der Gewinner einer zweifelhaften Wahl, sondern auch der Protagonist der am umweltfeindlichsten Industrien. Und die Akademiker und Wissenschaftler?

> Although the academy may still favor the esoteric relativity of postmodern textualism, vulgar economic determism – which begins and ends with the superprofits of the energy sector – currently holds the real seats of power. We don't need Derrida to know which way the wind blows or why the pack ice is disappearing (415).

Mit „Dead Cities" hat Davis ein insgesamt sehr vielseitiges Buch geschrieben, in dem es aber nur teilweise um ein stringentes Thema geht. Seine Auffassungen über Natur, Stadt, Wissenschaft, Gewalt, soziale Ungleichheiten, Macht, Politik und so weiter lassen sich hier wieder finden, wie sie auch schon in „Ökologie der Angst" und „City of Quartz" angesprochen waren. Es ist daher nicht ganz richtig, dieses Buch in den Kontext der akademischen Debatte um den „Urbicide" zu stellen. Dieser Begriff wird in der jüngeren Stadtforschung dafür verwandt, dass es bei gewalttätigen Auseinandersetzungen nicht nur um das Besiegen des Gegners geht, sondern um die Zerstörung seiner Häuser und der Infrastruktur seiner Städte. Die aktuellen Beispiele kommen zumeist aus dem Nahen Osten (vgl. Graham, 2003). Die fortgeschrittene „Urbicide"-Forschung geht von einem weitergehenden konzeptionellen Begriff aus, wobei die Zerstörung des gemeinsamen Raumes als Kern des Forschungsproblems definiert wird. Dabei wird nur vordergründig die Zerstörung von Gebilden thematisiert, die eigentliche Zielscheibe der Gewalt gegen die Stadt ist die dort gelebte Heterogenität:

> Urbicide is the deliberate destruction of buildings qua the conditions of possibility of a specific ‚urban' existencial quality: heterogeneity. (Coward, 2009, 53)

Mike Davis behandelt ebenfalls die Frage nach der tieferen Bedeutung der Gewalt gegen die Stadt, die er ja immer wieder auf dahinter liegende Muster gesellschaftlicher Ordnung zu analysieren sucht, nach dem „Grit beneath the glitter". Hierbei greift er in „City of Quartz" (102) auf die Metapher der Balkanisierung zurück, die sich aus dem Kontext des Balkan-Krieges im Zuge des Zerfalls von Jugoslawien ableitet. Gemeint ist damit offensichtlich, dass die Gewalt darauf abzielt, eine neue geopolitische Ordnung herzustellen, in der kleinste räumliche Einheiten im Vordergrund stehen, die durch den Ausschluss von „Anderen" definiert werden und eine Praxis der so genannten ethnischen Säuberung, also Mord und Vertreibung, nach sich zieht.

> Mike Davis, for example, emphasises precisely this motif of violent fragmentation that dominates the concept of ‚Balkanisation'. In his discussion of the power lines that shape the urban environment of Los Angeles, Davis refers to ‚Balkanised' cities such as Chicago or Boston. (Coward, 2009, 29)

Die Verwendung der Metapher der Balkanisierung ist also für das Verstehen der Logik des „Urbicide" durchaus hilfreich und in diesem Sinne als eine Hypothese zu betrachten, auf was die urbane Gewalt und die Gewalt gegen das „Urbane" zielt. Fragmentierung und Desorganisation als Logik der Ent-Solidarisierung der Arbeiterklasse war von Anfang ein grundlegendes Thema in den Arbeiten Davis', seine Erklärung des „Urbicide" oder der Balkanisierung von Los Angeles reproduziert im Grunde das gleiche Prinzip. Damit wiederum folgt Davis eher einem alten Topos der Chicago School als einem einer stringent orthodox-marxistischen Lehre. Für William I. Thomas, dem ersten Direktor des Chicagoer Instituts, war die Desorganisation der Familie als Ergebnis der Stadtwanderung das wichtigste Thema. Dies war intrinsisch ein moralisches Problem für Thomas, der die individuelle Desorientierung und den allgemeinen Werteverlust in seinen Beobachtungen und Befragungen feststellte.

Davis beschäftigt sich mit dieser Thematik vor allem im Zusammenhang mit Riots, Anschlägen und Zerstörungen. Gewalt ist dabei ein zentrales, vielleicht sogar das eigentliche Thema in seinen Arbeiten. In gewisser Weise lässt sich eine sich fortsetzende Thematisierung der Gewalt in seinem Denken und Schreiben – von „City of Quartz" über „Ökologie der Angst" hin zu den „Dead Cities" – verfolgen. Mit der leitenden These von der Globalisierung der Furcht (s. o.) versucht Davis in seinen späteren Schriften unterschiedliche Erklärungsansätze zusammen zu führen. Das zentrale Anliegen scheint zu sein, die Beziehungen zwischen dem Lokalen und dem Globalen zu verbinden. In seiner Einleitung des im Jahr 2008 erschienenen Buches von John M. Hagedorn „A World of Gangs. Armed Young Men and Gangsta Culture" unterstützt er dessen grundlegende Annahme, dass es eine vergleichbare Logik von „global gangs" in den Ghettos, Favelas und Townships dieser Erde gebe, die zwar immer in ihrem lokalen Kontext zu sehen sind und wiederum von nationalen und internationalen Rahmen und Faktoren beeinflusst werden, jedoch funktioniert diese Form der globalisierten, gewaltorganisierenden Soziabilität vom Prinzip her überall gleich. Die Genealogie der Gangs, so Davis, ist als ko-evolutionär mit dem Entstehen der Großstadt zu betrachten. Geschichtlich gesehen sind die Gangs nicht mit Gewalt und Verbrechen gleichzusetzen, sondern als Teil von plebiszitärer Macht anzusehen. Die, nicht zuletzt durch den Film von Martin Scorsese berühmt-berüchtigten Gangs von New York in den 1840er und folgenden Jahren waren beispielsweise das Rückgrat der Jacksonischen Demokratie. Der Übergang von Gang zu Politik ist nirgends so evident wie in den USA, wo ein Richard J. Daley zu dem mächtigen Bürgermeister von Chicago werden konnte, nachdem er sich noch als Jugendlicher bei der rassistischen Bismarck-Gang betätigt hatte. Die allgemeine Logik der Gang ist, auf einen Nenner gebracht, der informelle Besitz einer Straße und eines lokalen Gewaltmonopols über diese. Davis kritisiert,

5 Das Ende der Stadt

dass es dazu kaum Forschung gebe und die, die nach dem Zweiten Weltkrieg bis heute in der modernen Kriminologie hervorgebracht wurde, ist entweder wegen behavioristischer Modelle oder der Wiederholung moralischer Vorbehalte, die aus der sozialen Reformbewegung aus den 1850er Jahre stamme, simplizistisch zu nennen. Ab den 1960er Jahren wurden dann Gangs als Teil einer devianten Subkultur gesehen. Dabei geriet aus den Augen, dass auf dem Hintergrund veränderter Städte erhebliche Änderungen in der Gang-Welt zu beobachten waren. Ab den 1970er Jahren wurden viele Studien über einzelne Gangs verfasst, die vorwiegend die Bedeutung der psychologischen Komponenten des Erwachsenwerdens betonen und vollkommen ignorieren, welche Rolle Gangs in der lokalen Politik spielen. Auf diese Weise wurden der institutionelle Rassismus, ein sich fortsetzender Kulturkrieg („warfare"), Nachbarschaftsgrenzen und die repressive Funktion der Polizei in Minderheitenwohngegenden ausgeblendet. Mit Ausnahme der berühmten Studie von William Whyte über Nord-Boston in den vierziger Jahren beruhen die meisten Studien auf den Aussagen von Nicht-Betroffenen. „People and Folks", die erste Studie von Hagedorn (geschrieben mit Perry Macon), hatte im Jahr 1988 hingegen Forschungen über die Milwaukee Vice Lords vorgelegt, in der eine Innensicht der Gang mit einer Analyse der lokalen Umstände (28 % Arbeitslosigkeit bei den Schwarzen, zerbrochene Familien, anhaltende rassische Diskriminierung, Leben unter Armutsbedingungen, schlechte Schulen, brutale Polizei-Einsätze) verbunden wurde. Damit konnte diese Studie viele Stereotype in der öffentlichen Wahrnehmung der Renaissance der Gangs in den 1980er Jahren widerlegen. Weder sind diese Gangs lediglich Teil riesiger Kartelle, von Super-Gangs, noch ist Drogenhandel die Raison d'être dieser Gangs. Drogenverkauf ist nur ein weiterer kleiner Job, mit dem sich Jugendliche aus der Misere heraus zu retten suchen, wenn sie die Schule ohne Perspektive, mit oder ohne Abschluss, verlassen müssen und sich die Adoleszenz-Phase nicht (erfolgreich) abschließen lässt. Gang-Rivalitäten rekurrieren auf die vorhandenen Gegensätze und Wettstreite der Jugend-Gruppen in der Stadt und sind mit der Gang-Ökonomie verzahnt, aber bei weitem nicht mit ihr identisch. Hagedorn und Macon betonen, dass diese Verzahnung nur durch die langanhaltenden Konflikte in der Stadt entsteht. Die Post-Industrialisierung der achtziger und neunziger Jahre, die für die Blue-Collar-Familien den Verlust der sicheren Arbeitsstelle des Vaters und für den Sohn das nachahmenswerte erfolgreiche Rollenvorbild zufolge hat, und die scheiternden Bemühungen der Stadt, damit umzugehen („community defeat"), transformiert diese Konflikte zu Gang-Kriegen und lässt sie immer weiter eskalieren. Wer sich heute ein realistisches Bild davon machen will, sollte sich mit den Arbeiten von David Simson auseinandersetzen, der über Jahre in einem Polizeiquartier in Baltimore gearbeitet hat: „Watching an episode of Davis Simon's series *The Wire* in HBO – the closest thing to Émile Zola on the tube – is often like rereading *People and Folks*." (a. a. O., xv).

Die „World of Gangsta" will hingegen zeigen, dass es für die Jugendlichen nirgendwo einen großen Unterschied macht, in welchem Staat sie leben, wenn diese Staatlichkeit in der Weise versagt, dass sie ihm keine Rollenangebote offeriert, in denen eine realistische Chance auf Teilhabe vorgesehen ist. Für diese Jugend sind alle Staaten „failed states", wie heute in der Geopolitik Länder genannt werden, in denen der Staat kollabiert. Die weltweite Gangsta-Kultur steht nur in einem Zusammenhang mit der weltweiten Aufrechterhaltung eines kapitalistischen Systems, in der eine solche Staatlichkeit gar nicht mehr als möglicher politischer Horizont auftaucht. Auf diese Weise lobhudeln daher sowohl Wall Street Journal wie Gangsta-Rap unisono über die falsche Freiheit, einem Leben ohne Staat, stimmen über das Fehlen von Perspektiven für die Jugend das gleiche individualistische Lied an. Doch Hagedorns Studie zeigt auch, dass in diesen Gangs nicht nur eine passive Anpassung an die durchkapitalisierte Welt geschehe, sondern sich dort auch solidarisches und liebevolles Verhalten finden lasse.

Von Letzterem ist in den beiden Büchern von Davis über die Geschichte der Autobombe und „In Praise of Barbarians" (beide 2007), das kein zentrales Thema hat und nur unterschiedliche schon früher veröffentlichte „Essays against Empire" (so der Untertitel) beinhaltet, wenig zu finden. In „Buda's Wagon – A Brief History of the Car Bomb" entwickelt Davis sein Thema ausgehend von dem anarchistischen Bombenwerfer Mike Buda, der seine Bombe 1920 auf der Wall Street platzierte, und zeigt dann in 22 Stationen über den Vietnam-Krieg, den Nahostkonflikt, die Londoner Sicherheitsarchitektur, den Oklahoma-Anschlag, die Tamil Tigers, die Bürgerkriege in Peru und Kolumbien bis hin zum Irak-Krieg, Al-Quaida und Tschetschenien eine Art Globalisierung der „Luftwaffe des kleinen Mannes" auf, die er für unumkehrbar und mit der weltweiten Verbreitung von HIV oder iPods vergleichbar hält. Davis listet sechs Gründe für dieses Phänomen auf, die sich alle auf deren Effekte, Preis und Erhältlichkeit beziehen. Insgesamt kommt er zu dem Ergebnis, dass es sich bei der Autobombe um „eine an sich faschistische Waffe" (19) handelt. Wer von dieser extrem kurz geführten Diskussion über den Zusammenhang von Waffe und Politik nicht überzeugt ist, wird eine weitere Diskussion über den gesellschaftlichen Zusammenhang und die Globalisierung der Autobombe nur noch in Andeutungen suchen müssen und selbst dort schwerlich finden. Die 22 Fallstudien, wenn man sie denn so bezeichnen will, lesen sich bestenfalls als spannende Beschreibungen der Attentate und detaillierte Wiedergabe der Situationen, in denen Autobomben genutzt wurden. Von den geschilderten Beispielen ist eine verallgemeinernde Sicht auf die gesellschaftspolitischen Hintergründe, zumindest für den Autor dieser Zeilen, nicht wirklich erkennbar. Stattdessen zeichnet Davis ein düsteres Bild ohne eine rationale Perspektive auf das Geschehen, und es bleibt nur noch das Entsetzen über die Gewalt übrig, die teilweise minutiös geschildert wird. Beispielsweise endet das Kapitel über den Einsatz von Autobomben im Bürgerkrieg Sri Lankas mit dem Satz: „Colombo war wie Beirut, Bogotá, Lima und Algier zu einer Stadt geworden, die um ihren Verstand gebombt wurde" (153). Eine solche Beschreibung der Gewalt als irrational und faschistisch wirkt hochgradig suggestiv, und aufgrund der oben beschriebenen Überzeugung Davis', dass es erst zur großen Katastrophe kommen müsse, bevor sich irgendetwas zum Guten wenden könne, ist dieses Buch insgesamt eher als ein emotionaler Überzeugungsakt angelegt, mit dem der Autor seinen Lesern davon berichten will, dass die Welt bereits in Schutt und Asche gelegt wird. Hier geht es nicht mehr um Erklärung, sondern um eine selektive Weltsicht, in der alles herangetragen wird, seien die Kontexte und die Motive der Autobomber auch noch so verschieden, um die allgemeine These der irrationalen und globalen Gefahr des Terrorismus zu belegen. Die Rezessionen des Buches laufen deshalb in ihrer Kritik fehl, wenn sie dieses Buch mit der Erwartung konfrontieren, es solle den Terrorismus erklären. Selbst wenn man Davis' Grundannahme folgt, dass die Autobombe nun weltweit als Wissen und Technik für jeden zugänglich ist, dann wirft doch die nach wie vor selektive Nutzung der Autobombe erhebliche Fragen und somit Zweifel an dieser These auf. Diskutiert werden müsste beispielsweise, warum bestimmte politische Gruppierungen diese Waffe nicht benutzt haben oder sie nur gegen militärische Ziele eingesetzt haben. Insgesamt müsste bei diesem Thema der Frage mehr Aufmerksamkeit gewidmet werden, wann die Autobombe als Waffe gegen Zivilisten eingesetzt wurde. Interessanterweise erzählt Davis viele Konflikte nach, in denen die Autobombe in einem Kontext ethnischer Spannungen eingesetzt worden ist und hier würde sich – der übergeordneten Sichtweise Davis' entsprechend – eigentlich eine Diskussion über die sozialen Ursachen der Ethnisierung von Konflikten anschließen. Der Verweis auf Marx am Ende des Buches, wonach die Technologie je nach gesellschaftlicher Ordnung Segen oder Fluch sein kann, befriedigt dieses Erklärungsbedürfnis nicht wirklich. Das hätte vielmehr in der Analyse der einzelnen Konflikte gezeigt werden müssen und erscheint auch im Grunde aussichtslos, weil eine positive Nutzung der Autobombe wohl kaum denkbar ist. Zudem ist Davis' Kategorisierung der Machtverhältnisse in den betreffenden Konflikten extrem problematisch.

Die Autobombe als Mittel des „kleinen Manns", also des Schwächeren zu bezeichnen, ist geradezu abenteuerlich, wenn man bedenkt, dass sie auch Organisationen wie die Hisbollah oder die Tamil Tigers anwenden, von denen man nun kaum behaupten kann, sie repräsentierten die Schwächsten der Gesellschaft und hätten keine andere politischen Handlungsmöglichkeiten. Wenn Davis das Beispiel des Hisbollah-Angriffs in Beirut erwähnt, dass den Abzug der amerikanischen Truppen zur Folge hatte, dann kann man sich einen stärkeren Gegner kaum vorstellen. Man vermisst in diesem Buch auch die ansonsten von Davis so stark berücksichtigte Arbeiterklasse und die wirklich benachteiligten Gruppen, die aber sehr wohl zumeist die Opfer dieser Attentate sind. Statt erklärende Versuche oder Ansätze zu entwickeln, mit denen jeweils die unterschiedlichen Bombenattacken zu verstehen sind, liefert Davis eine Metapher nach der anderen wie etwa, dass sich die Autobombe wie ein Virus in die DNA der Gesellschaft eingeschlichen habe oder dass sich nach Beirut und Kabul die Autobombe wie ein Kudzu-Wein der Zerstörung über den Erdball verteile. Menschen mit ihren Motiven und Entscheidungen werden hierbei nicht mehr sichtbar, Politik und Institutionen als Agenturen menschlichen Handelns werden in „Buda's Wagon" ausgeblendet.

Städte der Slums 6

Alltag in den Städten dieser Welt: Menschen verlassen überall ihre Heimat, um sich vom Lande aufzumachen und in den Städten ihr Glück zu suchen. Dort treffen sie jedoch schon auf Menschen, die unter widrigsten Umständen dasselbe früher versucht haben. Glück heißt in diesem Zusammenhang lediglich: pures Überleben, Kampf um die kleinsten Dinge. Dies ist bereits das Schicksal vieler Stadtbewohner heute und ähnlich wird die Zukunft für die übergroße Mehrheit der Menschheit aussehen. Denn schon seit den siebziger Jahren haben Berichte wie die vom Club of Rome vorhergesagt, dass die Welt sich als eine durch und durch städtische weiterentwickeln wird. Heute weisen die offiziellen Berichte von UN-Organisationen daraufhin, dass diese Vorhersagen bereits übertroffen sind und auch dass die weitere Verstädterung der Welt im vollen Gange ist. Immer mehr Städte, immer größere Städte und immer schlechtere Lebensbedingungen in diesen Städten. So könnte man kurzgefasst die wichtigste Erkenntnis umschreiben, an die Mike Davis mit seinem Buch „Planet of Slums" (2006) anschließt und die sein übergeordnetes Thema darstellt. Davis greift eine Problematik auf, die in dieser Gesamtschau und Problemorientierung hochgradig aktuell und problembewusst ist.

Von dieser extremen Verstädterung ist in der allgemeinen Öffentlichkeit der OECD-Länder wenig zu merken, sie betrifft vor allem die Bevölkerung außerhalb des „Westens". Schon heute leben mehr Menschen in den Städten Chinas, Indiens und Brasiliens als es in den USA und der Europäischen Union überhaupt Einwohner gibt. Dabei handelt es sich nicht nur um ein städtisches Wachstum, das jenes auf dem Land übertrifft, sondern diese Städte mutieren zu metropolitanen Strukturen, die das Umland mit inkorporieren und weitgesteckte Städte-Landschaften produzieren. Die geographische und morphologische Raumstruktur von „Städten" wie New Delhi oder Mexiko-City scheint zudem eine neue Terminologie zu erfordern, denn historisch sind die Vokabeln Großstadt oder Metropolis mit einer Vorstellung verbunden, die eher das antike Rom oder das viktorianische London hervorrufen als wirklich für die aktuelle Situation der Städte des globalen Südens verwendbar zu sein. Davis benutzt das Wort der Megalopolis, aber mit seiner Vorliebe für Metaphern und Synonyme ist hiermit kein Verweis auf Begriffstraditionen aus der Geographie gemeint, obwohl dies eventuell sogar auf der Hand liegen würde. Der Begriff der Megalopolis ist griechischen Ursprungs (vgl. Barker, 1998) und hat sich in den USA zumindest in akademischen Kreisen als Begriff für die Beschreibung der sich vernetzenden Stadtlandschaft von Boston bis Washington („BosWash") eingebürgert (Gottmann, 1990). Jedoch ist für Davis diese Bezeichnung so nebensächlich, da es ihm auf die Charakterisierung eines neuen Typus der Urbanisierung ankommt, die als eine Art „Supernova"-Entwicklung zu verstehen ist, bei der sich die Land-Stadt-Gegensätze aufheben und eine hybridisierte ausgeweitete Metropollandschaft entsteht. An manchen Stellen übernimmt Davis auch den Begriff der Megacity, wiederum ohne Reflexion auf den Begriff selbst. Dass die schiere Größe eine Aussagekraft hinsichtlich der damit verbundenen gesellschaftlichen Konstitution des städtischen Lebens hat, mag für viele Beobachter des Alltags in solchen schnellwachsenden Städten augenscheinlich sein. Eine diskurskritische Aufarbeitung des Big-Bad-City-Mythos (Hörning, 2012, 238 ff.) kann darauf aufmerksam machen, dass es eine kausale Beziehung zwischen Einwohneranzahl und der Art und Weise, wie eine Stadtgesellschaft gestaltet und organisiert wird, nicht gibt. Es stellt sich vielmehr die Frage, ob eine distinkte soziale und räumliche Konfiguration beschreibbar ist, die sich als Ergebnis eines megastädtischen Entwicklungsweges identifizieren ließe. Das bedeutet, dass es bis dato im Grunde unklar ist, in welcher Weise die Anzahl der Menschen an einem Ort bzw. deren rapides Anwachsen die soziale Kohäsion der Stadt in Frage stellt. Im Anbetracht dessen, dass viele kontextvariable Faktoren eine Rolle spielen, dürfte die Antwort nicht leicht fallen und müssten erhebliche Differenzierungen zwischen einzelnen einwohnerstärkeren Städten berücksichtigt werden.

Mike Davis legt mit „Planet of slums" eine Studie vor, deren deskriptiver Teil beeindruckend und teilweise auch so detailfreudig wie in seinen vorherigen Monographien und Artikeln ist. Der Titel verrät im Grunde schon seine Antwort auf die Frage nach der typischen sozialräumlichen Konstellation der Megacity: die Slums. Für ihn ist auch das Wachstum der Slums das eigentliche Phänomen der globalen Verstädterung, da sich deren Größe und Bewohnerzahl weit stärker vermehre als das allgemeine Städtewachstum. Davis betont vor allem die Push-Faktoren, die die „global forces" auf die Landbevölkerung ausüben, wodurch es zu einer Überstädterung komme, weil die Nachfrage in den Städten nach Arbeitskräften vom Land nicht mehr der eigentliche Grund sei, warum Menschen ihre rurale Heimat verlassen und eine unsichere Zukunft in der Stadt als Arbeitsuchende und Arbeitslose auf sich nehmen. Die Zukunft der Stadt wird nicht nur durch die Vorzeige-Architektur aus Glas und Beton gekennzeichnet sein, sondern durch „postmodern slums" (19) mit ihren notdürftigen Unterkünften. Davis ist in dieser Sichtweise stark durch den Bericht des United Nations Human Settlements Programme (UN-HABITAT) aus dem Jahr 2003 geprägt, der als eine Art allgemeiner weltweiter Armutsbericht zu verstehen ist und dabei vor allem die Notdürftigkeit der Wohnsituation der ärmsten Bevölkerung in den Mittelpunkt stellt. Ein düsterer Bericht, so Davis, der den Titel „The Challenge of Slums" trägt und somit einen Begriff aufgreift, der in der Stadtforschung zumindest seit der Chicagoer Schule der Soziologie einen prominenten Platz einnimmt, auch wenn er aus der stadtsoziologischen Forschung in den USA nach der Slum Clearance im Rahmen der auf sozialen Ausgleich zielenden Urban Renewal-Politik der sechziger und siebziger Jahre weitgehend verschwunden ist, weil sich ein ästhetisches Verständnis im Diskurs über die Stadt durchgesetzt hat (vgl. Glazer, 2007). Davis stellt den Habitat-Bericht dementsprechend in eine Tradition der Armutsforschung von Karl Marx bis Jacob Riis. Mit Verweis auf die allerersten Berichte über Slums in London von Charles Booth und in den USA verweist Davis aber auch darauf, dass der Diskurs über die Slums traditionell ein moralisch aufgeladener war, in dem die Assoziation von dreckigen Straßen und moralisch verwerflichen Menschen der durchgängige Tenor war.

Offensichtlich ist es schier unmöglich, einen Begriff des Slums zu entwickeln, der einerseits von einer Charakterisierung der betreffenden Bevölkerung (gar einer normativen) absieht und sich andererseits nicht auf eine rein oberflächliche Schematisierung nach städte- und wohnungsbaulichen Kategorien beschränkt. Letzteres würde implizit immer auch eine normative Wertung beinhalten, wonach beispielsweise Hütten automatisch als Indiz für einen Slum gelten würden und dabei eventuell die kulturelle Tradition der Holzhütten gegen die zumeist durch den Kolonialismus importierten Steinhäuser abgewertet würde. Davis lässt eine solche Definition offen und versucht sich stattdessen durch eine Kategorisierung der Slums als solche um einen differenzierten Blick. Hierbei übernimmt er zunächst die Idee, dass es so etwas wie „hand-me-down"-Architektur gibt, also Wohngelegenheiten, die für die jeweils ärmste Bevölkerung „übriggelassen" oder teilweise auch für diese, etwa in den Wohlfahrtsstaaten, bereit gestellt wurde. Dies würde eine Klammer zwischen den Wohnstätten der Ärmsten in Kairo in „City of the Dead" auf den Mameluken-Gräbern und den Berliner Mietskasernen zu Beginn des 19. Jahrhunderts ergeben, da es sich hierbei um einen Prozess des housing („housing is a verb", zitiert Davis John Turners berühmten Satz) in der Innenstadt handelt und ein Slum im Unterschied zu anderen Wohngebieten von den Bewohnern mit eigenen Mitteln erbaut oder bewohnt wird. Doch die Mehrheit der Bevölkerung in den heutigen Städten lebt nicht mehr im Stadtzentrum und deren Arme betreiben so etwas wie einen Piratenurbanismus, mit dem sie sich leise und langsam, aber mit stetiger Wirkung Räume in der Peripherie aneignen. Gemeint sind zumeist illegale und oftmals kriminalisierte Land- und Wohnungsbesetzungen, die aufgrund der übergroßen und beständigen Okkupierung zumeist erfolglos von Stadtplanern, Politikern, Eigentümern und unterschiedlichen Interessenvertretern angegriffen werden. Dabei entwickelt sich ein Prozess, der phasenweise und durchaus über Jahrzehnte verläuft und durch diese Persistenz oftmals eine eigene Dynamik und Bestandsberechtigung erzielen kann. Squatting ist seit den siebziger Jahren in Lateinamerika ein weitverbreitetes Phänomen und in vielen Städten wie Lima oder Bogotá nach wie vor die grundlegende Logik des städtischen Wachstums. Als Prinzip hat es sich weltweit etabliert. Mit den „Invisible Renters" führt Davis eine dritte Kategorie der Slums ein, wobei er sich vor allem auf die Erfahrungen in Mexiko City beruft und das Phänomen der informellen Vermietung von Wohneigentum aufgreift. Dahinter steckt die Beobachtung, dass Wohnungen und Häuser von den Ärmsten weiter vermietet werden und sich eine Hierarchie der Mietverhältnisse herausbildet, in der die Allerärmsten die höchste Miete bezahlen. Wer kein Land besetzen kann, ist gezwungen sich diesem System der Mietausbeutung zu unterwerfen. Dies gelte insbesondere für afrikanische Städte, für die ein komplexes Netz von Familienbeziehungen und informellen Macht- und Eigentumsverhältnissen charakteristisch sei. Als vierte Slum-Kategorie zählt Davis schließlich die „Pariah Edge", unter denen er peri-urbane Townships fasst und die aus „human dump" (47) bestehen. Das sind Abfall-Deponien, die von Menschen bevölkert werden wie Quarantina (Beirut), Khusa (Khartoum), Santa Cruz Meyehualco (Mexiko City) oder Smoky Mountain (Manila). Doch es geht auch um Regierungscamps und Orte, die entstehen, wenn die Regierung oder die Stadtverwaltung gewaltsam die Slum-Bewohner vertreiben will. Gaza ist für Davis ein weiteres Beispiel für einen solchen Typus und gleichzeitig der weltweit größte Slum.

Davis schließt sich mit Richard Harris und Malak Wahba (2002) der Auffassung an, dass es keine geschriebene Geschichte der Niedrigeinkommen-Siedlungen welcher Dritten-Welt-Stadt auch immer gibt, und versucht im dritten Kapitel von „Planet of Slums" so etwas wie eine phasenhafte Beschreibung eines „common trajectory", um eine globale Parallelität in der Entwicklung des Raumtypus Slum aufzuzeigen und somit diese Forschungslücke zu schließen. Nach seinem Modell hat es nach dem Zweiten Weltkrieg zunächst überall ein langsames Wachstum der Städte in der so genannten Dritten Welt gegeben. Dem folgte in der Regel ein relativ abruptes Ende und eine Zeit des überschnellen Wachstums. Dies geschah in den 1960er Jahre und teilweise auch schon zuvor. Landflüchtlinge suchten dabei Unterschlupf in den Slums an den Stadtgrenzen. Das Eindringen dieser Land-Flüchtlinge in das Stadtzentrum wurde durch Maßnahmen verhindert, die die meisten Städte schon in früheren Phasen der Land-Stadt-Wanderungen vorgenommen hatten. Die Abwehrpolitik gegenüber den Bauern vom Land ging zumeist mit den kolonialistischen Praktiken der Europäer einher, wie Davis etwa am Beispiel von afrikanischen Städten aufzeigt, wobei das südafrikanische Apartheid-System das dystopische Extrem dieser Anti-Zuwanderungspolitik gewesen ist. Jedoch ist das urbane Abwehrsystem nicht nur ein Bazillus des europäischen Kolonialismus, vielmehr wurden auch in China und den lateinamerikanischen Staaten nach ihrer Unabhängigkeit solche Exklusionsmechanismen installiert. Dennoch haben die Armen es geschafft, die Städte zu überspulen („deluge") und haben sich lokale Politik und Stadtplanung damit auseinandersetzen müssen. Die Bedürfnisse und Überlebensstrategien der Zuwanderer wurden gezielt oder einfach mit Selbstverständlichkeit außer Acht gelassen. Wohnungsprobleme wurden entweder individualisiert, indem sie zur Privatsache erklärt wurden oder als Projekte des sozialen Wohnungsbaus hauptsächlich von der Mittelschicht in Anspruch genommen. Die Versprechen der postkolonialen Staaten an die Armen hielt man, mit sehr wenigen Ausnahmen, nicht ein und selbst dort, wo Pro-Armen-Politiken formuliert wurden, wurden diese im Ergebnis betrogen.

Die ernüchternde Bilanz wird auch nicht durch die Einbeziehung jener Beispiele besser, die nicht den Staat als Problemlöser propagierten, sondern auf dem Prinzip der „Selbsthilfe" beruhen. Mit dem Ansatz wird seit den siebziger Jahren in der so genannten Entwicklungshilfe operiert, wonach die Potentiale der Armen nicht genug ausgeschöpft sind bzw. sie lediglich in einen (resourziellen) Stand versetzt werden müssten, demnach sie sich ansonsten dann weiter selbst helfen können. „Enabling" und „Empowerment" sind die aus diesem Kontext entnommenen Schlagworte. Davis weist daraufhin, dass der Selbsthilfe-Ansatz nicht von ungefähr zu einer Zeit von der Weltbank und anderen propagierte wurde, als die Privatisierung großer Häuserbestände von verschuldeten Staaten gefordert wurde. Er kritisiert diese „Freunde der Armen", die in merkwürdigen Konstellationen von Akteuren des IMF und der Weltbank mit vormals progressiven Architekten, NGOs der unterschiedlichsten Couleur eine Ideologie der Slum-Romantik produzierten, die den großen Vorteil der Einsparung von Kosten in der Entwicklungszusammenarbeit hatte. Selbsthilfe ist aus der Sicht von Mike Davis eine Illusion, da die Konstruktion eines Hauses gerade von den Armen durch das Einkaufen von handwerklicher Kompetenz geschehe. Das Legen von Wasser- und Stromleitungen oder das Stabilisieren des Hauses kann natürlich jeder selbst versuchen, ohne Sachverstand werden diese Häuser aber schnell zu Gefahrenorten, wie sich immer wieder gerade bei Naturkatastrophen zeigt.

Die Programme der Weltbank, die mit dieser Philosophie umgesetzt wurden, sind alle kläglich gescheitert. Davis zitiert Beispiele aus Manila und Mumbai, in denen für Millionen Menschen durch großangelegte Selbsthilfe-Programme die Lebenssituation in den Slums verbessert werden sollte. Der dahinter liegende Politikwechsel von einer programm- zu einer projektorientierten Lösung der Slumproblematik wird mit dem Selbsthilfe-Ansatz miteingeführt. Danach sind nicht mehr die Staaten oder die Staatengemeinschaft für die Lösung der Slum-Problematik verantwortlich. Die Verantwortung wird nun den Individuen und Nichtregierungsorganisationen aufgebürdet. Davis verweist auf einen Evaluationsbericht der International Labour Organisation über die Ergebnisse dieser Politik nach zwanzig Jahren:

> Despite efforts to make projects replicable, the project approach ties up excessive resources and institutional effort in a few locations and has not been able to achieve the desired level of housing stock. The project approach is therefore unlikely to have a significant impact on solving the problem of shelter in the most developing countries (74).

Mit dieser Verschiebung des Wohnungsbaus vom Staat auf das Individuum geht auch der besondere Ansatz der modernen Stadtplanung verloren, nämlich die unterschiedlichen Planungssektoren Wohnen, Arbeit, Versorgung und Transport aufeinander bezogen abzustimmen und zu planen. Dies führt wiederum dazu, dass die individualisierte Selbsthilfe den armen Bürger aus diesen städtischen Bezügen herausnimmt und dadurch seinen Lebensalltag erschwert.

Für Davis ist dieser Politikwechsel als Teil der seit den siebziger Jahren eingeleiteten neoliberalen Politikwende zu sehen. Dabei verfolgt die Weltbank als wichtigste Umsetzungsinstitution des neuen Politik-Paradigmas heute durchaus einen anderen – eher einen verfeinerten und in ihrem Sinne „verbesserten" – Ansatz, als dies noch bei den gescheiterten Großprojekte in Mumbai und andernorts der Fall war. Ab den neunziger Jahren wurde der „participatory turn" ausgerufen und seitdem findet eine verstärkte Beteiligung von großen NGOs statt – und zumeist nicht der lokalen Bevölkerung. Von Ausnahmen abgesehen, etwa denjenigen radikaleren Organisationen des World Social Forum, ist das Wirken der NGOs als äußerst kritisch einzustufen. Sie fungieren als eine Art Stellvertreter eines sanften Imperialismus, der keineswegs Klientelherrschaften ablöst und die lokale Zivilgesellschaften unterstützt. Vielmehr haben diese NGOs im erheblichen Maße die Aktivitäten von Grasroots-Bewegungen eingefangen, bürokratisiert und entradikalisiert. Sie monopolisieren die Beziehungen zu den internationalen Geldgebern, verdüstern die Sicht auf die politischen Missstände und konzentrieren wichtige Wissens- und Kompetenzbestände in ihren Reihen. Mit anderen Worten: Sie führen einen neuen Klientelismus ein. Für Davis bedeutet der inkrementalistische Slum-Verbesserungsansatz insgesamt, dass die eigentlichen Ursachen der Verslumung nicht angegangen werden und sich diese dadurch auch noch verschlimmert.

Es etablieren sich durch diese politischen Ansätze neue Hierarchien in den Slums, die dazu führen, dass Slumlords mit dem Elend der Bewohner auch noch Profite erwirtschaften. Schon im viktorianischen East End von London wurde mit dem Land, das die armen, zumeist irischen Einwanderer bewohnten, durch Spekulation viel Geld gemacht. Das ist heute im Prinzip nicht anders, besonders wenn Slums auf einem Territorium gebaut wurden, für das der Bau von städtischer Infrastruktur, wie etwa der Metro von Kairo, geplant ist oder auch nur das Gerücht darüber existiert. Da ein solches Wissen und auch die Macht des Streuens solcher Pläne in begrenzten Öffentlichkeit vor allem Politikern und Stadtplanern, internationalen Geldgebern und Angehörigen der Oberschicht offen steht und diese davon direkt und persönlich profitieren können, wird nicht nur eine politische Kultur aufrecht erhalten, in der die Korruption zwangsläufig erscheint, sondern auch der Ausschluss der Betroffenen der Land-Spekulation. Diese werden systematisch desinformiert, bis dann die Bagger rollen. In dieser komplizenhaften Rolle ist der Staat in den meisten Ländern der sogenannten Dritten Welt bislang erheblich erfolgreicher gewesen als im sozialen Wohnungsbau im weitesten Sinne. Davis schildert die lange und intensive Geschichte von Fällen („Haussmannisierung in den Tropen"), in denen der Staat Slums abgerissen, zerstört, abgeschnitten oder mit anderen, oftmals illegalen und teilweise „Orwellschen" (107) Maßnahmen bekämpft hat. Dies geschah und geschieht zumeist im Namen der Verschönerung, der Verbesserung und anderer Euphemismen, die als Resultat die Kriminalisierung, Benachteiligung und Vertreibung der Armen und nicht die Beendigung der Armut erreichen und nur der Mittel- und Oberschicht nutzen. In der weiteren Konsequenz bedeutet die Vernachlässigung der Slums durch die Übernahme der Selbsthilfe-Philosophie auf Seiten des Staates aber auch, dass die Slum-Bewohner in ihrer natürlichen Umwelt mit den Gefahren der alltäglichen Umweltverschmutzung und den allgemeinen Risiken der Natur allein gelassen sind, wodurch sich wiederum alles verschlimmert und mangelndes Knowhow, fehlende grundlegende Ressourcen die „Slum-Ökologie" belasten und weitere gesundheitliche Risiken und Gefahren insbesondere für die verletzlichste Gruppe in den Slums, den Kindern, entstehen. Dabei ist nicht nur an die infrastrukturelle Unterversorgung und die mangelhafte Qualität der Behausungen zu denken. Auch die unvermittelte Einbindung in den Autoverkehr erfordert einen hohen Tribut an Menschenleben und bedeutet eine erhebliche Beeinträchtigung des Spiel- und Lebensraums, vom fehlenden öffentlichen Raum ganz zu schweigen. Slums und Müllhalden gehen ineinander über und die Menschen hoffen, ihr Überleben durch das Arbeiten auf toxischen Abfallbergen zu sichern, ungeachtet der geringen Chancen und der extrem nachteiligen Effekte für ihre Gesundheit.

Nicht nur die Beendigung der großen Wohnungsbauprogramme, mit denen man nach dem Zweiten Weltkrieg in vielen Staaten der postkolonialen Unabhängigkeit zunächst auf die elenden Zustände in den Slums reagierte, ist ein Ergebnis der neoliberalen Politikwende. Auch die Privatisierung vieler bis dahin als Allgemeingut geltender, lebensnotwendiger Güter wie Wasser und medizinische Versorgung, Zugang zu Bildungseinrichtungen und Transportmöglichkeiten ist das Resultat dieser fehlgeleiteten Politik, die dazu führt, dass die Slum-Bewohner eine doppelte Last zu tragen haben. Denn es stellt sich einerseits der Effekt ein, dass für die lokale Bevölkerung viele dieser Güter unerschwinglich werden und sie unter der Verknappung besonders zu leiden haben. Andererseits wird das Land insgesamt für andere Nationen im erheblichen Maße billiger, weil die Gutausgebildeten dort preisgünstig ausgebildet und dann in die OECD-Welt gelockt werden können (brain drain). Zudem werden aufgrund der erhöhten Konkurrenz in der sogenannten Dritten Welt kostengünstigere Produkte erzeugt – oder dort nur abgelagert oder recycelt wie etwa Giftmüll. Möglich wurde diese doppelte Abwärtsspirale durch die sogenannten „Strukturanpassungspolitik", die für die Nationalstaaten eine Orientierung an den freien Weltmarkt bedeutete und die hochverschuldeten Staaten des globalen Südens mehr oder weniger durch die Weltbank gezwungen wurden, in erster Linie den Staat so auszurichten, dass er prioritär die Exportwirtschaft und ein günstiges Investitionsklima für ausländische Unternehmen fördert. Die relativ banale Idee dahinter lautet, dass durch die Exportgewinne zuerst die Schulden abbezahlt werden können und somit wieder finanzielle Spielräume für Sozialausgaben entstehen würden. Eine trügerische Hoffnung, gelinde gesagt. Denn das Ergebnis ist für die Mehrheit der Bevölkerung in den Megacities katastrophal. Es entsteht eine Klasse der Überflüssigen (zum Begriff siehe auch die deutsche Debatte bei Bude und Willisch, 2008), einer „Surplus Humanity". Diese wird in den Diskursen über die „Informalität" der Slums und über informelle Ökonomie unsichtbar und die Ausmaße von Ausbeutung, insbesondere durch Kinderarbeit, werden nicht mehr erkennbar. Der Ausdruck „informelle" Arbeitsbeziehungen verschleiert, dass es hierbei um einseitige Arbeitsverträge geht, in denen die Aushandlung des Lohns und der Arbeitsbedingungen nicht mehr stattfindet und die Arbeitgeberseite diese diktieren kann. Mike Davis kommt daher vor dem Hintergrund der Bush-Kriege in den 2000er Jahren – und ihrem Verständnis von internationaler Politik und omnipräsenten neoliberalen Optimismus mit seinen simplen Annahmen über Wirtschaftspolitik – zu dem Ergebnis, dass der „Planet der Slums" mehr und mehr zu einem kriegerischen wird, sich „down Vietnam Road" entwickelt und jeder Versuch der Verbesserung der Slums durch einen „low intensity war" gegen die kriminellen Teile der Slum-Welt abgelöst wird. Dies, so Davis' Schlussfolgerung, ist die logische Folge der bisherigen Entwicklung, des Missbrauchs der urbanen Reformen.

Mit „Planet der Slums" ist es Davis gelungen wieder ein Buch zu schreiben, das ein breiteres öffentliches und auch Fach-Publikum anspricht. Auch wenn es nicht unkritisch rezipiert wurde, so ist doch festzustellen, dass man Davis das Verdienst zusprechen muss, dass er auf seine Weise ein Thema von großer Brisanz aufgegriffen hat, das in dieser Gesamtschau von keinem anderen Stadtforscher mit so großer Souveränität behandelt worden ist. Davis hat sich in intensiver Weise mit den unterschiedlichsten Slums auf dieser Erde beschäftigt und diesmal auch viele Artikel angeführt, die in akademischen Zeitschriften publiziert worden sind. Überraschender Weise verzichtet Davis diesmal auf „First Hand"-Beobachtungen, die in seinen Büchern bis dahin sehr den Eindruck einer großen Nähe des Autors zu seinem Sujet, zu den Menschen in den betreffenden Stadtteilen, vermittelt hatten. Eben dies hat zu einer Kritik seiner Arbeit geführt: „It is as if Davis has yet to set a foot inside a slum. As a result, slum dwellers are depicted as individuals without agency, and their voices are almost never heard", geht Richard Grant (2009, 217) mit Davis hart ins Gericht. Der Geograph wirft Davis vor, dass er auf diese Weise die Slum-Bewohner, die ja das eigentliche Motiv für dieses Buch darstellen, marginalisiert: „As a consequence, his books lacks humanistic substance" (a. a. O.). Doch er unterstützt Davis in seiner Sichtweise, dass das Thema Slum im Grunde eine akademische No-Go-Area ist. In über dreißig Jahren gab es in den „Annals of the Association of the American Geographers", in der seine Rezension von „Planet der Slums" erschien, nur zwei Artikel über Slums. Allein deshalb sei Davis' Buch trotz seiner Kritik sehr empfehlenswert. Ein Verdienst ist es, einen Ansatzpunkt für eine Diskussion über die Slums und die Lebensbedingungen in den großen Städten außerhalb des „Westen" anzubieten. Die Vogelflugperspektive über den Globus und seine Elendsquartiere ist jedoch in vieler Hinsicht zu grobkörnig, vernachlässigt zu viele Komplexitäten, weswegen Davis' Buch durch intensive Fallstudien gegenbalanciert werden sollte, damit der intensive Ruf von „Planet der Slums" nach mehr intellektuellem Engagement gegen die soziale Exklusion nicht verhallt und die richtigen Fragen nach dem *cui bono* (wem nützt's?), dem Nutzen der Politik für die Armen, in den Vordergrund gestellt werden kann. Für Davis ist der Kollaps der neoliberalen Ordnung der einzige Ausweg aus dem Chaos, inkrementalistische, reformorientierte und individualisierte Strategien hält er für aussichtslos. Wie dies geschehen soll, bleibt ein Rätsel. „Davis' urban future requires such a leap of imagination that only the most faithful Marxists will be persuaded" (a. a. O.). Aber kann dies überhaupt die Aufgabe von Davis sein? Jeremy Seabrock (2008) verteidigt Davis in ihrer Rezension des Buches in dieser Hinsicht. Ihrer Meinung nach gehe es bei Büchern wie „Planet der Slums" darum, die vielen Klischees über die

Slums zu widerlegen und Aufmerksamkeit auf die Probleme der Menschen vor Ort zu lenken. Man könnte sich dieser Auffassung anschließen, jedoch hat Davis mit seinen Büchern durchaus weitergehende Erwartungen und versteht sein Schaffen als Beitrag für den Kampf gegen den Kapitalismus-Imperialismus („Essays Against Empire" etc.). Es kennzeichnet vielmehr dieses Buch wie das gesamte Schaffen von Mike Davis, dass er von einer doppelten Motivation getrieben zu sein scheint. Er ist „zornig" (Parnreiter, 2007) und wirft dabei Dinge zusammen, die teilweise nicht zusammengehören – etwa die Slums in Indien, China, Afrika mit denen der USA oder Tokyo – und nimmt Simplifizierungen in Kauf, um sein grundlegendes Argument zu untermauern und den gesellschaftspolitischen Kampf zu begründen. Doch richtet sich sein Schreiben durchaus auch an eine „klassische", um nicht zu sagen: liberale Öffentlichkeit, die er mit Alarmen über die soziale Ungerechtigkeiten informiert. Wen sonst, wenn nicht diese von Davis gewiss nicht geliebte Öffentlichkeit soll ein Buch wie „Planet of Slums" erreichen? Kein Slum-Bewohner wird auch nur eine Seite davon lesen und zu dem ersehnten Kampf gegen das System der Ausbeutung und Zerstörung motiviert werden.

„Planet der Slums" produziert eine große Hilflosigkeit. Diese ist durchaus gewollt, da Davis damit auf seine Perspektive des letzten Kampfes einschwören will. Erzielt wird dieser Effekt durch sein methodisches Vorgehen. Die Ohnmacht auf dem „Planeten der Slums" ist gottseidank keine reale. Dies hätte Davis lernen können, wenn er sich mit den Slum-Bewohnern auf Augenhöhe unterhalten und nicht bloß auf Statistiken gestarrt hätte. Er hätte ein differenzierteres Verständnis von der Lebenssituation entwickeln können, ohne dass damit zugleich eine Beschönigung der Slum-Welt einhergehen muss. Davis reproduziert auf seine Weise die Bilder einer perfekt segregierten Stadt in der so genannten Dritten Welt, die es so nicht gibt. Damit soll nicht bezweifelt werden, dass es durchaus stark voneinander getrennte Wohn- und Lebenswelten zwischen Arm und Reich gibt. Vielerorts aber, vor allem auch in Afrika, sind auch arme und reiche Bewohner in informellen Siedlungen nahe beieinander und ergeben sich dadurch wiederum andere Problemlagen (vgl. Lourenço-Lindell, 2002). Den städtischen Raum gibt es durchaus auch in afrikanischen Städten, er ist allerdings ein heftig umstrittener (Locatelli und Nugent, 2009). Davis ist zuzustimmen, dass der Begriff „informelle Siedlung" wenig hilfreich ist, um die soziale Problematik zu erkennen. Doch wirft das zu beobachtende Nebeneinander von Menschen mit derart großen Einkommensunterschieden in den Stadtteilen wiederum Fragen nach der gesellschaftlichen Organisation auf der Mikro- und Meso-Ebene auf. Hierbei erscheint ein vielfältigeres Bild, als dies durch die Figur des Slum-Landlords ersichtlich wäre. Die Vergabe von Land ist zweifellos der Ort, an dem sich Machtverhältnisse besonders deutlich zeigen. Diese bleiben aber nicht stabil und können das System der Landvergabe ändern (vgl.

Kombe, 2005). Das beste Beispiel hierfür ist das auch von Davis zitierte Beispiel der Gecekondu-Siedlungen in der Türkei, die eine Legalisierung durchsetzen und einen erheblichen politischen Einfluss auf die nationale Politik (Özler, 2000) und die Stadtentwicklung von Istanbul ausüben konnten.

Das Leben in den Slums oder informellen Siedlungen ist wesentlich komplexer als dies durch eine reine top-down-Perspektive erscheinen mag und bietet Nach- und Vorteile für deren Bewohner (vgl. Tranberg Hansen und Vaa, 2004). Auch das Schaffen der eigenen Unterkünfte ist nicht nur eine Unmöglichkeit, wie Davis behauptet. Vielmehr ist ein differenziertes Bild davon zu zeichnen, in welcher Weise sich durch das Unternehmertum der Bewohner durchaus auch eine Selbstsorge unter den meist nachteiligen Bedingungen entwickeln kann (vgl Gough, Tripple und Nappier, 2003). In analytischer Perspektive unterstreicht diese Beobachtung, dass es doch erhebliche kontextuelle und lokale Unterschiede gibt, die einer Erklärung bedürfen. Ohne einen Einbezug dieser Faktoren ist nicht abzuwägen, in welcher Weise sich tatsächlich eine neue Geopolitik umsetzt, in der die Slums zum eigentlichen Ziel des imperialistischen Warfares geworden sind. So überlagern sich in Davis' Sichtweise immer die exogenen Faktoren (der weltweite Neoliberalismus) mit den endogenen Ursachen des Elends. Diese Denkfigur erscheint aus der Rechtfertigung der Linken für den Staatssozialismus während des Kalten Krieges mehr als bekannt. Es fällt leichter, die Schuld auf das böse Ausland zu schieben und somit einen moralischen Dualismus aufrecht zu erhalten, der den Blick für die lokalen Ursachenrelationen systematisch ausschließt oder kleinredet. In seiner Studie über Korruption im Wohnungssektor von Lagos in Nigeria kommt Kunle Ifesanya (2011) zu dem Ergebnis, dass die wachsenden sozialen Ungleichheiten, die Korruption und das Regierungsversagen insgesamt als Spiegel des unkontrollierten Kapitalismus zu sehen sind. Zugleich betont er aber, dass es in einem Erdöl produzierenden Land mit potentiell vorhandenem Reichtum nicht in erster Linie um eine Ressourcenfrage gehen kann. Er sieht deshalb vor allem die nigerianische Regierung in der Verantwortung, die sich durchaus einer anderen politischen Sichtweise mit Bezug auf die Rolle, die Lagos im Nationalstaat spielt, zu Eigen machen könnte. Die schwache institutionelle Einbindung der Megacity in Nigerias Institutionenlandschaft wäre auch ein Ansatzpunkt für die internationale Gemeinschaft, um auf Reformen hinzuwirken, damit Lagos und ihre Bewohner stärker vom Reichtum des Landes profitieren. Dies würde allerdings die Staatsarchitektur verändern und erheblich mehr Diskussionen und Auseinandersetzungen in Gang setzen. Der Fall Lagos weist darauf hin, dass es nicht nur Machtverhältnisse zwischen der internationalen Welt und der lokalen Stadt gibt, sondern insbesondere im postkolonialen Afrika mit seinen kolonial-imperialistisch gezogenen Staatsgrenzen eine Neudefinition des Staates ansteht (Fouchard, 2011). Der Staat und weitergehend die verschiedenen gesellschaftlichen Institutionen wären in ihrem Handeln und in ihrer institutionellen Logik zu untersuchen. Das hieße allerdings, dass diesen im analytischen Verständnis der global-lokalen Beziehungen eine gewisse Selbständigkeit zuzuweisen wäre. Wie man aus einer Rezension Davis' von Assem Inams Buch „Planning for the Unplanned: Recovering from the Crises in Megacities" lernen kann, ist Davis durchaus vertraut mit der auf Institutionen gerichteten Analyse und scheint sie durchaus auf seine Art zu schätzen. An Inams Buch lobt er, dass durch diese Sichtweise deutlich werde, dass ein eher konservatives, d. h. auf bürokratische Routinen basiertes Verwaltungshandeln die besten Erfolge (etwa beim Desaster- Management) aufweist und innovative Ansätze eher scheitern. Er kritisiert hingegen, dass Inam (im Vergleich von Mexiko City und Los Angeles) nicht berücksichtige, dass diese lokalen Politiken durch die finanziellen Rahmen der Nationalstaaten begünstigt wurden und die Lokalpolitik auf Druck durch oder aus Angst vor sozialen Unruhen gehandelt habe. Durch die Hintertür relativiert Davis damit die Sichtweise von Inam und die Bedeutung von Verwaltungen und intermediären und lokalen Organisationen. Seine Quintessenz ist deshalb logisch: „Inam is a self-described ‚New Institutionalist'. One hopes that this approach does not exclude proper attention to municipal and national realpolitik" (699). Politik bleibt für Davis vor allem Interessenkonflikt.

Davis kann deshalb auch keine komplexe Analyse der Slums liefern. Er kennt zudem schlichtweg die Gebiete nicht, über die er spricht, und kann somit seinen, für Los Angeles immer wieder eingeforderten Ortsbezug nicht einlösen. Wie könnte er sonst übersehen, dass es gerade an diesen Slums oftmals zu den progressivsten sozialen Bewegungen kommt (fragt beispielsweise Agnotti, 2006, 963)? Dabei muss man nicht naiv glauben, dass die Rettung der Welt ausgerechnet von denen geleistet wird, denen es am schlechtesten geht. Wenn aber Davis das World Social Forum aus seiner Kritik an den NGOs ausnimmt, dann müsste er doch auch in seine Analyse integrieren, dass dieses Forum aus einer breiten und vielschichtigen Landschaft lokaler Organisationen (vgl. Santos, 2006) entstanden ist und es also durchaus Akteure mit einer anderen politischen Agenda gibt, die die Interessen von Slum-Bewohnern repräsentieren. Ein vertieftes Verständnis, so könnte man Mike Davis' Appell auch verstehen, der Städte des „globalen Südens" – also jener in der akademischen und allgemeinen unterrepräsentierten oder nur sehr selektiv wahrgenommenen Städte auf dem ganzen Globus – wäre nicht nur dringend erforderlich, bereits heute könnten etwa die Städte Afrikas (vgl. Myers, 2011) unser theoretisches Wissen von Städten insgesamt herausfordern und innovieren. Die Einnahme einer Perspektive in den Urban Studies, die sozusagen die Stadt nicht von Chicago, Los Angeles oder New York, sondern von Mumbai oder Lagos ausgehend erklären würde, erscheint dennoch als relativ problematisch, sei es schon wegen der sprachlichen und kulturellen Schwierigkeiten, die eine Verallgemeinerung der Begriffe aus den jeweiligen Kontexten darstellen würde. Dies betrifft im engeren Sinne auch den Begriff „Slum", der kontextfrei erscheint und deduktiv dann als „Favela", „Gecekondu" etc. übersetzt wird, aber eben nicht induktiv aus einem spezifischen lokalen Kontext auf andere übertragbar zu sein scheint.

Obwohl Mike Davis schon, wie im ersten Kapitel ausgeführt, früh auf das Entstehen der neoliberalen Politik in den USA hingewiesen hat, hat er im Laufe seiner weiteren Publikationen sich nicht wesentlich mehr mit dem Neoliberalismus auseinandergesetzt. Hierfür mag es viele Gründe geben, wofür einerseits sicherlich generell sein Desinteresse an Begriffsarbeit anzuführen ist, seit er sich grundlegend mit dem Marxismus identifiziert hat, andererseits mag es doch auch an dem Terminus „Neoliberalismus" selbst liegen, der für Davis zu eingängig sein mag, weil er zugleich eine Vielzahl von engeren und weiteren Verwendungen für die Kritik an bestimmten politischen Entscheidungen, etwa der Privatisierung von Staatseigentum, ermöglicht und in unbestimmter Weise unsolidarisches Denken angreifen will. Mit dem Buch „Evil Paradises. Dreamworlds of Neoliberalism", das Davis und Daniel Bertrand Monk im Jahr 2007 herausgegeben haben, wird nun dieser Begriff dennoch eingeführt und zu einer Publikation kritischer Einzelfallstudien genutzt. Dies geschieht, nachdem Autoren wie Neil Brenner bereits in ihrer Publikationstätigkeit den Begriff für sich nutzten und auf den Zusammenhang zwischen Neoliberalismus und Raumentwicklung hingewiesen haben (Brenner, 2002). Die Kritik am Neoliberalismus, die Davis im Grunde ja schon zwanzig Jahre vorher formuliert hatte, wurde nun en vogue und der ebenfalls marxistische Geograph und Davis-Kritiker (s. o.) David Harvey gebraucht nun ebenfalls diesen Begriff, um eine „Kleine Geschichte des Neoliberalismus" (2005) zu schreiben.

„Evil Paradises" muss aber nicht nur in diesem Zusammenhang diskutiert werden. In gewisser Weise ist dieses Buch die fehlende Hälfte zu „Planet der Slums", denn in diesem Band geht es um die Analyse einzelner Städte oder, wenn man so will, darum, die Interpretation der übergeordneten neoliberalen Annahmen, wie sie Davis global beschrieben hat, nun anhand einzelner Beispiele auszuführen (Tutun und Murray, 2008). Wohin führt uns dieser „fanatische" Kapitalismus, so lautet dementsprechend die einleitende Frage zu den „Evil Paradises", die sich nahtlos an die Analysen aus „Planet of Slums" anschließen ließe. Aufgegriffen werden Beispielstädte, in denen die „Winner takes it all"-Haltung am schlimmsten ausgeprägt ist. Davis schließt sich an Pierre Bourdieus Warnung an, dass der Neoliberalismus eine autoritäre Utopie sei, in der nichts anderes als die Zerstörung von Kollektiven wie Gewerkschaften, Familien oder kleinen Staaten vollzogen wird. Neoliberalismus ist die massive, naked application of state power to raise the rate of profit for crony groups, billionaire gangsters, and the rich in general (...) This cold fusion of crime, dirty politics, and capital is fittingly celebrated in the rise of such former mob hideouts as Dubai, Las Vegas, Miami, and even Medellin as global icons of the new capitalism (x).

Mike Davis dekliniert dies anhand von Dubai durch und sieht sich in seiner Grundannahme eines neuen Kapitalismus bestätigt, in dem das Triumvirat von Verbrechen, Politik und globalem Kapital herrscht und in der die Mehrheit der Bevölkerung, nämlich die Einwanderer, zum Schweigen gebracht worden ist. Von den anderen 18 Fallstudien des Buches kann man eine solche Schützenhilfe für die große Kritik am Neoliberalismus eher nur indirekt erhalten.

Die Auswahl der Städte ist teilweise nicht nachvollziehbar (Arg-E-Jadid, Budapest, Beijing), teilweise sind die thematischen Schwerpunkte und Autorenstile so unterschiedlich, dass die Klammer der Kritik am Neoliberalismus schon sehr strapaziert wird. Insgesamt vermitteln die aneinandergereihten Studien von Städten aus der ganzen Welt schon den Eindruck der zunehmenden sozialen Ungleichheiten und der räumlichen Segregation und Exklusion durch die Reichen. Auch scheint es weltweit dafür immer dieselben Rechtfertigungsdiskurse zu geben, in denen beispielsweise der Individualismus gepreist wird. Dennis Rodgers weicht allerdings mit seiner Analyse von Managua von dieser relativ einfachen Sichtweise ab und verweist auf die Bedeutung von städtischen Netzwerken. Don Mitchell erweitert ebenfalls den Horizont der anti-neoliberalen Politikschelte, indem er die Relevanz von Infrastrukturen wie Straßen hervorhebt. Bei einer solchen Betrachtungsweise bleibt eine gewisse Nuancierung folgerichtig nicht aus, die wie bei Rodgers auch Empathie für die Reichen hervorbringt und verdeutlicht, dass es ja durchaus so etwas wie „unpolitische" Kriminalität gibt, vor der sich diese ja nur legitimer Weise schützen wollen. Höchstwahrscheinlich hätte man diese Kritik am Neoliberalismus auch unter einem anderen Motto zusammenfügen können, und es ergibt sich relativ wenig Neues über die veränderte Ökonomie der Welt. Davis (seltener) Verweis auf seine eigene Schriften „generations ago" in der Einleitung ist in dieser Hinsicht entlarvend.

Eine „Urban Theory", die den Weg durch die Städte des Global South gegangen ist und diese somit nicht nur als Datenmaterial für vorgefasste Auffassungen über die Übel der Globalisierung aus Sicht der Kritik im Norden verwendet, müsste sich tatsächlich auf eine Theorieinnovation aufgrund von erkundeten Lebenswelten und empirischer Überprüfung im weitesten Sinne einlassen (vgl. Connell, 2007). Diese bestünde darin, auch eine Stadt-Theoretisierung zu betreiben, die die lokale Politik- und Policy-Ebene einschließt und von einer Diversität der „drivers of urban change relevant to specific urban contexts" ausgeht (Parnell und Robinson, 2012, 597). Wie Parnell und Robinson ausführen, würde dies eine Abkehr von der dominanten Sichtweise in den urban studies führen, wonach die Kritik an der neoliberalen Politik das eigentliche Thema sei. Eine solche Stadtforschung hätte zur Kenntnis zu nehmen, dass „Staatlichkeit" und „Politik" in anderen Gewändern daher kommen, andere Formen und Netzwerke, übergeordnete Ideen von der „Gesellschaft" und Normensysteme produziert und reproduziert. Die gesellschaftliche Wirklichkeit dieser Städte ist eher durch Informalität, Armut und Traditionalismus als Norm geprägt. Diese Phänomene stellen keine Abweichung von einem urbanistischen Ideal dar, sondern haben vor dem weltweiten neoliberalen Siegeszug, vor der staatlichen Unabhängigkeit und auch vor dem Imperialismus existiert. Im Laufe dieser geschichtlichen Entwicklungen sind die „indigenen" Gesellschaftsstrukturen komplexe Beziehungen mit der exogenen Welt eingegangen, aber sie sind nicht einfach verschwunden. Wer die Kontinuität dieser Strukturen nicht anerkennt, wird durch die Brille der Neoliberalismus-Kritik die gesellschaftliche Wirklichkeit der Städte des globalen Südens nur selektiv wahrnehmen und die politischen Kämpfe vor Ort nicht einschätzen können (vgl. Ferguson, 2006). Während für afrikanische Städte unberücksichtigt bleibt, in welcher Weise eine weitere traditionelle Gesellschafts- und Machtstruktur vorherrscht und in diesem Sinne der Neoliberalismus diese lediglich verstärkt, kann für asiatische Städte im Grunde behauptet werden, dass er für die lokalen Machtverhältnisse keine wichtige Rolle spielt (Ong, 2006). Die begrenzte Bedeutung des Neoliberalismus hat vermutlich viel damit zu tun, dass afrikanische und asiatische Städte relativ wenig durch ausländisches Kapital eingenommen worden sind. Wesentlich mehr Land und größere Teile der Bevölkerung werden durch den Ausschluss aus der neoliberalen Geographie des „hopping global capital" getroffen. Die Ausbeutung der Erde findet nur punktuell dort statt, wo es auch Rohstoffe (in jeder Form) gibt. Dort lässt sich in der Tat eine neue Urbanität identifizieren, die in gated communities das neoliberale Paradigma der verschärften sozialen Exklusion verkörpert. Das Beispiel der gated community vor den Toren von Angolas Hauptstadt Luanda, die für die ausländischen Bediensteten der Erdöl-Industrie gebaut wurde, und das in „Evil Paradises" dargestellt wird, ist dafür ein gutes Beispiel, denn es verdeutlicht zugleich auch den relativ marginalen Umfang dieses Siedlungstyps neben den weiter existierenden städtischen Strukturen, in denen weiterhin Armut, Informalität und ein komplexes Machtsystem besteht, das von der neoliberalen Insel vor den Stadttoren nur segmentär beeinflusst wird. Es scheint deshalb einfach mehr Menschen zu geben, die von der Weltökonomie mehr vergessen als ausgebeutet werden. Die sozialen Folgen der Globalisierung bedeuten für diese Städte in erster Linie eine Bestärkung der lokalen Machtverhältnisse und eine „urbane Tribalisierung", in der die Instanzen der Moderne, die eben neben den Ausbeutungslogiken des Kolonialismus ansatzweise und wahrscheinlich zumeist vergeblich aus den Industriestaaten und den imperialistischen Nationen eingeführt werden sollten, vollkommen ausgeschaltet werden. Die globalisierte Welt radikalisiert die grundlegende Spaltung zwischen mobilen Reichen und lokalen Armen, die an ihren Ort gefesselt sind (vgl. Bauman 1998) und die es wohl aber schon weit vor dem kapitalistischen Zeitalter gegeben hat. Die neoliberale Brille in der Stadtsoziologie erscheint vor allem ein Produkt der externen Betrachtung zu sein, die auf ein Kritik-Monopol beharrt und sich nicht die Mühe macht, andere, d. h. nicht-metropolitane Theoretisierungen als gleichwertig anzusehen und damit in einen Wettstreit hinsichtlich der größeren Erklärungskraft der lokalen Problemlagen in „jenen" Städten einzutreten, die man in der Tat schon immer nicht wirklich ernst genommen hat. Deshalb kann man auch nicht verstehen, warum ironischerweise, so Parnell und Robinson (a. a. O., 602), der Neoliberalismus ausgerechnet – weil er eben nicht über die intermediäre Institutionen des Staates einen „neoliberalen Komplex", von dem die Neoliberalismus-Kritiker (etwa Brenner, Peck und Theodore, 2010) ausgehen, installieren konnte – die wenigsten Effekte dort gehabt hat, wo die Strukturanpassungsprogramme der Weltbank am erfolgreichsten durchgeführt worden sind.

Für Davis scheint es sich bei der ganzen Neoliberalismus-Kritik sowieso eigentlich um neuen Wein in alten Schläuchen zu handeln. Die Grundübel des Kapitalismus und Imperialismus haben im Grunde nur ihre jeweiligen Erscheinungsformen geändert, haben sich aber als solche in ihrer Menschenfeindlichkeit nicht verändert. Diese Annahme unterliegt auch Davis' historische Arbeit über die Hungerkatastrophen des 19. Jahrhunderts, das Entstehen von „El Niño" und damit insgesamt „Die Geburt der Dritten Welt" (2001). Das Buch ist faktenreich und aus der Perspektive vieler realer Menschen geschrieben, wodurch es sich angenehm von „Planet der Slums" unterscheidet. Davis mag von dem Anliegen getrieben gewesen sein, den vielen Hungertoten des 19. Jahrhunderts, die außerhalb der Metropolen der Mutterländer gestorben sind und an die sich heute niemand mehr erinnert, ein historiographisches Denkmal zu setzen. Das ist Davis auch in anschaulicher Weise gelungen, wie es die World History Association bestätigte, die Davis für sein Werk auszeichnete. Während seiner Aufarbeitung der Geschehnisse dieser Leidensgeschichten zweifelsohne angesichts der eurozentrischen Geschichtsschreibung ein großes Verdienst zukommt, und es dadurch nachvollziehbar wird, in welchen lokalen Zusammenhängen diese Tragödien sich abspielten, darf allerdings die interpretative Schlussfolgerung aus den „Late Victorian Holocausts, El Niño Famines and the Making of the Third World", wie das Buch im englischen Original heißt, wiederum kritisch zu diskutieren sein. Wieder geht es darum, dass er das imperialistisch-kapitalistische System für die Zerstörung der natürlichen Grundlagen der Gesellschaft verantwortlich macht. Wie in „Planet of Slums" sieht er dies vor allem durch die Vernichtung der agrarischen Lebensweise bestätigt, ten Sichtweise in den urban studies führen, wonach die Kritik an der neoliberalen Politik das eigentliche Thema sei. Eine solche Stadtforschung hätte zur Kenntnis zu nehmen, dass „Staatlichkeit" und „Politik" in anderen Gewändern daher kommen, andere Formen und Netzwerke, übergeordnete Ideen von der „Gesellschaft" und Normensysteme produziert und reproduziert. Die gesellschaftliche Wirklichkeit dieser Städte ist eher durch Informalität, Armut und Traditionalismus als Norm geprägt. Diese Phänomene stellen keine Abweichung von einem urbanistischen Ideal dar, sondern haben vor dem weltweiten neoliberalen Siegeszug, vor der staatlichen Unabhängigkeit und auch vor dem Imperialismus existiert. Im Laufe dieser geschichtlichen Entwicklungen sind die „indigenen" Gesellschaftsstrukturen komplexe Beziehungen mit der exogenen Welt eingegangen, aber sie sind nicht einfach verschwunden. Wer die Kontinuität dieser Strukturen nicht anerkennt, wird durch die Brille der Neoliberalismus-Kritik die gesellschaftliche Wirklichkeit der Städte des globalen Südens nur selektiv wahrnehmen und die politischen Kämpfe vor Ort nicht einschätzen können (vgl. Ferguson, 2006). Während für afrikanische Städte unberücksichtigt bleibt, in welcher Weise eine weitere traditionelle Gesellschafts- und Machtstruktur vorherrscht und in diesem Sinne der Neoliberalismus diese lediglich verstärkt, kann für asiatische Städte im Grunde behauptet werden, dass er für die lokalen Machtverhältnisse keine wichtige Rolle spielt (Ong, 2006). Die begrenzte Bedeutung des Neoliberalismus hat vermutlich viel damit zu tun, dass afrikanische und asiatische Städte relativ wenig durch ausländisches Kapital eingenommen worden sind. Wesentlich mehr Land und größere Teile der Bevölkerung werden durch den Ausschluss aus der neoliberalen Geographie des „hopping global capital" getroffen. Die Ausbeutung der Erde findet nur punktuell dort statt, wo es auch Rohstoffe (in jeder Form) gibt. Dort lässt sich in der Tat eine neue Urbanität identifizieren, die in gated communities das neoliberale Paradigma der verschärften sozialen Exklusion verkörpert. Das Beispiel der gated community vor den Toren von Angolas Hauptstadt Luanda, die für die ausländischen Bediensteten der Erdöl-Industrie gebaut wurde, und das in „Evil Paradises" dargestellt wird, ist dafür ein gutes Beispiel, denn es verdeutlicht zugleich auch den relativ marginalen Umfang dieses Siedlungstyps neben den weiter existierenden städtischen Strukturen, in denen weiterhin Armut, Informalität und ein komplexes Machtsystem besteht, das von der neoliberalen Insel vor den Stadttoren nur segmentär beeinflusst wird. Es scheint deshalb einfach mehr Menschen zu geben, die von der Weltökonomie mehr vergessen als ausgebeutet werden. Die sozialen Folgen der Globalisierung bedeuten für diese Städte in erster Linie eine Bestärkung der lokalen Machtverhältnisse und eine „urbane Tribalisierung", in der die Instanzen der Moderne, die eben neben den Ausbeutungslogiken des Kolonialismus ansatzweise und wahrscheinlich zumeist vergeblich aus den Industriestaaten und den imperialistischen Nationen eingeführt werden sollten, vollkommen ausgeschaltet werden. Die globalisierte Welt radikalisiert die grundlegende Spaltung zwischen mobilen Reichen und lokalen Armen, die an ihren Ort gefesselt sind (vgl. Bauman 1998) und die es wohl aber schon weit vor dem kapitalistischen Zeitalter gegeben hat. Die neoliberale Brille in der Stadtsoziologie erscheint vor allem ein Produkt der externen Betrachtung zu sein, die auf ein Kritik-Monopol beharrt und sich nicht die Mühe macht, andere, d. h. nicht-metropolitane Theoretisierungen als gleichwertig anzusehen und damit in einen Wettstreit hinsichtlich der größeren Erklärungskraft der lokalen Problemlagen in „jenen" Städten einzutreten, die man in der Tat schon immer nicht wirklich ernst genommen hat. Deshalb kann man auch nicht verstehen, warum ironischerweise, so Parnell und Robinson (a. a. O., 602), der Neoliberalismus ausgerechnet – weil er eben nicht über die intermediäre Institutionen des Staates einen „neoliberalen Komplex", von dem die Neoliberalismus-Kritiker (etwa Brenner, Peck und Theodore, 2010) ausgehen, installieren konnte – die wenigsten Effekte dort gehabt hat, wo die Strukturanpassungsprogramme der Weltbank am erfolgreichsten durchgeführt worden sind.

Für Davis scheint es sich bei der ganzen Neoliberalismus-Kritik sowieso eigentlich um neuen Wein in alten Schläuchen zu handeln. Die Grundübel des Kapitalismus und Imperialismus haben im Grunde nur ihre jeweiligen Erscheinungsformen geändert, haben sich aber als solche in ihrer Menschenfeindlichkeit nicht verändert. Diese Annahme unterliegt auch Davis' historische Arbeit über die Hungerkatastrophen des 19. Jahrhunderts, das Entstehen von „El Niño" und damit insgesamt „Die Geburt der Dritten Welt" (2001). Das Buch ist faktenreich und aus der Perspektive vieler realer Menschen geschrieben, wodurch es sich angenehm von „Planet der Slums" unterscheidet. Davis mag von dem Anliegen getrieben gewesen sein, den vielen Hungertoten des 19. Jahrhunderts, die außerhalb der Metropolen der Mutterländer gestorben sind und an die sich heute niemand mehr erinnert, ein historiographisches Denkmal zu setzen. Das ist Davis auch in anschaulicher Weise gelungen, wie es die World History Association bestätigte, die Davis für sein Werk auszeichnete. Während seiner Aufarbeitung der Geschehnisse dieser Leidensgeschichten zweifelsohne angesichts der eurozentrischen Geschichtsschreibung ein großes Verdienst zukommt, und es dadurch nachvollziehbar wird, in welchen lokalen Zusammenhängen diese Tragödien sich abspielten, darf allerdings die interpretative Schlussfolgerung aus den „Late Victorian Holocausts, El Niño Famines and the Making of the Third World", wie das Buch im englischen Original heißt, wiederum kritisch zu diskutieren sein. Wieder geht es darum, dass er das imperialistisch-kapitalistische System für die Zerstörung der natürlichen Grundlagen der Gesellschaft verantwortlich macht. Wie in „Planet of Slums" sieht er dies vor allem durch die Vernichtung der agrarischen Lebensweise bestätigt,

6 Städte der Slums

die zu der Entwurzelung der Menschen und zu der Schutzlosigkeit gegenüber den Naturgewalten und den Umweltkatastrophen geführt hat, die die Massenmorde („Holocausts" – der Übersetzer bemüht sich in einer Fußnote darzustellen, dass dieser Begriff im Englischen angeblich nicht gleichbedeutend mit der Shoah ist) und Hungerkatastrophen hervorgebracht haben und die den Ursprung der „Dritten Welt" ausmachen. Sein Paradebeispiel ist Indien. Hierzu allerdings meint der Träger des Wirtschaftsnobelpreises Amartya Sen (2001), dass die Behauptung, die indischen Dörfer seien durch den englischen Kolonialismus zerstört worden, weit übertrieben sei. Sen lobt das Buch in allen Tönen und bezweifelt nicht die angeführten Beschreibungen, hält jedoch die Analyse insgesamt für zu eng geführt. Selbst wenn man sich auf die Auswirkungen des viktorianischen Zeitalters beschränkt, dann muss man doch berücksichtigen, dass der liberale Kapitalismus nicht als einzige Ursachenquelle für die Hungerkatastrophen der Welt anzusehen ist. Auch für die angeführten Beispiele ist eine solche monokausale Erklärung, die Davis übrigens im vierten Kapitel über die „politische Ökonomie" wiederum fast ausschließlich durch Erzählungen plausibel zu machen sich bemüht, nicht überzeugend. Sen meint dazu:

> Even though Davis' historical study concentrates on what can be called imperialist famines, failures of a very similar kind have occurred in independent countries and even in formally Socialist ones. Indeed, in the 20th century the biggest famines occurred mostly in countries outside the domain of liberal capitalism, notably in China during 1958–61 (with possibly 30 million deaths), but also in the Soviet Union in the 1930s, in Cambodia in the 1970s and in North Korea in the very recent past (not to mention the dismal record of domestic military dictatorships in sub-Saharan Africa) (A. a. O.).

Machtlosigkeit und ökonomische Ungleichheiten insgesamt machen für Sen das größere Problem der menschlichen Unsicherheit und Verletzlichkeit aus, nicht per se das liberale politische System der kapitalistischen Demokratie (vgl. auch Ruben, 2011).

Magischer Urbanismus 7

In „City of Quartz" (1990) hatte Davis die Zukunft der Stadt mit ihrer interkulturellen Entwicklung verknüpft. Für ihn ging von den Einwanderern und ihren Aktivitäten, mit denen sie sich Los Angeles aneignen, ein „ungewöhnlich warmes und klares Licht aus" (112), das es noch zu verstehen gilt. Zehn Jahre später geht er dem Thema in seinem Buch „Magical Urbanism" gezielt nach und findet eine Wiedererfindung des Urbanen durch die Latino-Einwanderer vor. In diesem Buch, so Román de la Campa, Professor am Department of Hispanic Languages and Literature der State University of New York, in seinem Vorwort, thematisiert Davis die unterschiedlichen „border zone shifts" zwischen US-Amerikanern und Mexikanern, Weißen und Latinos, Nord und Süd, Einheimischen (Natives) und Einwanderern. De la Campa erinnert daran, dass es „hier" (USA) war, wo er, vor dreißig Jahren aus Cuba eingewandert, mit den anderen lateinamerikanischen Immigranten zusammentraf: „At that point our experience, regardless of class and ethnictiy, beginns to acquire a sense of plurality deriving from a dual linguistic and cultural heritage"(xv).

Der Bezug auf den Begriff des Urbanen ist also nicht nur als eine lose Referenz gemeint, mit der sich ein anderes Thema über die Stadt an sich gut verkaufen lassen soll. Urbanität und die „Stadt" im Allgemeinen, so ist es wohl häufig der Fall, werden dann lediglich in einer Perspektive genutzt, in der die Stadt bloß die Bühne für übergeordnete andere Themen darstellt, die Stadt als eine Art Spiegel gesehen wird, in der alles möglich ist, der Raum somit in seiner Eigenart unsichtbar wird, verschwindet und zu einem Container mutiert, *in* dem alles Mögliche geschieht, der aber als solcher unwichtig ist. Dem stehen in der Tradition der Stadtforschung alternative Urbanitätsdiskurse gegenüber, die die Eigenarten des Städtischen betonen und der Urbanität eo ipso eine gesellschaftliche Bedeutung zuweisen. Auch dies ist Chicago. Die Stadt war nicht nur das Labor, in der sich das menschliche Verhalten in seinen positiven wie negativen Extremen am besten beobachten und erforschen lässt, sondern generiert auch einen ganz neuer Typus der Gesellschaft, der ein anderes Verhalten des Einzelnen wie der sozialen Gruppen bedingt. Die klassischen Studien wie „The Polish Peasant" oder der Race-Relation-Cycle von Robert Park lassen sich in dieser Hinsicht als ein Erklärungsversuch verstehen, mit dem das Zustandekommen dieser besonderen urbanen Konstitution des Menschen und somit der städtischen Zivilisation nachvollzogen werden soll. Das große Thema dieses Urbanitätsdiskurses ist „Der Fremde" und wie in der Gesellschaft die Fremden zueinander stehen, warum sie miteinander leben können, warum sie sich ablehnen und alle anderen denkbaren Formen der „Vergesellschaftung" eingehen.

Es liegt nahe, insbesondere aus deutscher Sichtweise, hierbei an die Texte von Georg Simmel (vgl. Junge, 2012) zu denken, der als Zeitzeuge der Berliner Großstadt-Entwicklung und wohl auch als diskriminierter Jude persönlich angeregt war, sich mit diesen Themen auseinanderzusetzen. Diese Simmel-Assoziation mag umso berechtigter sein, da Robert Park als einer der Köpfe der Chicago School in Deutschland promovierte, wohl auch zumindest Georg Simmels Vorlesungen kannte und Teile seiner Arbeiten übersetzte (Bodemann, 2011, 197). Simmels philosophisches Konzept des „Fremden" unterscheidet sich aber schon in mancher Hinsicht, wie ihn dann die Chicago School in ihrer empirischen Forschung umgesetzt hat, und man kann wahrscheinlich nicht genug davor warnen, die Assoziationen zwischen der geisteswissenschaftlichen und der stadtsoziologischen Ebene zu überdehnen. Der Fremde in Simmels „Exkurs über den Fremden" (Simmel 1995, II: 764–771) repräsentiert eine ambivalente Persönlichkeit, die einerseits an einem Ort tätig ist und dort lebt, andererseits aber dort nicht wirklich zu Hause ist. Er bleibt auf diese Weise fremd und kann von daher eine objektivere Haltung zu den unterschiedlichen lokalen Interessen einnehmen, ohne sich dabei vollkommen einer Seite anzuschließen. In dieser Weise ist der Fremde für Simmel in einer vergleichbaren Position wie ein Richter, der sich auch in einen Fall vertiefen muss, aber von dem erwartet wird, dass seine Neutralität erhalten bleibt. Ohne Zweifel handelt es sich bei diesem Fremden um eine Art Personifizierung der Moderne, die Simmel als eine Form der Individualisierung betrachtet, bei dem der Einzelne neue Kontakte bewusst und intellektuell herstellen muss, um im Gewirr der Großstadt nicht verrückt zu werden. Der „Marginal Man" der Chicago School, der oberflächlich betrachtet das Pendant zu Simmels Fremden wäre, ist aber nicht nur ein geistig und im Simmels Sinne neurologisch überforderter Stadtbewohner, sondern er entspricht eher dem Migranten in der zweiten Generation, wie wir es heute terminologisch beschreiben würden. Er ist in seiner gesamten Persönlichkeit von dem Widerspruch der heimischen Einwanderungskultur und der neuen städtischen Umgebung und den dort aufzufindenden fremden Kulturen zerrissen. Die Chicago School sieht diesen Prozess als einen stufigen, über Generationen verlaufenden und vom Umfeld abhängigen Assimilationsprozess an, an deren glücklichen aber nicht zwangläufigen Ende geteilte Erfahrungen, Emotionen und Erinnerungen stehen.

Die Beschäftigung mit der Interkulturalität der Großstadt bei Davis kann in „Magical Urbanism" zunächst als eine Fortsetzung dieses Urbanitätssujets über Simmel und die Chicago School gesehen werden. Allerdings kann auch gezeigt werden, dass in den Arbeiten von Mike Davis eine Verquickung dieser an sich und auch von Davis eher als sich ausschließend betrachteten weitergehenden Theoriekonzepte aufgefunden werden kann. Die hintergründige Argumentationslinie, die aber nur ansatzweise aufblitzt, mag in der Beibehaltung der orthodox-marxistischen Suche nach dem revolutionären Subjekt liegen, dem „magische" Möglichkeiten zugesprochen werden. Demnach wären die Latino-Einwanderer als eine Reinkarnation der „Verdammten dieser Erde" zu sehen, die in der Internationale verklärt besungen, sich zum „letzten Gefecht" aufmachen. Die Denkfigur der Apokalypse, der Rettung nach dem großen Knall, war bereits oben in der Diskussion über Davis' Ablehnung von reformatorischen Politikansätzen identifiziert worden und versinnbildlichte sich auch in seiner „Ökologie der Angst", in der erst nach dem Verschwinden der Weißen wieder eine naturbezogene Zivilisation entstehen würde. Die Beschäftigung mit der Latino-Urbanisierung mag daher für Davis besonders reizvoll sein und erscheint wiederum auch als ein Feature seiner ausgesparten Beschäftigung mit seiner eigenen Rolle als Mitglied der weißen angelsächsisch kulturell geprägten Bevölkerung der USA, die nun keine dominierende Rolle mehr innehat und vielmehr eine Minderheit unter vielen geworden ist. Davis thematisiert die Angst vor dem Machtverlust der Weißen, der White Anglo-Saxon Protestants (WASP), in quasi allen seinen Büchern, wobei es vor allem um deren Antizipation in den Fantasiewelten geht. Dies ist auch die Basisargumentation seines Buches „Reading the Text That Isn't There. Paranoia in the Nineteenth-Century American Novel" (2005), der als literaturwissenschaftliche Arbeit nur dann als ein exzeptionelles Werk von Davis betrachtet werden kann, wenn man die zahllosen Hinweise in seinen vorherigen Büchern übersieht, die die Angst der Weißen vor der Marginalisierung thematisieren. Kevin Stannard fiel dies schon mit Bezug auf Davis' Arbeiten zu Los Angeles auf:

> Ironically, Davis' critique of Los Angeles as a disaster waiting to happen comes just as the city is about to shakes off the shackles of control by its erstwhile WASP elite (as recently as 1960 it was the most white and protestant of all big US cities). David could, in these terms, be seen as the most recent in a long line of representatives of what has been called the ‚Anglo-apocalyptic school', mistakenly assumed to be hankering after some lost innocence. (2004, 263)

Davis dokumentiert die langsame aber stetige Übernahme der us-amerikanischen Städte durch die Latino-Minderheit gleich zu Beginn seiner Ausführungen in „Magical Urbanism". Anhand der detaillierten Wiedergabe von Daten des US Census Track aus dem Jahr 2000 belegt er eine Bevölkerungsentwicklung, die heute ein Jahrzehnt später schon so offensichtlich ist, dass die Brisanz der Darlegungen nicht mehr so groß zu sein schien wie dem Autor damals. Er unterstreicht dabei, dass die Latino-Population eine Präferenz für die Innenstädte und nicht für das suburbane Leben hat und beklagt die mangelnde Wahrnehmung der Entwicklung insgesamt in den Urban Studies. Davis schließt sich der Kritik an den „Latino Studies" an, die mit großem Aufwand betrieben würden, aber zwischen den Stühlen der „Latin American Studies" und den „American Studies" säßen, womit die politische Trennung zwischen den USA und Lateinamerika auch intellektuell zementiert werde.

Für Davis ist die sich entwickelnde Latino-Metropole Ausdruck und Ursache der tiefgreifenden Veränderung der urbanen Kultur und der ethnischen Identitäten in den US-Großstädten. Er verweist auf die unentschiedene Diskussion um die ethnische Kategorisierung der „Latinos" in den Census-Statistiken und auch in der öffentlichen Debatte, in der es zwischen „Hispanics" und „Latinos" je nach Region unterschiedliche Klassifizierungen gibt. Davis weist auf die unterschiedlichen ethymologischen Hintergründe beider Begriffe hin und betont, dass beide heute keine Synonyme mehr im Sinne von „Katholisch" darstellen, zumindest in seiner Reinform. Die kulturellen Erbschaften des spanischen Kolonialismus sind zwar in der Sprache (Spanisch) und im katholischen Glauben eingerahmt, letzterer hat sich aber nur als eine atzekische, afrikanische und sonstige lokale Glaubensform synkritisch integrierende Religion aufrecht erhalten können. Mike Davis verwehrt sich daher einer existentialistischen Sichtweise auf das Entstehen von ethnischen Identitäten und zitiert Octavio Paz' berühmte Sentenz über die „mexicanidad", wonach das Latino-Sein keine Essenz, sondern Geschichte sei. Davis unterstreicht die Bedeutung der nationalstaatlichen Rahmen für die Beschreibung der Nationalität und die Dialektik, die sich aus der Abgrenzung der unterschiedlichen Identitätskonstruktionen (etwa in Bezug auf die „Englishness" oder „Caribbeaness") ergibt. Diese nationalen Komponenten der Identitätsbildung sind weder „pregiven or unchanging excenses" (16). An dieser Stelle zitiert er die Immigrationsforschung der Chicago School:

> As immigrant researchers have been reminding us since the days of Thomas' and Znaniecki's monumental *The Polish Peasant in Europe and America* (1919), identities brought to the United States are reassembled into ‚ethnicities' within the contemporary force-field of the majority culture and its ‚others' (a. a. O.).

7 Magischer Urbanismus

Diese Ethnifizierung bedeutet eine teilweise strategisch eingesetzte Simplifizierung der komplexen Identität der Immigranten, die aus unterschiedlichen und mithin widerstreitenden Elementen besteht. Am Beispiel der „Latinos" von Los Angeles skizziert Davis, wie sich die ethnische Identität verändern kann und wie die „Latino"-Migranten sich auf diese Weise bemühten, mit der vorherrschenden Whiteness auszukommen. Davis schließt sich dabei jenen Diskursen an, die wie Rubén Martinez oder Guillermo Gómez-Pena die eigentümliche Situation der Chicano-Mexicano-Latino-Hispanic-Identität durch das Leben als Grenzerfahrung, als subversives Jonglieren mit den unterschiedlichen Identitätskonstruktionen geprägt betrachten. Mehrfach zitiert er dabei die Arbeit von Juan Flores zu den Puertoricanern in New York. Das zweite Kapitel trägt sogar den Titel („Buscando America") wie die Zusammenfassung von Flores' Buch „Divided Borders" (1993). Flores geht dabei in seinem Verständnis der konstruierten Identität der Puertoricaner über ein bloßes Patchwork-Verständnis hinaus und weist dieser Minorität die Rolle einer Counterculture zu, die Diaspora-Gemeinschaft „strikes back" (Flores 2009). Davis lässt auch die gegenteilige Sichtweise zu, in dem er Quellen zitiert, die eine Hispanisierung der „Gringos" als Ergebnis der Latinisierung Amerikas prophezeien, die somit nicht nur die US-amerikanische Kultur innovieren, sondern durch ihre Innovationskraft eine neue hegemoniale globale Kultur, die panamerikanische, hervorbringt.

Im Folgenden schildert Mike Davis die siamesische Zwillingsbeziehung zwischen Mexiko und den USA. Er stellt dar, in welcher Weise das North American Free Trade Agreement (NAFTA) aus dem Jahr 1994 in erheblicher Weise die Beziehungen zwischen beiden Staaten verändert hat. Durch die Verlagerung von industriellen Produktionsstätten aus dem verhältnismäßigen Hochlohn-Land USA auf die mexikanische Seite der Grenze hat sich eine neue Form der „maquila(dora)"-Industrialisierung eingestellt, die auf einem freien Waren- und Kapitalaustausch beruht. Dies bedeutet in der Praxis, dass US-amerikanische Unternehmen jenseits der Grenze Fertigungsstätten aufgebaut haben, die insbesondere in der Kleidungs- und Elektronik-Industrie niedrigere Preise erzielen können als die heimischen Arbeiter. Tijuana, künstlich von San Diego durch die Grenze von den USA getrennt, hat durch diese NAFTA-Wirtschaftspolitik innerhalb von einem Jahrzehnt seine Einwohnerzahl auf fast 1,5 Mio. verdoppelt. Überall entlang der Grenze sind „Maquila"-Industrieorte entstanden oder werden Städte wie Ciudad Juárez ökonomisch vollkommen neu gestaltet. Die Effekte dieser neoliberalen Wirtschaftspolitik sind vielfältig und widersprüchlich. Wenn man sich in Washington gewünscht haben mag, mit der Verlagerungspolitik der US-amerikanischen Industrie Vorteile gegenüber den asiatischen Konkurrenten zu verschaffen, dann ist dies nur teilweise gelungen. Denn auch die asiatischen Unternehmen wie Sanyo oder Samsung haben sich die privilegierte Grenzlage zu Nutzen gemacht und dort Produktionsanlagen aufgebaut. Nach den Angaben von Davis befinden sich 60% der „Maquila"-Industrie in den Händen dieser japanischen oder koreanischen Konglomerate.

Wichtiger sind für Davis die sozialen Auswirkungen dieser Politik. Hierbei betont er die schlechten Arbeitsbedingungen für die mehr als eine Million, meist weiblichen Beschäftigten in den Fabriken und auch, dass die dort angesiedelte Industrie den Aufbau der mexikanischen Unternehmen in denselben Sektoren im Landesinneren erheblich erschwert hat, so dass das Wachstum an der Grenze die industriellen Kapazitäten andernorts in Mexiko zerstört hat und dort wiederum Arbeitslosigkeit entstanden ist. Die schwerwiegendste Folge der NAFTA-Politik liegt allerdings in der doppelten Natur der Grenze, die für Güter und Geld nun nicht mehr zu existieren scheint, während sie den Grenzverkehr für die Mexikaner erheblich eingeschränkt hat. Durch die 2000 Meilen lange Grenze und deren quasi militärische Überwachung und Verschließung hat sich eine besondere Sozialgeographie herausgebildet. Und dies in doppelter Hinsicht: Zum einen ist entlang „La Frontera", wie die Grenze in der Umgangssprache schlicht genannt wird, eine Geographie der grenznahen Ökonomie auf beiden Seiten entstanden, die von ca. 10 Mio. Menschen bevölkert ist. Zum anderen hat die Grenzökonomie mit ihrer besonderen Ausrichtung auf die durch die Kriminalisierung von Migration und die Einfuhr illegaler Waren ausgerichtete Schattenwirtschaft ein erhebliches wirtschaftliches Potential entwickelt. Davis meint damit den Geldwäsche-Circuit der Drogenmafia und der Schlepper-Ökonomie. Er glaubt, dass vieles von diesem Schwarzgeld in den USA reingewaschen wird und nicht nur die Billiglohn-Heimarbeitsstätten (Sweat Shops) in Los Angeles und anderswo wieder hat entstehen lassen, die einst das Bild der Großstädte in den 1930er Jahren geprägt hatten, sondern auch die Glimmer-Welt von Las Vegas durch dieses illegale Kapital finanziert wird. Davis stellt deshalb das Bevölkerungswachstum von Tijuana in einer Tabelle neben das von Las Vegas. Das ist provokativ und suggestiv zugleich. Davis verweist darauf, dass das erste Casino in Las Vegas schon in den dreißiger Jahren aus Tijuana dorthin verlegt wurde. La Frontera aber ist das große Thema, denn es symbolisiert in eindringlicher Weise die schizophrene Haltung, wonach Geld sehr wohl frei zirkulieren darf, Migranten aber mit aller Macht abgehalten und sich nur sehr kontrolliert zwischen Mexiko und den USA bewegen dürfen. Davis verweist auf die Einbindung dieser Anti-Migrationspolitik in den gescheiterten „War on Drugs", der als Legitimation für die stetig wachsenden Bemühungen der Border Control dient, um sich in den lokalen Gegebenheiten in den Grenzstädten einzumischen. Bezugnehmend auf offizielle Statistiken aus Mexiko stellt Davis dar, dass allein in den vier Jahren von 1996 bis 2000 1.450 Menschen bei dem Versuch der illegalen

7 Magischer Urbanismus 121

Grenzübertretung gestorben sind. Zusammen mit Justin Akers Cacón widmet sich Mike Davis in „No one is illegal. Fighting Racism and State Violence on the U.S-Mexico Border" (2006) sechs Jahre später in großer Ausführlichkeit der historischen und aktuellen Situation der Beziehung zwischen Mexiko und den USA. Hierbei beschreibt Davis die Geschichte des „Vigilante Man", der sich zur Selbstjustiz berechtigt fühlt und seine rassistischen Gewaltexzesse oftmals in Komplizenschaft mit der jeweiligen wirtschaftlichen oder politischen Elite verübt hat. Das ist die Geschichte der Pinkertons, Klansmen, der Anti-Japaner-Aggressionen im Zweiten Weltkrieg, des KKK, des Zoot-Suit-Kriegs und vieler weiterer Gewaltakte gegen gesellschaftlich Schwächere, die nach wie vor in den USA verübt werden. Cacón und Davis platzieren diesen Rassismus in einen Kontext der ökonomischen Ausbeutung der mexikanischen Arbeiterklasse, die sehr gut abgestimmt ist mit der jeweiligen Migrationspolitik, wie vor allem an dem scheinbar liberalen Bracero-Programm aus dem Jahr 1942 deutlich wird, das sich im Effekt gerade gegen die Menschen stellte, denen eigentlich geholfen werden sollte. Heute wird hingegen La Frontera und die massive Aufrüstung der Sicherheitskräfte an der Grenze als Teil des Anti-Terror-Krieg ideologisch gerechtfertigt.

Während die Situation an der Grenze inzwischen zu einem wohlbekannten Studienthema geworden ist, das auch den kulturellen Mainstream in den USA erreicht hat, wie etwa der ausgezeichnete Film „Crossing over" mit Harrison Ford Jahre nach der Publikation von „Magical Urbanism" nahelegt, ist die Transformation der grenzferneren Städte durch die Latino-Migration für Davis noch ein weitgehend unbeachtetes aber unleugbares Phänomen. Für ihn handelt es sich hierbei um eine Tendenz in der Stadtentwicklung der USA, die nicht mit den Erfahrungen der Afro-Amerikaner und Europäer zu vergleichen ist. Latino-Pluralitäten und – Mehrheiten haben die klassischen Barrios verlassen und neue städtische „Geometrien" (50) sind im Entstehen begriffen:

> In the classic Chicago School model of the North American city, the ethnic district is a simple wedge (...) driven into the concentric circles represented by different housing/income classes. Mexican settlement in Los Angeles before 1970 closely approximated this idealtype with a single primate barrio (...) that contained the majority of the Spanish-surname population (80).

Diese Form der Stadtentwicklung finde sich immer noch in Städten wie Oakland, Philadelphia, Phoenix, Atlanta oder Washington wieder. Doch schon in Chicago besteht eine komplexere Wohnortgeographie, in der sich die spanischsprachige Bevölkerung gleichmäßig über vier Stadtteile verteilt. New York kann als eine noch komplexere Stadtgeographie betrachtet werden, bei der im Jahr 1996 21 Latino-Nachbarschaften in vier Boroughs identifiziert werden konnten. Im Gegensatz zu

Los Angeles hat New York in diesen Stadtvierteln auch immer eine große Nicht-Latino-Minderheit besessen. New York ist mehr plurikulturell als alle anderen Metropolen. In den USA lassen sich dementsprechend drei Raumtypen auffinden: primate district („natural areas" im Sinne der Chicago School), polyzentrische Nachbarschaften und das New Yorker ethnische Mosaik. Und dann ist da noch Los Angeles, „a case apart" (53). In der statistischen Metropole Los Angeles (SMSA) werden inzwischen sechs Millionen Menschen der sozialen Gruppe der „Latinos" zugeordnet, wodurch diese eine Mehrheit in 757 Census-Districts darstellen und die übrige Bevölkerung außerhalb der Metropole als Peripherie erscheint. Latinos haben nach und nach die klassischen Arbeiterwohngegenden und die anschließenden Suburbs übernommen, die sich an die Industriegeographie entlang der Interstate 5, dem Pomona Freeway und dem Los Angeles River entwickelt hatte. In nahezu allen Niedriglohn-Sektoren haben die Latinos innerhalb von einem Vierteljahrhundert die Mehrheit der Jobs eingenommen. Die WASPs konzentrieren sich in den Management-Bereichen der Privatwirtschaft und der Unterhaltungsökonomie, während Afro-Amerikaner im öffentlichen Sektor stark vertreten sind und die Asiaten die Leichtindustrie dominieren. Damit ist die Arbeiterklasse von Los Angeles stärker ethnisiert bzw. weniger plurikulturell als in New York. Die Latino-Metropole ist zudem nach generationellen Distinktionen aufgeteilt, d. h. es gibt sichtbare Trennlinien zwischen neuen und alten Latino-Einwanderern, die zum Teil schon in der fünften Generation in Los Angeles leben. Letztere haben auch teilweise eine gewisse Form von sozialer Mobilität erleben können. Dies lässt sich an den bessergestellten Chicano-Suburbs wie im San Gabriel Valley ablesen. Dem steht entgegen, dass in den ärmsten Stadtteilen von Los Angeles der Anteil der Latinos weit überpräsentiert ist. Ungeachtet dieser internen sozialen Ausdifferenzierung betont Mike Davis aber die neue Qualität der Urbanität: „What is most striking (...) is the cultural unity and blue-collar solidity of Mexican Los Angeles." (59)

Die Neuentdeckung der Urbanität von Los Angeles durch die Latinos ist für Davis durch deren Energie und das für das Erstehen von Wohneigentum notwendige Geld, das die Latinos durch die Kombination von jeweils mehreren Erwachsenen trotz ihrer vielen Mini-Jobs, von denen sie leben müssen, aufbringen können, entstanden. Sie eignen sich gerade jene heruntergekommenen Wohngegenden an, die durch den de-industriellen Abschwung in Mark und Bein getroffen wurden und völlig heruntergekommen sind. Im Süden und Südosten der Innenstadt von Los Angeles, die schon nach den Watts-Aufständen im Jahr 1965 und durch die dann folgende, Jahrzehnte lange Indifferenz der Hauseigentümer vernachlässigt worden war, gibt es inzwischen keine Straße mehr, die nicht durch die Latinos wieder zum Leben erwacht ist. Bröckelnde Fassaden werden wieder gestrichen, Dächer neu bedeckt, Veranden wieder aufgebaut und die Vorgärten mit Kakteen und Azaleen bepflanzt. Davon haben, so Davis, nicht nur die Latinos selbst profitiert. Die mehr als 75.000 Latino-Hauseigentümer haben vielfach auch Afro-Amerikaner in Dienst genommen. Dieses Revival der aufgegebenen Stadtteile scheitere aber oft an bürokratischen Vorgaben wie den Zonierungsgesetzen, die in etwa wie die deutschen Flächennutzungspläne verbindlich mögliche Nutzungsbestimmungen von Grund festlegen und zumeist Mehrfachnutzungen etwa durch Vermischung von Wohn- und Wirtschaftsansprüchen ausschließen: „Micro-entrepreneurship is applauded in theory but everywhere persecuted in practice" (63). Die Belebung der Innenstadt durch die Straßenverkäufer und Straßenmärkte wird damit weitgehend unmöglich gemacht. Dies geht auf eine fehlende Anerkennung der Tatsache zurück, dass eine Stadt den Ärmsten der Gesellschaft Räume zur Verfügung stellen muss, damit sie ihre Überlebensstrategien erfolgreich umsetzen können, so wie es in den lateinamerikanischen Metropolen juristisch und physisch Usus ist. Obwohl von einer breiten Bevölkerung wohl als angenehm empfunden, bleibt somit das Verkaufen der leckeren „paletas", „champurrados" oder „tamales" immerzu ein riskanter Akt, da die Ordnungshüter erheblichen Aufwand betreiben, um den Straßenverkauf zu verhindern und zu kriminalisieren. Doch der Kampf um die Erlaubnis, die mitgebrachte Cuisine für das eigene ökonomische Überleben einsetzen zu dürfen, ist nur vordergründig eine Frage von Gesetzen und Regulierungen. Die Latinos bringen auch ein anderes Verständnis vom öffentlichen Leben in die USA mit. Sie durchbrechen mit einem „heißeren" und extrovertierten Verständnis vom Leben in der Stadt die kalte Ordnung der eingefrorenen Geographie der US-Metropolen. Die Latino-Metropole speist sich aus einem inklusiveren Verständnis von Urbanität, das sich als ein gelebtes Zivilisationskonzept interpretieren lässt, das vor allem auf der geteilten alltäglichen Interaktion in den öffentlichen Räumen wie der „plaza" oder dem „mercardo" beruht. Latinos sind deshalb wesentlich aktiver in der Nutzung von Spielplätzen, Parks, Büchereien, Plätzen und anderen Formen des öffentlichen Raums. Sie leisten deshalb viel für die Erhaltung der urbanen Allgemeingüter. Mit dieser Lebensweise transformieren sie auch die heruntergekommensten Gegenden und Dank ihnen sind überall dort Bohemia-Nachbarschaften entstanden, wo sonst niemand anders mehr Energie hineinstecken wollte. Mainstream-Planer und Architektur-Theoretiker haben dies bis dato nicht entdeckt, obwohl es schon seit den 1960er Jahren Chicano-Städtebauer wie die „Barrio Planers" gibt, die diese Potentiale wahrgenommen und Schlussfolgerungen für die Notwendigkeiten eines angemessenen Design-Ansatzes formuliert haben. Die zuständigen Los Angeles-Stadtplaner haben hingegen zwanzig Jahre gebraucht, um einen einzigen „mariachi plaza" in Boyle Heights zu planen und zu bauen. In Architekturzirkeln wird viel über das Revitalisieren und Reurbanisieren geredet, währenddessen sind Latino-

und auch asiatische Einwanderer schon längst damit beschäftigt, die toten Orte der amerikanischen Metropole zu reanimieren.

Nach mehr als einem Jahrzehnt nach Erscheinen von „Magical Urbanism" kann man ohne Übertreibung sagen, dass die Kernthese von der zunehmenden Bedeutung der Latino-Bevölkerung in den USA nicht mehr angezweifelt wird und der demographische Wandel perfekt ist: Bei der Wiederwahl von Barak Obama im Jahr 2012 haben 71% der Latino-Wähler ihm ihre Stimme gegeben. Obama ist zudem der erste Präsident, der gegen einen Stimmenmehrheit der weißen Wählerschaft gewählt wurde. „Der Spiegel" schreibt: „Entscheidend für Obamas Sieg waren die Latinos, die am schnellsten wachsende Bevölkerungsgruppe der USA. Fast drei von vier Latinos stimmten für Obama, auch dank der harten Immigrationspolitik der Republikaner." (Pitzke, 2012). Das Problem der Republikaner mag in der Tat darin liegen, dass sie die Situation der Latinos nicht verstehen und nur in einem Diskurs von Einwanderungsverhinderung und Überfremdung analysieren. Sie könnten sich bei Davis hingegen sehr gut darüber informieren, dass die Lebenslage der Migranten eine wesentlich komplexere ist als dies mit dem Bild der (europäischen) Landnahme Amerikas, der „frontier"-Ideologie, in Einklang zu bringen ist. Die Raumaneignung erfolgt paradoxerweise über die Suburbs, in denen eine domestizierte Latino-Arbeiterklasse für die Erziehung der Anglo-Kids, das Rasenmähen und die lästigen Alltagstätigkeiten der weißen Mittelschicht gehalten werden soll. Das Bild vom polnischen Einwanderer vom rückständigen Lande, der in der Großstadt Anschluss findet an eine fortschrittliche Stadtgesellschaft, die ihm potentiell einen sozialen Aufstieg vermittelt, war von der Chicago School in den Burgerschen Entwicklungszyklus (s. Kap. 3) modellhaft gegossen worden. Einwanderung bedeutete soziale Mobilität nach oben. Die republikanische Perspektive scheint immer noch an dieses Konzept gekoppelt zu sein und dementsprechend kommen die Latino-Einwanderer nur als statusniedrige Immigranten in die USA, die auf einen Aufstieg hoffen und folglich eine Konkurrenz zu den Weißen darstellen.

Doch die Unterschiede zwischen den europäischen Einwanderern des 19. und frühen 20. Jahrhunderts zu den Latinos am Ende des 20. und Anfang des 21. Jahrhunderts sind evident. Wie Davis zu Recht darstellt, handelt es sich bei diesen um Menschen, die in Mexiko oder anderswo in Lateinamerika nicht unbedingt zu den Ärmsten gehört haben. Da die komplizierte und gefährliche Einreise schon erhebliche Ressourcen erfordert, kann es sich hierbei nur um Immigranten handeln, die über ein gewisses Maß an Unterstützung und finanzielles Kapital verfügen, auch wenn dies oftmals die letzten Ressourcen darstellen, die in den familiären und sozialen Strukturen im Heimatland zu organisieren sind. Im Gegensatz allerdings zu den Einwanderern aus Polen, Deutschland und Italien, von denen die Chicago School berichtet, gibt es auch eine Verbindung schon zu den Einwanderern, die voraus gegangen sind und die über die üblichen Finanzkanäle diese Einwanderung mit unterstützen. Diese Geldtransfers müssen allerdings in einem komplexen System von transnationaler Migration (vgl. Eckardt und Eade, 2011) gesehen werden, bei dem es nicht um die (komplette) Aufgabe des Heimatlandes für das neue Zuhause geht. Vielmehr leben diese Migranten in unterschiedlichen Welten, in denen sie aber auch unterschiedliche soziale Statuspositionen innehaben. Davis schildert ein Beispiel:

> The town of San Miguel el Alto in Jalisco has for many years provided a flexible supply of labor for Palm Springs, California. During the busy winter and spring seasons, virtually the entire male population moves north to work in the steakhouses, restaurants, hotels and country clubs of the famous desert resort. But when they return to Jalisco, their social position metamorphoses (...) They willingly proletarianize themselves in California precisely to prevent the proletarianization of their status (in Mexico), where they are small ranchers and farmers (103).

Diese transnationale Migration hat nicht unbedingt die Ketten-Migration, also die klassische Einwanderung wie von Polen nach Chicago, abgelöst, aber sie ist wesentlich wichtiger geworden und hat zu neuen komplexen Sozialbeziehungen und sozialen Netzwerken geführt, ohne die wichtige Teile der US-amerikanischen Ökonomie nicht funktionieren würden. Diese transnationalen Netzwerkstrukturen sind erheblich von vorhandenen sozialen Beziehungen und Informationen abhängig und schützen keineswegs vor Ausbeutung, eher im Gegenteil. Davis verweist dabei vor allem auch auf die Überausbeutung der Frauen. Obwohl es auch neue Möglichkeiten für die Latina gibt, theoretischer Weise Zugang zu College-Programmen zu erhalten, so stellt sich die transnationale Migration für die Frauen in der Regel dennoch eher als eine forcierte Bestätigung der Gender-Ungleichheiten aus dem Heimatland dar. Die Möglichkeit, an den von den Latinos miterarbeiteten Wohlstand in den USA zu partizipieren, wird dabei quasi ausgeschlossen. Der amerikanische Traum, von ganz unten nach ganz oben zu kommen, ist für jene Latino-Einwanderer, die in der „transnational suburb" (93 ff) leben und die die Mehrheit ausmachen, schier unmöglich. Weder kann man sich in irgendeiner Weise durch das Arbeiten in den Vorgärten und Kinderzimmern der Mittelschicht qualifizieren, noch entwickelt sich der Lohn für diese Tätigkeiten im Gleichschritt mit den Einkommenssteigerungen der Hauseigentümer, denen man es gemütlich macht. Wie Davis anhand von offiziellen Statistiken zeigt, sind die Löhne der Weißen und Afro-Amerikaner in den Jahren 1980 bis 1996 zwanzigmal stärker gestiegen als die der Latinos. Das Durchschnittseinkommen der Latinos in Kalifornien ist nur halb so groß wie das der Weißen. Die Latinos haben also jeden Grund für die Annahme, dass die Idee, jeder könne es in den USA schaffen, so wie es wohl der gescheiterte Kandidaten der Republikaner Mitt Romney verkörpern möchte, für sie nicht in dem Maße stimmen kann. „Falling down" (109 ff), ist das Resümee von Mike Davis, die Latinos werden einkommensmäßig abgehängt.

Offensichtlich beinhaltet die Transnationalisierung der Migration auch eine veränderte politische Orientierung durch die Migranten selbst. Dies bedeutet zum einen, dass sie sich durchaus weiterhin für das politische Geschehen in ihren Heimatländern interessieren und mehr noch, sich darin aktiv einmischen, wie Davis anhand der Puerto-Ricaner in New York ausführt. Zum anderen bringen sie ein Verständnis von Politik mit, dass sich die vorhandenen politischen Strukturen in den USA teilweise zu Nutze macht, teilweise aber auch ignoriert. Letzteres bedeutet, dass sie ihre politische Sozialisation aus den Herkunftsländern nicht einfach „ablegen" wie einen alten Hut, der nicht mehr passt, sondern Erwartungen an den (US-) Staat und die amerikanische Politik formulieren, die sich aus ihrer pluralen Verortung in beiden Ländern ergeben. In „Magical Urbanism" verweist Davis abschließend auf die Proteste der unterbezahlten Latino-Arbeiterinnen und deren Streiks, also von denjenigen, von denen aufgrund ihrer schwachen Position und großen Verletzlichkeit eigentlich der geringste Widerstand zu erwarten wäre. Davis hofft, dass mit der Latino-Transnationalisierung eine Erneuerung der Arbeiterklasse einhergeht. „Collective Bargaining" und „living wages" sind zwei zentrale Forderungen der neuen Koalition der „labor Latino alliance", die sich aus Vertretern unterschiedlicher ethnischer Gruppen und Gewerkschaften in Los Angeles zum Ende der 1990er Jahre formiert hatte, die Davis in die Tradition eines César Chavez, dem charismatischen Arbeiterführer der Latino-Landarbeiter der sechziger und siebziger Jahre, stellt und als Neuformulierung einer Politik „what Marx called an alternative political economy of the working class" (174) betrachtet. Beide Forderungen erscheinen auf dem Hintergrund der US-amerikanischen Debatte in der Tat revolutionär, da die meisten Staaten in den letzten zwanzig Jahren kollektive Lohnverhandlungen (collective bargaining) durch die Gewerkschaften außer Kraft gesetzt haben. Die Reaktion der Gewerkschaften, etwa in Baltimore oder Milwaukee, war daraufhin, dass man versuchte, zumindest auf lokaler Ebene im öffentlichen Sektor Löhne zu fordern, die ein Lebensminimum (living wage) ermöglichten. Für jemanden wie Davis, der an anderer Stelle jede Form von Reformpolitik eher ablehnt, sind das erstaunliche Perspektiven.

Im sechs Jahre später erschienen Buch „No one is illegal" widmen sich Chacón und Davis eingehender der Frage der Beziehungen zwischen den Gewerkschaften und den Einwanderern. Hierbei schreiben sie der amerikanischen Kommunistischen Partei zu, dass sie es verstanden habe, dass die interethnische Solidarität für den Klassenkampf verwirklicht werden müsse. Gleiches gelte auch für die Asociación Nacional Mexiko-Americana (ANMA), die so erfolgreich in ihren

7 Magischer Urbanismus

Bemühungen gewesen sei, dass sie letztlich vom FBI verfolgt wurde und ihre Mitglieder inhaftiert und abgeschoben wurden. Diese progressiven und auf interethnische („internationalistische") Solidarität zielenden Ansätze wurden allerdings von den führenden Gewerkschaftsvertretern nicht aufgegriffen, und es dauerte bis in die 1960er Jahre hinein und ist im Zusammenhang mit der schwarzen Civil-Rights-Bewegung zu sehen, bis sich der Gewerkschaftsbund AFL-CIO und die mächtigen Einzelgewerkschaften dem Thema Einwanderung in einer integrativeren Weise stellten als in den Jahrzehnten zuvor, in denen der vermeintliche Schutz der einheimischen Arbeiter vor den neu zugewanderten im Vordergrund zu stehen schien. Zum ersten Mal nimmt Davis aber nicht nur das Engagement von gewerkschaftlichen Akteuren wahr – obgleich er sehr ausdrücklich betont, dass nur die Arbeiterklasse sich selbst befreien könne (315) –, auch er kann nicht die Augen davor verschließen, dass es Menschen- und Bürgerrechtsgruppen aus lokalen und kirchlichen (zumeist katholischen) Netzwerken waren, die sich seit den achtziger Jahren kontinuierlich und sehr effektiv für die Illegalen eingesetzt haben und deren Engagement dann Mitte der 2000er Jahre zu den größten politischen Aktionen in der Geschichte der USA geführt hat. Am 25. März 2006 gingen nach Schätzungen von Mike Davis eine Million Menschen in Los Angeles auf die Straße (laut Los Angeles Times waren es „nur" eine halbe Million) und forderten das Ende der Anti-Einwanderungsgesetzesvorschläge der Bush-Regierung (Sensenbrenner-Gesetze), nachdem bereits in über 50 Städten kleinere Demonstrationen stattgefunden hatten, mit beispielsweise immerhin 150.000 Teilnehmern in Detroit. Über drei Millionen Schüler verließen am 1. Mai 2006 den Unterricht, um für die Legalisierung ihrer Latino-Mitschüler zu demonstrieren. Dies fiel zusammen mit der Organisation von „El Gran Paro Estadounidense", mit dem die Latinos überall im Land einen großen Streik organisierten, um ihren Forderungen nach Amnestie für illegale Einwanderer Nachdruck zu verleihen. In Los Angeles nahmen nach den damaligen Schätzungen von Univision, dem weitverbreitetem spanischsprachigen Fernsehsender in den USA, ein bis zwei Millionen Menschen an einem Marsch durch die Downtown von Los Angeles teil.

Die neue Bürgerrechtsbewegung der USA hatte in 2006 zugleich seinen Höhewie seinen Tiefpunkt erreicht. Einerseits war es in einer Weise gelungen, die zahllosen lokalen und politisch und sozial sehr unterschiedlichen Netzwerke und Gruppen zusammenzuführen und dabei eine vermittelbare politische Lösung zu formulieren, andererseits war das Ergebnis niederschmetternd. Die Bush-Regierung forderte die Latinos auf, nicht zu streiken und dem Land keinen Schaden zuzufügen. Die verschärften Einwanderungsgesetze hat man aber dennoch beschlossen und zwei Wochen nach den Demonstrationen wurden weitere 6.000 Soldaten für die Bewachung von La Frontera abgestellt. Seit dem ist es verhältnismäßig ruhig geworden in den USA. Die Wirtschaftskrise und das (nicht eingehaltene) Versprechen Obamas für seine erste Wahlperiode, sich im Sinne der Proteste zu engagieren, mögen dazu beigetragen haben. Könnte uns Mike Davis mit seinen Büchern zu der Situation der Latinos in den USA helfen, die weitere Entwicklung und das politische Verhalten der Latino- und Menschrechtsaktivisten zu verstehen? Enttäuschender Weise wird man dies wohl verneinen müssen, denn Davis beschäftigt sich überhaupt nicht mit jenen Akteuren, die diese eindrucksvollen Demonstrationen initiiert, organisiert und getragen haben. Statt diese zu Wort kommen zu lassen, auch nur deren Publikationen zur Kenntnis zu nehmen und sie vielleicht zumindest einer Interpretation würdig zu finden, werden nur Quellen aus dem Socialist Worker und ein selbst geführtes Interview mit einer Schülersprecherin vor der eigenen Haustür (San Diego) herangezogen. Statt also eine kritische Analyse der Bewegung zu unternehmen, wird der bequeme Gestus der Belehrung durchexerziert: „Der Kampf muss sich auf eine grundlegend andere Welt richten" (348). Es folgt abschließend die Erinnerung an die „lange und stolze Geschichte des Kampfes gegen Einwanderungsbeschränkungen" (a. a. O.) und ein Zitat aus einer innersozialistische Debatte aus dem Jahr 1907 (!). Um die aktuelle Situation verstehen zu können, bedarf es aber wohl eher einer Perspektive, die sich der inneren Debatte zwischen den Akteuren, die aus der Mitte der Bewegung kommen, annimmt (vgl. etwa Pallares und Flores-González, 2010). Eine nähere Betrachtung des politischen Verhaltens von Latinos in Los Angeles, wie dies Lisa García Bedolla (2005) schon vorgenommen hatte, hätte eventuell davor warnen können, die anfängliche Beobachtung über die pluralen Identitätskonstruktionen, gerade dann aufzugeben, wenn es um die Analyse der politische Agenda geht, die dann nach Davis wiederum nur einen großen Klassenkampf vorschreibt und dafür eine alle Differenzen übersteigende Identität als Arbeiter und Ausgebeutete theoretisch erzwingt. Davis klopft an die Tür der postmodernen Identitätsproblematik, er beharrt aber darauf – wenn aus ihr politische Perspektiven zu formulieren sind – auf eine Wirklichkeitsanalyse zu vertrauen, die die Diversifizierung der Identitäten nicht mehr erkennen lässt. Auf diese Weise kann er die fließenden Grenzen zwischen Identität, sozialer Lage und Politik nicht aufgreifen und scheitert an der Interpretation der 2006-Bewegung, die er in dem Sinn eigentlich auch nicht ernst nimmt, was bedeutet hätte, sie als temporäre und punktuelle Konstellation von Akteuren zu verstehen, die sich ansonsten keineswegs viel zu sagen haben und schon gar nicht zu einem globalen Kampf für offene Grenzen weltweit aufbrechen wollen. Diese Fallgrube mag auch bereits da beginnen, wo Davis auf die Geschichte der Beziehungen zwischen Mexikanern und US-Amerikanern zurückschaut und dort eine relativ duale Identitätskonstruktion identifizieren will, bei der die Latino-Kultur der weißen untergeordnet wird. Wahrscheinlich ist die heutige multiple Verortung der Latinos in den unterschiedlichen

7 Magischer Urbanismus

kulturellen Identitätsforen eher dadurch zu erklären, dass von Anfang an die Beziehung zwischen den „natives" und den Latinos vielfältiger und durch Formen des Crossover gekennzeichnet gewesen ist. Damit soll nicht gesagt werden, dass Davis mit seiner Betonung der WASP-Dominanz nicht prinzipiell recht haben könnte, aber dies erklärt nicht die große Akzeptanz der Hollywood-Kultur in der Latino Community wie umgekehrt von Latino-Musik, dem Latin Lover und den Latin Holidays in weiten Teilen der USA (vgl. Macías, 2005). Dies hat sich vor allem auch in den Fremd- und Selbstbildern in Filmen und Büchern wiedergespiegelt. Diese haben, wie Ignacio López-Calvo (2011) darstellt, im Grundtenor auf kulturelle Weise die soziale Angst der Weißen vor den Latinos und umgekehrt beschrieben, die auch Mike Davis schon in „Ökologie der Angst" ausgeführt hat, aber die Akzeptanz von Hollywood bei den Latino-Einwanderern wäre nicht erklärbar, wenn dort nur negative Latino-Repräsentationen aufzufinden wären. In Wirklichkeit gibt es nicht nur die eine stereotype, angstbesetzte Fantasie, in denen die Latinos ihren untergeordneten Platz zugewiesen bekommen, sondern eine Vielzahl von unterschiedlichen und teils widersprüchlichen Identitätsangebote:

> As shown (...) we can find different levels of identification with the collective project of the nation-state or with the city itself, ranging from a feeling of full citizenship or integration with the city to the subaltern's resentment over their exclusion from the spatial and imaginary space of the city and the nation (176).

Los Angeles war nicht immer die „kalte" Stadt, wie sie Davis in „Magical Urbanism" und anderswo als Folge eines gnadenlosen Boosterism sieht, sie ist dies im Grunde erst geworden, als durch die Fragmentierung und Dezentralisierung die monoethnischen Nachbarschaften entstanden sind: „In becoming a ‚city of quartz', to borrow Mike Davis' evocative phrase, Los Angeles lost a landscape with the flexibility that was more hospitable to bottom-up political and social movements", fasst Mark Wild (2005, 208) in seiner Studie über die multiethnischen Nachbarschaften in Los Angeles zu Beginn des 20. Jahrhunderts zusammen. Für ihn haben Historiker die Normalität des interethnischen Kontaktes im Alltag nicht genügend wahrgenommen und war Los Angeles wesentlich stärker ‚multikulturell' geprägt, als dies die heutige postmoderne Stadtlandschaft annehmen lässt:

> As this study suggests (...) there have been ways of approaching diversity of America's communities, traditions of interaction and coalition building that terms like multiculturalism barely begin to describe. Historians need to pay more attention to these traditions, and to the socioeconomic environments that have conditioned them (209).

Kritische Stadtforschung: Mit oder nach Davis? 8

Wenn Los Angeles der Ausgangspunkt für eine Diskussion über die Aktualität der Arbeiten von Mike Davis wäre, dann müsste die Bilanz widersprüchlich ausfallen. Zwanzig Jahre nach dem Erscheinen von „City of Quartz" wird man zunächst feststellen müssen, dass die Stadt sich in ihrer grundlegenden Entwicklungslogik nicht viel geändert zu haben scheint. Nach wie vor wird ein wenig nachhaltiger Lebensstil praktiziert, der sich als autogerechte radikale Suburbanisierung (Sprawl) räumlich abbildet und sich durch die Landschaft frisst. Diese umweltfeindliche disperse Stadt stellt wie vor 20 Jahren das dar, was wir mit „L.A." im Grunde meinen. Auch heute ist Los Angeles als ein Phänomen beschreibbar, das als regionalisierte Weltstadt administrativ, politisch, sozial und planerisch zu gestalten wäre. Die Entwicklungslogik dieses gesellschaftlich produzierten Raumtypus hat sich nicht wesentlich geändert und deshalb ist die Frage erlaubt, ob die von Davis befürchtete weitere soziale und ethnische Polarisierung in der Weise eingetreten ist, wie dies die düstere Beschreibung in „City of Quartz" nahegelegt hat. Offensichtlich ist dies aber nicht der Fall. Es ist ruhig geworden um und in Los Angeles. Die in der „Ökologie der Angst" suggerierten Katastrophen sind ausgeblieben, die Stadt ist nicht durch Erdbeben zerstört worden, das Gangsta-Armageddon, für das die 1992er Riots laut Davis nur das Vorspiel sein sollten, ist nicht eingetreten. Die mit viel Verve gestartete „Los Angeles School" hat keine tiefen Kerben in die Stadtforschung geschlagen, die Programmatik der „postmodernen Geographie" hat sich diffus über unterschiedliche Forschungsansätze und in diversen Diskursen verteilt.

Auf den ersten Blick kann man deshalb sagen, dass die von Davis betriebene Stadtanalyse auf dem Hintergrund von Los Angeles übertrieben und vielleicht nur das Ergebnis eines gewissen L.A-Hype war, der alarmistisch und eventuell nur einer intellektuellen Mode folgte, in der die Stadt plötzlich für ein postmodernes und orthodox-marxistisches Publikum gleichermaßen interessant war. Man könnte das Interesse an Davis' Arbeiten auch in einen weiteren Kontext einordnen, der sich durch den Wegfall der nationalstaatlichen und blockorientierten Perspektiven nach dem Ende des Ost-West-Konflikts ergeben hat und ein gewisses ideologisches Vakuum zur Folge hatte, das man mit einer stärker lokalistischen Sichtweise („think global, act local") und einer erhöhten Sensibilität für die Probleme der nächsten Umwelten, der Ökologie und den Konflikten mit den Fremden „next door" in vielen Medien wieder aufzufüllen wollte. Dieses medial und kontextuell neu erwachte Interesse an dem Lokalen trifft auf einen Schriftsteller, der sich gedanklich unterschiedlichen Themen und Fragestellungen in einer Weise geöffnet hat, wie er dies weder vorher noch nachher getan hat und dies mit seinen Ortskenntnissen auch anschaulich beschreiben kann. Davis' Arbeiten leben von der Nachfrage nach dem authentischen Blick auf Los Angeles und seiner Bereitschaft, diese Rolle durch detaillierte Erzählungen auszufüllen. Davis hat eine ambitionierte Zielstellung. Mit „City of Quartz" will er nichts weniger leisten, als einzelne Aspekte des Städtischen zu erörtern, die empirische Komplexität auf nacherzählbare Strukturen zu reduzieren und dabei zugleich eine holistische gesellschaftskritische Analyse der Stadtentwicklung vorzulegen. Sein Vorgehen ist dezidiert induktiv und geprägt von einer journalistischen oder teilnehmend-beobachtenden Methodik, in der zentrale Begriffe wie den kalifornischen Boosterism historisch hergeleitet werden. „City of Quartz" steht damit der Tradition der Chicago School in der Stadtsoziologie näher als jenen neo-marxistischen Ansätzen, die in deduktiver Weise versuchen, die Stadt in einer Weise zu untersuchen, in der zunächst die Begriffsanalytik ausgearbeitet wird.

Davis' Vorgehen hat augenscheinlich viele Vorteile gegenüber einer deduktiven kritischen Stadtforschung, da sie schneller Kommentare und Einschätzungen produzieren kann, sie als „näher" an den Wirklichkeiten der Menschen in den behandelten Städten – „Davis urban landscape is inhabited by real people" (Stannard, 2004, 266) – und damit auch plausibler erscheint. Davis wirkt so beeindruckend und seine nicht-akademische Herangehensweise macht das Lesen seiner Bücher und Artikel spannend und seine teilweise sehr zugespitzten Formulierungen wühlen auf, bringen Dinge auf den Punkt, die in der intellektuellen Differenzierung vielleicht an Schärfe und Brisanz verlieren würden. Nach „City of Quartz" hat Davis diesen Schreibstil noch radikalisiert und bereits „Ökologie der Angst" stellt sich als ein in erster Linie kommentatorisches Werk dar, das zwar noch von einer großen Idee, der gesellschaftlichen Produktion von Naturkatastrophen, getragen ist, das aber in seiner Voluminösität zeigt, dass der Autor in der Beschreibung der diversen „spannenden" Themen verloren zu gehen droht. In gleicher Weise kippt seine Geschichte der Autobombe oder der Vogelgrippe, die beide nur noch von einer vagen und eher banalen These von der Globalisierung der Furcht handeln. Davis hat sich hier vom authentischen Berichterstatter aus Los Angeles zum

Kommentator der Weltgeschichte entwickelt – eine Mutation, die ihn offensichtlich sehr produktiv werden ließ, die aber wenig intellektuelle Herausforderungen mehr zu bieten hat. Die provokative Wirkung, die seine düsteren, aber größtenteils noch differenzierten Schilderungen von Los Angeles vor den Riots von 1992 hatten, geht hier verloren. Die Provokation kommt nicht mehr an, denn Davis weiß eigentlich nicht mehr, als dies der durchschnittliche Medienkonsument auch schon tut. Die Gesamtschau, die für Los Angeles noch funktionierte, weil disparate Phänomen wie Gated Communities, De-Industrialisierung, Aufstände oder Hollywood in einen Zusammenhang gestellt werden, wie er sich so eben nicht einfach erschließt, fügt scheinbar nichts mehr Neues hinzu. Es blieb die Fortschreibung der Los Angeles-Analyse, die durch die „Ökologie der Angst" in einen neuen Kontext gestellt werden sollte, zumindest ist dies die titulierte Intention von Davis gewesen.

Davis lässt sich mithin als Autor zwischen den beiden Welten der Stadtforschung verstehen. Zunächst ist er zweifelsohne einer neo-marxistischen Sichtweise verbunden, in der sich auch die „New Urban Sociology" und der Regulationstheorie im akademischen System entwickelt haben. Davon grenzt sich Davis allerdings mit seinen Aktivitäten in der „New Left Review" und der Haymarket-Serie deutlich ab. Hier beharrt er auf die Wiederentdeckung der Tradition der Arbeiterkämpfe und rückt Themen wie Ausbeutung, Rassismus, Korruption, Komplizenschaften zwischen Politik und Wirtschaft in den Vordergrund. Für Davis ist hier nichts Neues zu erkennen. Die gegenwärtige Machtkonstellation ist eine Fortsetzung des Klassenkampfs in neuen Gewändern. Nur an wenigen Stellen lässt er sich dazu hinreißen, dass es auch schon etwas Gutes im Schlechten geben könnte. Dazu gehören die Glorifizierung der Latino-Einwanderung und die undifferenzierte Betrachtung des New Urbanism.

Zum anderen ist in Mike Davis wesentlich mehr von der Chicago School zu entdecken, als dies ihm selbst wohl recht wäre und der allgemeinen Kritik bislang bewusst ist. Hierbei ist insbesondere auf sein Insistieren auf die Kenntnisse des Ortes zu verweisen. Intensive und induktive empirische Arbeit stellen für ihn den Zugang zum Thema dar und kennzeichnen die besten Teile seiner Werke. Mit Davis rückt die Feldforschung wieder in den Mittelpunkt einer kritischen Stadtsoziologie, von ihren Zugängen hängt ihre Qualität ab und von ihren Ergebnissen kann auch der Diskurs außerhalb der akademischen Zirkel profitieren. Stadtsoziologische Forschung generiert durch diese Herangehensweise einen Mehrwert, den schon die Chicago School dafür verwenden konnte, um aktiv an der Erkundung der Stadt beteiligt zu sein und sich als Teil jener humanistischen Bewegung zu sehen, wie es im Vorwort zur Gründungsausgabe des American Journal of Sociology, heißt, die sich um eine Verbesserung der Gesellschaft bemüht. Einmal davon abgesehen, dass Davis diesen reformatorischen Eifer nicht hat – auch der Chicago

School waren teilweise die Gutmenschen der Hull House-Bewegung zu viel – und er aufgrund seines marxistischen Traditionalismus auch davon überzeugt zu sein scheint, eigentlich schon zu wissen, wie es sich denn wirklich in der Gesellschaft verhält, zeigt der Vergleich zwischen der Chicago School und Davis dennoch, dass es gewisse thematische Parallelen gibt und dass die Sympathie für die unteren Klassen und Benachteiligten der Gesellschaft sie eint. Bei Davis führt dies teilweise zu einer kritiklosen Identifikation, die über das Zu-Wort-Kommen-Lassen hinausgeht.

Wie die Chicago School kämpft Davis damit, seine Beobachtungen auch in Erklärungen zu überführen. Park und Burgess hatten ihr Programm für eine zukünftige Erforschung der Stadt, in der sich das in Abb. 2 dargestellte Burgess'sche Modell befindet, nach mehr als drei Jahrzehnten Arbeit publiziert. Dies ist eine relativ verhaltene Theoretisierung der eigenen Forschungen und dementsprechend interpretationsoffen und angreifbar. Die Verzahnung von Beobachtung und Erklärung in den einzelnen Studien spiegelt diese Problematik grosso modo wieder. Es macht die Qualität von „City of Quartz" im Gegensatz zu den folgenden Werken von Davis aus, dass diese Verflechtung von Theorie und Empirie hier von der Anlage des Textes her und in der stellenweisen Bezugnahme auf übergeordnete theoretische Diskurse angelegt ist und als eine Notwendigkeit anerkannt wird. In den Jahren nach dem Erscheinen des Buches hat Davis diese Klammer aufgehoben. Es folgten einerseits sehr dichte Beschreibungen, die im Duktus der Entrüstung oder des „Das-spricht-für-sich" geschrieben sind, und als Kontrapunkt andererseits das abstrakte „Planet der Slums", in dem geradezu schmerzlich die emotionale Nähe zu den Menschen, die an jenen unwürdigen Orten leben müssen, zu vermissen ist. Doch der Duktus bleibt derselbe. Diesmal keine unterhinterfragten O-Töne, sondern Statistiken. Keine Metaphern, sondern tabellarische Auflistungen und komprimierte Zusammenfassungen von Sekundärstudien. Selbst Dennis R. Judd, der ansonsten die negative Tonlage in den Urban Studies (auch in Davis' L.A.-Büchern) kritisiert, lässt sich überzeugen:

> In (…) ‚Planet of Slums', Mike Davis documents a truly frightening urban future in the third world, and for this piece he writes, for the most part, in a remarkably restrained style. Perhaps that is because rhetorical excess is not required; the material truly speaks for itself – which is what makes it a compelling read (2005, 129).

Sowohl die vermeintlich authentische Wiedergabe des Gesehenen und Gehörten, wie auch die Repräsentation von Geschichte und Fakten als direkt zugängliche Argumente, sind allerdings hochgradig problematisch. Das dahinterliegende Wissenschaftsverständnis scheint die Reduktion der Komplexität der gesellschaftlichen Beziehungen anzustreben, um sie in überschaubare Ursache-Folge-Analysen aufgehen zu lassen. Erklärung heißt hier teilweise Entlarven. Es soll die eigentliche Logik der Gesellschaft beschrieben werden, die man dann doch aus unausgesprochenen Vorannahmen zu verstehen meint. Im schlimmsten Fall werden dadurch nur noch selektive Wirklichkeitsbeobachtungen in die Analyse integriert, die Irritation durch abweichende Befunde wird bewusst unterdrückt. Davis' Ablehnung der postmodernen Theoretisierungen der Stadt mag sich aus dem Unwillen speisen, sich für solche Irritationen zu öffnen. Er verwechselt ganz offensichtlich die postmoderne Kritik an den marxistischen Theorien mit einem Plädoyer für ein theoretisches „anything goes" und perspektivischer Beliebigkeit. So sehr Davis mit seiner Fundamentalkritik einer lediglich auf Sprachsensibilität ausgerichteten akademischen Stadtforschung Recht haben mag, so sehr verkennt er die Notwendigkeit, durch die Akademie einen Raum für die selbstkritische Reflexion der für die eigene Forschung verwendeten Methodik der zu nutzen. Es ist richtig, wie Beauregard sagt (2012), dass es heutzutage unsinnig ist, sich damit auseinanderzusetzen, was denn nun eine Stadt ist, wenn der Befund doch eindeutig ist, dass wir in einer durch und durch verstädterten Welt leben. Zugleich weist dieser aber auch daraufhin, dass wir die Entwicklung der Städte nicht ohne Vokabular beschreiben können und dies unser einziges Medium ist, mit der wir durch reflektierten und systematischen Gebrauch darüber zu Erkenntnissen kommen können. Es ist hingegen auffällig, dass Davis durch seine permanente Metaphernproduktion nicht nur einen rhetorischen Zugang erreichen will, sondern sich gerade dieser Reflexion der eigenen Sichtweise entziehen möchte.

Wenn sich eine neu gründende kritische Stadtsoziologie in Deutschland anhand von Davis' Arbeiten positionieren will, dann wird sie diesen äußerst produktiven Autor in vieler Hinsicht beerben können. Nähe zum Sujet, die Einbindung der unterschiedlichen Aspekte der Stadtentwicklung in eine Gesamtschau auf die Stadt, eine besondere Aufmerksamkeit für jene Benachteiligten, die ansonsten in der akademischen und allgemeinen Öffentlichkeit unterrepräsentiert sind, die Fokussierung auf die Machtfrage, die Verweigerung von „schnellen" Lösungsansätzen für soziale Ungleichheiten, die Einbettung der Stadtentwicklung in übergeordnete gesellschaftliche und geschichtliche Kontexte, eine zugängliche Schreibe, engagiertes öffentliches Auftreten bis hin zur Parteinahme (aber keine parteipolitische Loyalität) und vermutlich noch weitere Aspekte wären bei Davis durchaus abholbar. Dies alles ist, wie dargestellt, nicht durchgängig in seinen Schriften aufzufinden, aber in den besten Teilen seiner Arbeiten und seines Wirken sehr wohl aufzuspüren. An Davis ließe sich aber auch ex negativo lernen. Ausgerechnet jemand, der sich sein ganzes Leben mit seinen Ansichten zu Wort gemeldet hat, hat die Bedeutung einzelner Wörter und Begriffe nicht wirklich erfasst. Dies hängt auch mit der Organisation seiner Arbeit zusammen, die oftmals als One-Man-Show die notwendige kontinuierliche Reflexion der eigenen Schwachstellen ausschließt. Das führt dazu, dass Davis nicht erkennen und dementsprechend sich auch nicht davon distanzieren kann, inwieweit er durch bereits vorhandene Bilder in der Gesellschaft in seiner Wahrnehmung und Forschung beeinflusst ist. So gelingt es nicht zu überprüfen, wie die Mythen und Selbstzuschreibungen Amerikas die Perzeption von der gesellschaftlichen Wirklichkeit beeinflussen.

Eine international sich neu formierende kritische Stadtforschung (vgl. Brenner, Marcuse und Mayer, 2012; Davies und Imbroscio, 2010; Gottdiener, 2012; Parker, 2004) scheint sich nur langsam selbstkritisch mit der Vorgefastheit der eigenen Wahrnehmung auseinandersetzen zu wollen und die Stadtforschung als sich mehr als eine Art von Entlarvungswissenschaft zu verstehen, in der es nicht immerzu um eine an neusten aktivistischen Bewegungen anschlussfähige Publikationstätigkeit gehen könnte. Eine solche „kritische" Stadtforschung produziert ansonsten nur für die eigene Parochie, den kleinen Kreis der von den Problemlagen in der Stadtgesellschaft bereits Überzeugten. Man kann dies als Alternative zu Davis' Publikationstätigkeiten, die nie auf akademische Leserschaft aus zu sein scheint, sehen. Allerdings ähneln sich in gewisser Weise beide Auffassungen von kritischer Stadtsoziologie, indem sie die Vielstimmigkeit des Urbanen, seine verstörende Vielfältigkeit und die Lebendigkeit des Zusammen- und Gegeneinander-Lebens, wie sie in den Städten in ihren Extremen zu beobachten ist, letztlich nicht wahrnehmen, sie disziplinieren und eben nicht partizipativ, transdisziplinär und intersubjektiv erforschen wollen. Die Infragestellung der eigenen Sichtweise durch Multiperspektivität und Empathie wird vermieden und die Anforderung der intersubjektiven Überprüfbarkeit auf den jeweils eigenen Diskurs beschränkt. Die radikalen Intellektuellen der kritischen Stadtforschung intra muros, die sich weitgehend auf den Erkenntnisfortschritt im eigenen Zirkel beschränken, verlieren dabei ebenso wie Davis die Materialität und Zeitlichkeit städtischen Lebens aus den Augen. Obwohl gesellschaftskritisch positioniert, wird auf diese Weise die distanzierte Beobachterposition ebenso wenig aufgegeben wie letztlich bei Mike Davis.

Für Davis hängt dies auch mit einer negativen Anthropologie zusammen, die das eigene Projekt einer kritischen Soziologie verunmöglicht. Davis' Sichtweise hält einen Grundzweifel an der Fähigkeit der Menschen aufrecht, überhaupt miteinander kommunizieren zu können und Kommunikation ist für ihn lediglich eine Form der authentischen Selbstmitteilung. „An dieser Stelle sollte ich dir von meiner Welt voller Pisse erzählen", lautet der Eingangsspruch in dem von Mike Davis illustrierten Cartoon „Blokhedz", den er dem Protagonisten, einem traumatisierten schwarzen Ghetto-Bewohner, in den Mund legt.

> Du weißt schon, an dein Mitleid appellieren, weil mein Dad früh gestorben ist und Crypt die Straßen regierte. Ich sollte dir erzählen, wie leicht man in einer Stadt unter

die Räder kommt, in der sich Streetsweepers und Wild Dangs am hellichten Tag wilde Schießereien liefern. Ich erzähle dir das nicht, weil es dir egal ist. (...) Das hier ist kein Spiel. Das ist kein Geschwätz. Das ist meine Heilige Schrift.

Wer an einem solchen monodirektionalem Kommunikationsverständnis festhält und wer die Beschäftigung mit dem „Anderen" als von vornherein emotional unmöglich hält, schließt eine notwendige emotionale Grundlage aus, ohne die weder das Zusammenleben in der Stadt noch deren kritische Erforschung möglich erscheint. Das hier angenommene unerschütterliche Desinteresse der Leserschaft und deren maximal paternalistisches Mitleid stehen dem dafür notwendigen Verstehenwollen und der intellektuellen Neugier entgegen. Eine wie auch immer zu konstituierende kritische Stadtsoziologie müsste sich in dieser Hinsicht von Davis lösen und sich zuallererst als Gemeinschaft der Neugierigen begreifen, die sich im Unterschied zu den kritischen Akteuren und Aktivisten durch die systematische Betreibung von Zweifel *und* Empathie kennzeichnet. Dies zu kultivieren, wäre die Rolle einer akademischen Stadt-Kritik, die Davis zu schnell abgeschrieben hat.

Literatur

Werke von Mike Davis Monographien

1986: Prisoners of the American Dream: Politics and Economy in the History of the U.S. Working Class. London: Verso. (Teil 2 „The Age of Reagan" auf Deutsch: 1986: Phoenix im Sturzflug. Zur politischen Ökonomie der Vereinigten Staaten in den achtziger Jahren. Berlin: Rotbuch-Verlag).
1990: City of Quartz: Excavating the Future in Los Angeles (auf Deutsch: 1994: City of Quartz. Ausgrabungen der Zukunft in Los Angeles und neuere Aufsätze. Berlin: Schwarze Risse, Assoziation A).
1992: Beyond Blade Runner: Urban Control, The Ecology of Fear (1992) (auf Deutsch 1999: Ökologie der Angst. München: Kunstman; München/Zürich: Piper 2004).
1999: Casino Zombies und andere Fabeln aus dem Neon-Westen der USA. Berlin: Schwarze Risse.
2000: Magical Urbanism: Latinos Reinvent the US City. London/New York: Verso.
2001: Late Victorian Holocausts: El Niño Famines and the Making of the Third World. London/New York. Verso (auf Deutsch 2004. Die Geburt der Dritten Welt. Hungerkatastrophen und Massenvernichtung im imperialistischen Zeitalter. Berlin et al: Assoziation A).
2003: Dead Cities, And Other Tales. New York: New Press.
2003: (mit Jim Miller and Kelly Mayhew): Under the Perfect Sun: The San Diego Tourists Never See. New York: New Press.
2005: The Monster at Our Door: The Global Threat of Avian Flu (auf Deutsch 2005 Vogelgrippe. Zur gesellschaftlichen Produktion von Epidemien. Berlin/Hamburg: Assoziation A).
2005: Reading the Text That Isn't There. Paranoia in the Nineteenth-Century American Novel. London/New York: Routledge.
2006: Planet of Slums: Urban Involution and the Informal Working Class.
2006 (mit Justin Akers Chacon): No One Is Illegal: Fighting Racism and State Violence on the U.S.-Mexico Border) (auf Deutsch 2007: Crossing the Border. Migration und Klassenkampf in der US-amerikanischen Geschichte., Berlin: Assoziation A).
2007: Buda's Wagon: A Brief History of the Car Bomb. London: Verso (auf Deutsch 2007: Eine Geschichte der Autobombe. Berlin/Hamburg: Assoziation A).
2007: In Praise of Barbarians: Essays against Empire. Chicago: Haymarket Books.

Herausgegebene Bücher

1986: (mit Chris Griffin) Fijians in town. Suava, Fiji: Inst. of Pacific Studies.
1987 ff: (et al.) The year left (Four volumes): an American socialist yearbook. London u. a.: Verso.
2002: (mit Hail Rothman): The Grit Beneath the Glitter: Tales from the Real Las Vegas. Berkely/Los Angeles/London: University of California Press.
2007: (mit Daniel Bertrand Monk) Evil Paradises: Dreamworlds of Neoliberalism. New York: New Press.

Artikel/Buchbeiträge

1978: „Fordism" in crisis. In: Review, 2/2, S. 207–269.
1980: Why the US Working Class Is Different. In: New Left Review, I/123, S. 3–44.
1980: The Barren Marriage of American Labour and the Democratic Party. In: New Left Review, I/124, S. 43–84.
1981: The New Right's Road to Power. In: New Left Review, I/128, S. 28–49.
1982: The AFL-CIO's Second Century. In: New Left Review, I/136, S. 43–54.
1984: The Political Economy of Late-Imperial America. In: New Left Review, I/143, S. 6–38.
1985: Reaganomics' Magical Mystery Tour. In: New Left Review I/149, S. 45–65.
1985: Urban Renaissance and the Spirit of Postmodernism. In: New Left Review, I/151, S. 106–113.
1986: The Lesser Evil? The Left and the Democratic Party. In: New Left Review, I/155, S. 5–36.
1987: ‚Chinatown', Part Two? The ‚Internationalization' of Downtown Los Angeles. In: New Left Review, I/164, S. 65–86.
1988: Los Angeles: Civil Liberties between the Hammer and the Rock: In: New Left Review, I/170, S. 37–60.
1993: Who killed Los Angeles? Part Two. In: New left review, (1993), 199, S. 29–54.
1993: Who Killed LA? A Political Autopsy. In: New left review, 197, S. 3–28.
1993: Uprising and Repression in L.A. In: Gooding-Williams, Robert (ed) Reading Rodney King – reading urban uprising. New York: Routledge, 142–154.
1993: Virtual Light. In: Artforum, Bd. 32, 4, S. 8–10.
1993: The Dead West: Ecocide in Marlboro Country. In: New left review, 200, S. 49–74.
1994: Death and Taxes: The Sky Falls on Compton. In: The nation, 259/8, S. 268–270.
1994: Local 226 vs. MGM Grand: Armageddon at the Emerald City. In: The nation, 259/2, S. 46–49.
1994: City of Quartz: Excavating the Future in Los Angeles. In: Thesis eleven, 37, S. 170–171.
1994: Legal Lynching in San Clemente: Behind the Orange Curtain. In: The nation, 259/14, S. 485–489.
1995: A Prison-Industrial Complex: Hell Factories in the Field. In: The nation, 260/7, S. 229–233.
1995: Rotten Orange County: Bankruptcy on the Backs of the Poor. In: The nation, 260/4, S. 121–123.

1995: L.A. Fiscal Shock. In: The nation, 261/3, S. 76.
1995: L.A.'s Transit Apartheid: Runaway Train Crushes Buses. In: The nation, 261/8, S. 270-273.
1995: Los Angeles after the Storm: The Dialectic of Ordinary Disasters. In: Antipode, 27/3, S. 221-241.
1995: Arcades. In: The nation, 261/10, S. 362-363.
1995: Radiation Runway. In: The nation, 261/13, S. 454.
1995: The Social Origins of the Referendum: In: Report on the Americas, 3, S. 24-28.
1996: Chi ha assassinato Los Angeles? La sentenza è pronunciata. In: Aut aut, 275, S. 103-128.
1996: Cosmic Dancers on History's Stage? The Permanent Revolution in the Earth Sciences. In: New Left Review, I/217, S. 48-84.
1996: How Eden Lost Its Garden. A Political History of the Los Angeles Landscape. In: Allen J. Scott und Edward W. Soja (eds) (1996) The City. Los Angeles and Urban Theory at the End of the Twentieth Century. Berkeley: University of California Press, S. 160-185.
1997: Sunshine and the Open Shop: Ford and Darwin in 1920s Los Angeles. In: Antipode, 29/4, S. 356-382.
1998: City of Quartz, Excavating the Future in Los Angeles. In: Planning perspectives, 13/1, S. 89-98.
1998: Ende der Vorstadt und der Sieg der „edge cities". Schlaglicht: Pomona, Los Angeles County. In: Neue Rundschau, 109/2, S. 40-45.
1998: Street Ecology - Utah's Toxic Heaven. In: Capitalism, nature, socialism, 9/2, S. 35-40.
1998: The Unknown Wallace. In: Capitalism, nature, socialism, 9/1, S. 73-77.
1999: The Past in print - Nature Lovers - Ecology of Fear: Los Angeles and the Imagination of Disaster; Upton Sinclair, Oil! Spectacular Nature: Corporate Culture and the Sea World Experience. In: Radical history review, 74, S. 197-206.
1999: Magical Urbanism: Latinos Reinvent the US Big City. In: New left review, 234, S. 3-43.
1999: Magischer Urbanismus: Die „Lateinamerikanisierung" der US-Metropolen. In: Alaska: Zeitschrift für Internationalismus, 226, S. 12-16.
1999: A World's End: Drought, Famine and Imperialism (1896-1902). In: Capitalism, nature, socialism, 10/2, S. 3-46.
1999: Magischer Urbanismus. In: Dario Azzellini und Boris Kanzleiter (Hg.) Nach Norden: mexikanische ArbeitsmigrantInnen zwischen neoliberaler Umstrukturierung, Militarisierung der US-Grenze und dem amerikanischen Traum. Berlin: Verl. der Buchläden Schwarze Risse, S. 213-237.
2000: The Origin of the Third World. In: Antipode, 32/1, S. 48-89.
2000: Een Berlijns familiegeheim: German Village, Utah, USA. In: AS: media tijdschrift, 154, S. 114-126.
2001: The Flames of New York. In: New left review, 2/12, S. 34-50.
2001: Wild streets: American Graffiti versus the Cold War. In: International socialism, 91, S. 37-52.
2002: Pan-american: Het magisch urbanisme van de Latino metropolis. In: AS: media tijdschrift, 162, S. 4-29.
2003: „THE INLAND EMPIRE" - It lacks beaches, but it does have the most mixed neighborhoods in California. In: The nation, 276/13, S. 15-17.
2003: Les famines coloniales, génocide oublié. In: Le monde diplomatique, 50/589, S. 3.
2003: California Burning. In: The nation, 277/17, S. 6.

2003: Waffentechnologie: Das Pentagon arbeitet an der Abschaffung des Zufalls im Krieg. In: Die Zeit, 58/16, S. 50.
2003: Amerika: Arnold Schwarzenegger, Erlöser des kalifornischen Mittelstands. In: Die Zeit, 58/43, S. 41.
2004: Planet of Slums. In: New left review, 26, S. 5–34.
2004: The Urbanization of Empire: Megacities and the Laws of Chaos. In: Social text, 22/4, S. 9–16.
2004: Die Demokraten sind nicht allein an den konservativen Werten gescheitert. In: Die Zeit, 59/47, S. 49.
2004: USA – Michael Moores, Dokumentarfilm „Fahrenheit 9–11". In: Die Zeit, 59/31, S. 29.
2005: Avian Flu: A State of Unreadiness – HHS fiddled while the danger rose. In: The nation, 281/3, S. 27–30.
2005: Planet slamova. In: Književna republika, 3, 9/12, S. 66–89.
2005: La planète bidonville: involution urbaine et prolétariat informe. In: Mouvements, 39–40, S. 10–24.
2005: A La Nouvelle-Orléans, un capitalisme de catastrophe. In: Le monde diplomatique, 52/619, S. 3.
2006: Who is killing New Orleans? Mayor-appointed commissions and experts, mostly white and Republican, propose to radically shrink and reshape a majority-black and Democratic city. In: The nation, 282/14, S. 11–14.
2006: Fear and Money in Dubai. In: New left review, 41, S. 47–70.
2006: At the Corner of New Orleans & Humanity. In: Social policy, 36/2, S. 31–35.
2006: Foreword to the Oklahoma Edition. In: Roxanne Duba-Ortiz: Red Dirt. Growing Up Okie. Norman: University of Oklahoma Press, ix–xii.
2006: Paraiso siniestro. In: Arquitectura viva, 111, S. 28–33.
2007: The Democrats After November. In: New Left Review, 43, S. 5–31.
2007: Fear and Money in Dubai: Establishing the city as a brand on the world market. In: Topos, 58, S. 62–70.
2007: Nel nuovo regno della „megasiccità". In: Giornale italiano di farmacia clinica, 1, S. 55–58.
2007: Riot Nights on Sunset Strip. In: Labour, 59/0, S. 199–215.
2007: Diary. In: London review of books, 29/22, S. 31.
2007: Comment – People Burn Here. In: The nation, 16, S. 3.
2007: Riot Nights on Sunset Strip. In: Labour, 59, 199–215.
2007: Die Wasserverschwendung in den USA. In: Die Zeit, 62/12, S. 51.
2008: Reading John Hagedorn (Vorwort) John M. Hagedorn: A World of Gangs. Armed Young Men and Gangsta Culture. Minneapolis/London: University of Minnesota Press, xi–xiii.
2009: Wer wird die Arche bauen?: das Gebot utopischen Denkens im Zeitalter der Katastrophen. In: Blätter für deutsche und internationale Politik (Hg.). Das Ende des Kasino-Kapitalismus?: Globalisierung und Krise. Berlin: Blätter Verlagsges., S. 267–285 auch erschienen in: Blätter für deutsche und internationale Politik, Bd. 54, 2, S. 41–59 und in „Das Raumschiff Erde hat keinen Notausgang". Frankfurt: edition unseld, Suhrkamp, S. 60–82 (auf Englisch 2010: Who Will Build the Ark? In: New Left Review, 61, S. 29–46).
2009: Living on the ice shelf: humanity's melt down (Vorwort) In: Barry Sanders: The Green Zone: The environmental costs of militarism. Oakland: AK Press, 7–17.

2009: Obama at Manassas. In: New left review, 56, S. 5-42.
2009: Empire après l'élection d'Obama: Du canyon aux étoiles. In: Contretemps, 1, S. 57-64.
2009: Pandemics and the Planet of Slums. In: New perspectives quarterly, 26/3, S. 58-60.
2011: Planet of Slums: Urban Involution and the Informal Proletariat. In: Imre Szeman and Timothy Kaposy (eds) Cultural theory: an anthology. Oxford: Wiley-Blackwell, S. 318-331.
2011: Spring Confronts Winter.In: New left review, 72, S. 5-17.
2011: Ward Moore's Freedom Ride. In: Science fiction studies, 38/115, S. 385-393.

Rezensionen von Mike Davis

1996: Rain of Iron and Ice (über John S. Lewis (1996): Rain Of Iron And Ice: The Very Real Threat Of Comet And Asteroid Bombardment) IIn: The nation, 263/13, S. 38.
1996: Rogue Asteroids and Doomsday Comets (über Duncan Steel (1995) Rogue Asteroids and Doomsday Comets: The Search for the Million Megaton Menace That Threatens Life on Earth) In: The nation, 263/13, S. 38.
1997: Building the Getty (über Richard Meier (1997) Building the Getty). In: The nation, 265/20, S. 34-35.
2006: Review of Inam, Assem (2005) Planning for the Unplanned: Recovering from the Crises in Megacities. In: Pacific historical review, 75/4, S. 698.
2011: Vegas at Odds (über Kraft, James P. (2010) Vegas at odds: labor conflict in a leisure economy, 1960-1985) In: The Western historical quarterly, 42/3, S. 406-407.

Sonstiges

Evans, Marie (1974) I look at me! Illustrationen von Mike Davis. Chicago: Third World Pr.
(mit Brandon Schulz und Kobinah Yankah) Blokhedz (Comic) Vol 1-4 Street Legends. Auf Deutsch: Köln: Egmont.

Rezensionen über Mike Davis

Angotti, Toni (2006) Apocalyptic anti-urbanism: Mike Davis and his planet of slums: In: International Journal of Urban and Regional Research, 30/4, S. 961-968.
Arnold, David (2001) Late Victorian Holocausts – El Niño famines and the making of the Third World. In: The times, 5112, S. 29.
Arreola, Daniel D. (2000) Magical Urbanism: Latinos Reinvent the US City. In: Geographical review, 90/3, S. 456.
Brahm, Gabriel Noah (2007) Reading „City of Quartz" in Ankara. Two years of Magical Thinking in Orhan Pamuk's Middle East. In: Rethinking History, 11/1, S. 79-102.
Beauregard, Robert A. (1999) The Politics of Urbanism: Mike Davis and the Neo-Conservatism. In: Capitalism, nature, socialism, 10/3, S. 40-44.

Baudelet, Laurence und Patrick Gaboriau (1999) City of quartz. Los Angeles, capitale du futur. In: L'homme: revue française d'anthropologie, 39/149, S. 229-230.
Bryant, Raymond (2002) Late Victorian Holocausts: El Niño Famines and the Making of the Third World. In: Singapore journal of tropical geography, 23/1, S. 123.
Cappetti, Carla (1993) Writing Chicago: Modernism, Ethnography and the Novel. New York: Columbia University Press.
Carney, Judith A. (2002) Late Victorian Holocausts: El Nino Famines and the Making of the Third World. In: Annals of the Association of American Geographers, 92/1, S. 173.
Christensen, Terry (1993) City of Quartz. In: Cities: the international quarterly on urban policy,10/4, S. 343.
Christopher, Nicholas (1997) Somewhere in the Night: Film Noir and the American City. New York: The Free Press.
Clerval, Anne (2011) Paradis infernaux. Les villes hallucinées du néo-capitalisme. In: Espaces et sociétés, 144, S. 244-247.
Cunningham, David (2007) Slumming It. Mike Davis' grand narrative of urban revolution. In: Radical philosophy, 142, S. 8-18.
Denzin, Norman (1995) Stanley and Clifford: undoing an interactionist text. In: Current sociology, 43, 2/3, S. 115-124.
Fainstein, Susan S. (1993) City of Quartz – Excavating the future in Los Angeles. In: The times, 4700, S. 27.
Garber, Judith (1999) Reporting from the Scene of Accident: Mike Davis on the American City. In: Studies in Political Economy, 60, S. 99-120.
Goodwin, Jeff (2008) On Terrorism; Davis, Mike. In: Archives européennes de sociologie, 49/3, S. 444-454.
Grant, Richard (2009) A Review of „Plant of Slums". In: Annals of the Association of American Geographers, 99/1, 216-218.
Fernandez-Armesto, Felipe (2001) Late Victorian Holocausts: El Niño Famines and the Making of the Third World. In: The political quarterly, 72/3, S. 399-400.
Finnegan, William (1998) Ecology of Fear: Los Angeles and the Imagination of Disaster. In: New York times book review, (23. 08), S. 5.
Harding, Jeremy (2007) Buda's Wagon: A Brief History of the Car Bomb. In: London review of books, 29/5, S. 25-26.
Harding, Jeremy (2007) Planet of Slums. In: London review of books, Bd. 27, 5, S. 25.
Harris, Jerry (2002) Magical Urbanism: Latinos reinvent the US big city. In: Race & class, 43/4, S. 75-77.
Harvey, David (1999) Reflections on Ecology of Fear. In: Capitalism, nature, socialism, 10/3, S. 59-62.
Hehl, Rainer (2007) Planet der Slums. In: Archithese, 37/2, S. 88-89.
Herring, Horace (2001) Late Victorian Holocausts: El Niño, Famines and the Making of the Third World. In: Organization & environment, 15/1, S. 91-93.
Higgott, Andrew (2012) Camera constructs: photography, architecture and the modern city. Farnham: Ashgate.
Hines, Thomas S. (2000) Magical Urbanism – Latinos reinvent the US city. In: The times, 5084, S. 3.
Klinenberg, Eric (2003) Dead cities. In: London review of books, 25/19, S. 36-37.

Lambert, Stephen P. (2007) The Sources of Islamic Revolutionary Conduct. In: Air & space power journal, 21/1, S. 117–118.
Locatelli, Francesca und Paul Nugent (eds) (2009) African cities: competing claims underscored importance of informal housing in accommodating livelihoods through their transformation on urban spaces. Leiden: Brill.
Lotz, Andreas (2010) Crossing the Border. In: Jahrbuch für Forschungen zur Geschichte er Arbeiterbewegung, 9/3, S. 175–176.
Malchow, H.L. (2002) Late Victorian Holocausts: El Niño Famines and the Making of the Third World. In: International labor and working class history, 61, S. 187–188.
Marrocu, Luciano (2002) In primo piano: Olocausti tardovittoriani. In: L'indice dei libri del mese: mensile d'informazione, 19/12, S. 4.
McCann, Eugene (2009) Evil Paradises: Dreamworlds of Neoliberalism. In: Urban Geography, 30/3, S. 336–337.
Morlang, Thomas (2005) Neuzeit – Die Geburt der Dritten Welt. In: Zeitschrift für Geschichtswissenschaft, 53/6, S. 560.
Moulène, Frédéric (2010) Mike Davis, chercheur militant et la refondation du cadre théorique de l'écologie urbaine. In: Revue des sciences sociales, 43, S. 102–109.
Özler, S. Ilgü (2000) Politics of the Gecekondu in Turkey: The Political Choices of Urban Squatters in National Elections. In: Turkish studies, 1/2, S. 39–58.
Parnreiter, Christof (2007) Rezension zu: Davis, Mike: Planet der Slums. H-Soz-u-Kult, 01.08.2007, <http://hsozkult.geschichte.hu-berlin.de/rezensionen/2007-3-079>.
Peel, Mark (1994) City of Quartz: Excavating the Future in Los Angeles. In: Thesis eleven: critical theory and historical sociology, 37, S. 170–171.
Peretz, Henri (1998) City of quartz. Los Angeles, capitale du futur. In: Revue française de sociologie, 39/4, S. 810–811.
Reig, Rafael und Miguel Ángel Vite Pérez (2005) Ciudad de cuarzo. Arqueologia del futuro en Los Ángeles. In: Revista mexicana de sociología, 67/4, S. 840–846.
Rogin, Michael (1999) Ecology of Fear: Los Angeles and the Imagination of Disaster. In: London review of books, 21/16, S. 16–17.
Rothman, Hal K. (2002) The Grit Beneath the Glitter: Tales from the real Las Vegas. In: Geographical review, 92/4, S. 617–620.
Rothman, Hal K. (2002) The Grit Beneath the Glitter: Tales from the Real Las Vegas. In: The American journal of economics and sociology, 61/2, S. 595–598.
Rothman, Hal K. (2003) The Grit Beneath the Glitter: Tales from the real Las Vegas. In: Work, employment & society, 17/1, S. 211–212.
Schrag, Adam Tobias (2007) Perpetual War – Buda's Wagon: A Brief History of the Car Bomb. In: The American book review, 28/6, S. 6.
Scott Fox, Lorna (2002) Magical Urbanism: Latinos Reinvent the US City. In: London review of books, 24/7, S. 25–26.
Seebrock, Jeremy (2008) Planet of Slums. In: Race & class, 49/3, S. 88–92.
Sen, Amartya (2001) Late Victorian Holocausts: El Niño Famines and the Making of the Third World. In: New York times book review, (18. Feb.), S. 12.
Steinberg, Ted (1999) LA Exceptional: The Case against Southern California Exceptionalism. In: Capitalism, nature, socialism, 10/3, S. 52–58.
Stannard, Kevin (2004) That Certain Feeling: Mike Davis, Truth and the City. In: Sutherland, John (2002) Dead Cities: And Other Tales. In: New York times book review, 3. Nov., S. 7.

Stieglitz, Olaf (1999) Mike Davis: City of Quartz. Ausgrabungen der Zukunft in Los Angeles und neuere Aufsätze. In: 1999: Zeitschrift für Sozialgeschichte des 20. und 21. Jahrhunderts, Bd. 10/4, S. 137–140.
Tutun, Yaprak und Martin J. Murray (2008) Evil Paradises. In: Tijdschrift voor economische en sociale geografie, 99/5, S. 643–645.
Walton, John (2000) Ecology of fear: Los Angeles and the imagination of disaster. In: International journal of urban and regional research, 24/2, S. 491–492.
Weber, Eugen (1999) Ecology of Fear – Los Angeles and the imagination of disaster. In: The times, 5023, S. 3.
Wiener, Jon (1999) LA Story: Backlash of the Boosters. In: The Nation, 268/7, S. 19–22.
Wiener, Jon (2003) Mike Davis Talks about the „Heroes of Hell". In: Radical history review, 85, S. 227–238.
Wurtzbacher, Jens (2007) Planet of Slums. In: Berliner Debatte Initial, 1, S. 95–97.

Zitierte Literatur

Abu-Lughod, Janet L. (2007) Race, Space and Riots in Chicago, New York and Los Angeles. Oxford: Oxford University Press.
Aglietta, Michel (1976) Régulation et crises du capitalisme: L'expérience des Etats-Unis. Paris: Calmann-Lévy.
Anderson, Elijah (1990) Street Wise: Race, Class and Change in an Urban Community. Chicago: Univ. of Chicago Press.
Aronowitz, Stanley (1973) False promises: the shaping of American working class consciousness. New York: McGraw-Hill/.
Amin, Ash (ed) (2000) Post-Fordism: a reader. Oxford: Blackwell.
Avila, Eric (2004) Popular culture in the age of white flight: fear and fantasy in suburban Los Angeles. Berkeley: University of California Press.
Badger, Tony (2012) The Lessons of the New Deal: Did Obama Learn the Right Ones? In: History, 97, 325, S. 99–115.
Barker, Theodore C. (1998) Megalopolis: the giant city in history. Basingstoke: Macmillan.
Banham, Reyer (1971) Los Angeles: the architecture of four ecologies. London: Lane.
Bauman, Zygmunt (1998) Globalization: The Human Consequences, New York: Columbia University Press.
Beauregard, Robert A. (2002) New Urbanism: Ambiguos Certainties. In: Journal of Architectural and Planning Research, 19/3, S. 181–194.
Beauregard, Robert A. (2003) Voices of decline: the postwar fate of U.S. cities. New York: Routledge.
Bauregard, Robert A, (2012) What Theorist Do. In: Urban geography, 33/4, S. 474–488.
Becker, Joachim (2002) Akkumulation, Regulation, Territorium: zur kritischen Rekonstruktion der französischen Regulationstheorie. Marburg: Metropolis.
Bedolla, Lisa García (2005) Fluid Borders. Latino Power, Identity and Politics in Los Angeles. Berkeley: University of California Press.
Bendix, Reinhard (1954) Social theory and social action in the sociology of Louis Wirth. In: The American journal of sociology,59/6, S. 523–529.

Benz, Arthur (Hg.) (2004) Governance. Regieren in komplexen Regelsystemen. Wiesbaden: VS Verlag für Sozialwissenschaften.

Benko, George/Lipietz, Alain (1995) From the régulation of space to the space of régulation. In: Robert Boyer und Yves Saillard (eds) Régulation Theory. The state of the art, London, New York: Routledge, S. 190–196.

Bodemann, Y. Michal (2011) Von Berlin nach Chicago und weiter. Georg Simmel und die Reise seines „Fremden". In: Harald A. Mieg, Astrid Sundsboe und Majken Bieniok (Hg.) Georg Simmel und die aktuelle Stadtforschung. Wiesbaden: VS Verlag, S. 165–184.

Brenner, Neil (2002) Spaces of neoliberalism: urban restructuring in North America and Western Europe. Malden: Blackwell.

Brenner, Neil, Jeremie Peck und Niclas Theodore (2010) Variegated neoliberalization: Goegraphies, modalities, pathways. In: Global Networks, 10, S. 182–222.

Brenner, Neil, Peter Marcuse und Margit Mayer (eds) (2012) Cites for People, not for Profit. Critical urban theory and the right to the city. New York: Routledge.

Brock, William R. (1988) Welfare, Democracy and the New Deal. Cambridge University Press.

Bude, Heinz (2008) Die Ausgeschlossenen: das Ende vom Traum einer gerechten Gesellschaft. München: Hanser.

Bude, Heinz und Andreas Willisch (Hg,) (2008) Exklusion: die Debatte über die „Überflüssigen". Frankfurt: Suhrkamp.

Cannon, Lou (1997) Official Negligence: How Rodney King and the Riots Changed Los Angeles and the LAPD. New York: Times Books.

Chambers, Iain (1986) Popular Culture: The Metropolitan Experience. London: Routledge.

Clifford, James und George E. Marcus (2010) Writing culture: the poetics and politics of ethnography. Berkeley: Univ. of California Press.

Connell, R. (2007) The northern theory of globalization. In: Sociological Theory, 25, S. 368–385.

Coward, Martin (2009) Urbicide. The politics of urban destruction. London/New York: Routledge.

Davies, Jonathan s. und David L. Imbroscio (edx) (2010) Critical Urban Studies: New Directions. Albany: State University of New York Press.

Dear, Michael J. (2000) The Postmodern Urban Condition. Oxford: Blackwell.

Dunbar-Ortiz, Roxanne (2005) Blood on the border: a memoir of the Contra War. Cambridge, Mass.: South End Press.

Eagleton, Terry (1996) The Illusions of Postmodernism. Cambridge: Blackwell.

Eckardt, Frank (2008) Chicago School revisted – Zur Fotografie als stadtsoziologische Erkenntnismöglichkeit. In: Detlef Sack und Ulf Thöle (Hg.) Soziale Demokratie, die Stadt und das randständige Ich. Dialoge zwischen politischer Theorie und Lebenswelt. Kassel University Press, S. 196–218.

Eckardt, Frank und John Eade (eds) (2011) The ethnically diverse city. Berlin: Berliner Wissenschaftsverlag.

Esser, Josef (1994) Politik, Institutionen und Staat: zur Kritik der Regulationstheorie. Hamburg: VSA.

Ferguson, J. (2006) Global Shadows: Africa in the Neoliberal World Order. Durham: Duke University Press.

Flores, Juan (1993) Divided borders: essays on Puerto Rican identity. Houston: Arte Público.

Flores, Juan (2009) The diaspora strikes back: Caribeño tales of learning and turning. New York: Routledge.
Fourchard, Laurent (2011) Between world history and state formation: new perspectives on Africa's cities. In: The journal of African history, 52/2, S. 223-248.
Frank, Thomas (2005) Was ist mit Kansas los? Wie die Konservativen das Herz von Amerika eroberten. Berlin: Berlin-Verl.
Fulton, William B. (1997) The reluctant metropolis: the politics of urban growth in Los Angeles. Baltimore: Johns Hopkins University Press.
Furedi, Frank (2009) Culture of fear revisited: risk-taking and the morality of low expectation. London: Continuum.
Genett, Timm (1998) Comeback des ersten Starsoziologen? Reflexionen zu Werner Sombart. In: Berliner Debatte Initial, 1, S. 90-104.
Glassner, Barry (1999) The culture of fear: why Americans are afraid of the wrong things; [crime, drugs, minorities, teen moms, killer kids, mutant microbes, plane crashes, road rage, & so much more]. New York: Basic Books.
Glazer, Nathan (2007) From a cause to a style: modernist architecture's encounter with the American city. Princeton: Princeton Univ. Press.
Gosse, Van (2005) Rethinking the New Left: An Interpretative History. New York: Palgrave.
Gottdiener, Mark (2012) New Perspectives in Critical Urban Studies: An Introduction. In: Critical sociology, 38/1, S. 9-15.
Gottdiener, Mark, Claudia C. Collins und David R. Dickens (1999) Las Vegas: The Social Production of an All-American City. Malden/Oxford: Blackwell.
Gottlieb, Robert (2006) The next Los Angeles: the struggle for a livable city. Berkeley: Univ. of California Press.
Gottmann, Jean (1990) Since Megalopolis: the urban writings of Jean Gottmann. Baltimore: Hopkins.
Gough, Katherine V., Graham A. Tipple und Mark Napier (2003) Making a Living in African Cities: The Role of Home-based Enterprises in Accra and Pretoria. In: International planning studies, 8/4, S. 253-278.
Graham, Stephen (2003) Lessons in urbicide. In: New Left Review, 19, S. 63-77.
Häußermann, Hartmut und Thomas Krämer-Badoni (1980) Stadtsoziologie mit der Meßlatte? Ein Beitrag zur Auseinandersetzung mit der Sozialökologie. In: Soziale Welt 31/2, S. 140-155.
Harris, Richard und Malak Wahba (2002) The Urban Geography of Low-Income Housing: Cairo. In: International Journal of Urban and Regional Research, 26/1, S. 58-79.
Harvey, David (1996) Justice, nature and the geography of difference. Cambridge: Blackwell.
Harvey, David (2005) A brief history of neoliberalism. Oxford: Oxford Univ. Press.
Hennig, Eike (2012) Chicago School. In: Frank Eckardt (Hg.) Handbuch Stadtsoziologie. Springer VS: Wiesbaden, S. 95-124.
Herbert, Steve (1997) Policing Space.Territoriality and the Los Angeles Police Department. Minneapolis: University of Minnesota Press.
Hise, Greg (1997) Magnetic Los Angeles: Planning the Tweentieth_Century Metropolis. Baltimore: John Hopkins University Press.
Hoerning, Johanna (2012) Megastädte. In: Frank Eckardt (Hg.) Handbuch Stadtsoziologie. Wiesbaden: Springer VS, S.231-262.
Honneth, Axel (2007) Pathologien der Vernunft. Frankfurt: Suhrkamp.

Ifesanya, Kunle (2011) Challenges of housing in Lagos, Nigeria: An overview. In: Laura Colini und Frank Eckardt (eds) Bauhaus and the city. Würzburg: Königshausen & Neumann, S. 31-45.

Jameson, Fredric (1991) Postmodernism, or, The cultural logic of late capitalism. London: Verso After London, or, Wild England.

Jefferies, Richard (1980) After London, or Wild England. Oxford: Oxford University Press.

Judd, Dennis R. (2005) Everything is Always Going to Hell: Urban Scholars as End-Times Prophets. In: Urban affairs review, 41/2, S. 119-131.

Judt, Tony (2007) Das vergessene 20. Jahrhundert. Die Rückkehr des politischen Intellektuellen. München: Hanser.

Junge, Matthias (2012) Georg Simmel. In: Frank Eckardt (Hg.) Handbuch Stadtsoziologie. Springer VS: Wiesbaden, S. 83-94.

Jungk, Robert (1991) Der Atomstaat: vom Fortschritt in die Unmenschlichkeit. München: Heyne.

Jungk, Robert (1991) Heller als tausend Sonnen: das Schicksal der Atomforscher. Stuttgart: Dt. Bücherbund.

Kombe, William J. (2005) Land use Dynamics in Peri-urban Areas and Their Implications on the Urban Growth and Form: the Case of Dar es Salaam, Tanzania. In: Habitat International, 29, S. 113-135.

Kim, Duk-yung (1994) Der Weg zum sozialen Handeln: eine Studie zur Entwicklungsgeschichte der Soziologie bei Max Weber, werk- und ideengeschichtlich betrachtet. Münster: Lit.

Klimke, Martin (2011) Other Alliance: Student Protest in West Germany and the United States in the Global Sixties. Princeton University Press.

Leborgne, Danièle und Alain Lipietz (1992) Idées fausses et questions ouvertes de l'après-fordisme. In: Espaces et sociétés 66/67, S. 39-68.

Lindner, Rolf (1990) Die Entdeckung der Stadtkultur: Soziologie aus der Erfahrung der Reportage. Frankfurt: Suhrkamp.

Lipsitz, George (1986) Cruising Around the Hegemonic Bloc. In: Cultural Critique, Winter 1986, S. 157-177.

López-Calvo, Ignacio (2011) Latino Los Angeles in Film and Fiction. The Cultural Production of Social Anxiety. Tucson: University of Arizona Press.

Lossau, Julia (2012) Spatial Turn. In: Frank Eckardt (Hg.) Handbuch Stadtsoziologie. Wiesbaden: Springer VS, S. 185-199.

Lourenço-Lindell, Ilda (2002) Walking the tight rope: informal livelihoods and social networks in a West African city. Stockholm: Almqvist & Wiksell Internat.

Macis, Anthony (2005) Latin Holiday: Mexican Americans, Latin Music, and Cultural Identity. In: Aztlán: international journal of Chicano studies research, 30/2, 65-87.

Mandel, Ernest (1972) Der Spätkapitalismus. Versuch einer marxistischen Erklärung. Frankfurt: Suhrkamp.

Martin, D., Bradford (2004) The Theater Is in the Street: Politics and Public Performance in 1960s. University of Massachusetts Press.

Myers, Garth (2011) African cities: alternative visions of urban theory and practice. London: Zed Books.

Mills, Charles Wright (1948) The new Men of power: America's labor leaders. New York: Harcourt, Brace.

Moreno, Paul D. (2006) Black Americans and organized labor: a new history. Baton Rouge: Louisiana State Univ. Press.
Morgan, Dan (1992) Rising in the West: the true story of an „Okie" family from the Great Depression through the Reagan years. New York: Knopf.
Neuwirth, Robert (2005): Shadow Cities. Routledge: New York.
Oliver, Melvin L, James H. Johnson Jr und Walter, C. Farwell, Walter Jr. (1993) Anatomy of a Rebellion: A Political-Economic Analysis. In: Gooding-Williams, Robert (ed) Reading Rodney Kingreading urban uprising. New York: Routledge, S. 117-141.
Ong, Aihwa (2006) Neoliberalism as Exception: Mutations in Citizenship and Sovereignty. Durham: Duke University Press.
Orsi, Jared (2004) Hazardous metropolis: flooding and urban ecology in Los Angeles. Berkeley: University of California Press.
Pallares, Amalia und Nilda Flores-González (eds) (2010) ¡Marcha! Latino Chicago and the immigrant rights movement. Urbana: Univ. of Illinois Press.
Park, Robert und Ernest W. Burgess (eds) (1984) The City. Suggestions for Investigations of Human Behaviour in the Urban Environment. Chicago: Midway Reprint.
Parker, Simon (2004) Urban Theory and the Urban Experience: Encountering the City. London: Routledge.
Parnell, Susan und Jennifer Robinson (2012) (Re)theorizing Cities from the Global South: Looking beyond Neoliberalism. In: Urban Geography, 33/4, S. 593-617.
Pitzke, Marc (2012) Die Multikulti-Sieger. In: Der Spiegel, 8.11.2012.
Rubin, Olivier (2011) Democracy and famine. London: Routledge.
Salerno, Roger A. (2007) Sociology noir: studies at the University of Chicago in loneliness, marginality, and deviance, 1915-1935. Jefferson: McFarland.
Santos, Boaventura de Sousa (2006) The rise of the global left: the World Social Forum and beyond. London: Zed Books.
Schrank, Sarah (2008) Modern Urban Planning and the Civic Imagination: Historiographical Perspectives on Los Angeles. In: Journal of planning history, 7/3, S. 240-251.
Scott, Allen J. und Edward W. Soja (eds) (1996) The City. Los Angeles and Urban Theory at the End of the Twentieth Century. Berkeley: University of California Press.
Simmel, Georg (1995-1999): Georg Simmel Gesamtausgabe, Frankfurt: Suhrkamp.
Simon, Jonathan (2009) Governing through crime: how the war on crime transformed American democracy and created a culture of fear. Oxford. Oxford Univ. Press.
Smith, Jason Scott (2009) Building New Deal Liberalism: The Political Economy of Public Works, 1933-1956. Cambridge University Press.
Snodgrass, Jon (1982) The Jack-Roller at Seventy. Lexington: Lexington Books.
Soja, Edward W. (1989) Postmodern geographies: the reassertion of space in critical social theory. London/New York: Verso.
Soja, Edward W. (1996) Los Angeles, 1965-1992. From Crisis-Generated Restructuring to Restructuring-Generated Crisis. In: Allen J. Scott und Edward W. Soja (eds) The City. Los Angeles and Urban Theory at the End of the Tweentieth Century. Berkeley: University of California Press, S. 426-462.
Soja, Edward W. (1996) Thirdspace. Journeys to Los Angeles and Other Real-and-Imagindes Places. Oxford: Blackwell.
Soja, Edward W. (2000) Postmetropolis: Critical Studies of Cities and Regions. Oxford: Blackwell.

Soja, Edward W. (2008) Vom „Zeitgeist" zum „Raumgeist". New Twists on the Spatial Turn. In: Jörg Döring und Tristan Thielmann (Hg.) Spatial Turn. Das Raumparadigma in den Kultur- und Sozialwissenschaften. Bielefeld: transcript, S. 241–262.

Sonnie, Amy, James Tracy und Roxanne Dunbar-Ortiz (2011) Hillbilly Nationalists, Urban Race Rebels, and Black Power: Community Organizing in Radical Times. New York: Melville House.

Sorkin, Michael (ed) (1992) Variations on a theme park: the new American city and the end of public space.New York: The Noonday Pr.

Stears, Marc (2010) Demanding Democracy: American Radicals in Search of a New Politics. Princetion: Princeton University Press.

Sugrue, Thomas J. (1996) The Origins of the Urban Crisis. Race and Inequality in Postwar Detroit. Princeton University Press.

Tanenhaus, David (2004) Juvenile Justice in the Making. New York: Oxford University Press.

Thomas, Caroline (1995) „Der Aufstand gegen das Unerträgliche": Robert Jungk zum Widerstand gegen Atomrüstung, Krieg und Gewalt und für eine humane Zukunft. Bonn: Wiss. und Frieden.

Thompson, Heather Ann (2001) Whose Detroit? Politics, Labor, and Race in a modern American City. Cornell University Press.

Tormey, Jane (2012) Cities and photographies. London: Routledge.

Tranberg Hansen, Karen und Mariken Vaa (eds) (2004) Reconsidering informality: perspectives from urban Africa. Uppsala: Nordic Africa Institute.

Venturi, Robert, Denisse Scott Brown und Steven Izenour (1972) Learning from Las Vegas: The Forgotten Symbolism of Architectural Form. Cambridge: MIT Press.

Weisman, Alan (2007) Die Welt ohne uns. München: Piper.

Wild, Henry Mark (2005) Street meeting: multiethnic neighborhoods in early twentieth-century Los Angeles. Berkeley: University of California Press.

Williams, Robin (2000) Sociology and the vernacular voice: text, context and the sociological imagination. In: History of the human sciences, 13/4, S. 73–96.

Wilson, William Julius (1987) The truly disadvantaged: the inner city, the underclass, and public policy. Chicago: University Press.

Wirth, Louis (1928) The Ghetto. Chicago: University Press.

Zorbaugh, Harvey W. (1948) The Gold Coast and the Slum: a sociological study of Chicago's near north side. Chicago: University Press.

Internetinformationen

http://keywiki.org/index.php/Mike_Davis (Zuletzt aufgerufen am: 25. April 2012).

The manufacturer's authorised representative in the EU is Springer Nature Customer Service Centre GmbH, Europaplatz 3, 69115 Heidelberg, Germany. If you have any concerns regarding our products, please contact ProductSafety@springernature.com

Printed and bound by CPI Group (UK) Ltd, Croydon, CR0 4YY
23/03/2026
02076395-0012